Julio
RACONTE Iglesias

Julio Iglesias raconte

CARRERE

Michel Lafon

Éditions 13
9 Bis rue de Montenotte
75017 PARIS
Tél. : (1) 622.44.54

ISBN 2-86804-050-0.

« A ceux qui m'aiment, pour qu'ils me connaissent.
Et à ceux qui ne m'aiment pas,
pour qu'ils ne me haïssent pas ».

Julio IGLESIAS

AVANT-PROPOS

La France reste un pays qui est particulièrement cher à mon cœur et c'est la raison pour laquelle j'ai tenu à trouver trois semaines dans mon emploi du temps surchargé pour chanter au Rex. Ce n'est que par affection que je fais cette escale parisienne... parce que je souhaite réellement ne pas laisser passer trop de temps entre les Français et moi. Je ne veux pas vous laisser le temps de m'oublier...

L'équipe qui m'entoure (mon staff est composé de soixante-trois personnes maintenant) vous dirait que j'ai plus d'intérêt à chanter aux États-Unis qu'en Europe où ma tournée coûte plus d'argent qu'elle n'en rapporte. Mais mon cœur m'appelle en France et je n'en fais pas une affaire d'argent.

Je reviens donc en France pour montrer aux Français que moi non plus je ne les ai pas oubliés. Et je pense bientôt réenregistrer un disque en français. 1984 aura été pour moi l'année du premier disque en anglais – (je n'ai fait que ça) mais 85 va me rapprocher de l'Europe, et je le désire ardemment.

Le rayonnement artistique de la France est quelque chose qui, de tout temps, m'a beaucoup touché. Votre pays a toujours attiré les étrangers et Paris fut à toutes les époques la terre d'asile de tous les artistes venus d'ailleurs.

Est-ce cette raison qui m'a fait choisir cette capitale pour lieu de remise de mon disque de diamant ? Ce disque m'était remis à l'occasion de mon entrée dans le Guide Guinness des Records pour les cent millions de disques que j'avais vendus avant septembre 83. J'avais le choix de la ville et j'ai voulu Paris. Je ne l'ai pas regretté.

La France représentera toujours pour moi le « glamour ». C'est le seul pays – en dehors de l'Espagne – qui me donne la sensation profonde d'être au cœur de mes racines.

CHAPITRE 1

UNE AIGUILLE M'A SAUVÉ

La voiture était restée là, au beau milieu de cet immense tourbillon de poussière, tandis qu'aux alentours, les cigales chantaient. La nuit nous enveloppait tous et j'entendais quelqu'un qui gémissait, tout près de moi. Moi, je n'avais mal nulle part; peut-être que je souffrais légèrement de la poitrine, c'est tout. Tout près de moi, aussi, on commençait à distinguer la voiture, avec la radio qui était toujours branchée. Ma petite voiture rouge était comme coupée en deux, avec les feux de position allumés, et les quatre portes grandes ouvertes...

C'était le petit matin. Très bientôt, dans quelques jours, j'allais avoir vingt ans. Cet été-là, j'étais allé à Peñiscola avec mes parents, mon frère, et les bons vieux camarades de mon âge, amis de toujours. On voyait la Dauphine qui se détachait de plus en plus nettement de toute cette poussière qu'elle avait soulevée. On distinguait parfaitement bien les traces du dérapage, qu'elle avait fait, avant d'aller se précipiter dans le fossé qui bordait la route. Ma voiture brisée en mille morceaux, avait été tranchée net, et avait complètement arraché une, deux, trois balises en pierre, celles qu'on surnomme « quitamiedos » [1]. Ces dernières indiquaient, à

1. « Quitamiedos » : littéralement : « enlève la peur »

leur manière, le tracé du virage appelé, déjà avant cet accident, « le virage de la mort », mais je l'ignorais totalement.

J'aimais la vitesse, comme tous les garçons de cet âge. A ce moment-là, je me souvenais des routes humides de Galice où j'avais roulé pour aller passer, comme chaque année, avant de descendre sur la Méditerranée, quelques jours chez mon oncle à Orense. Parfois, alors, ma voiture avait, de temps à autres, fait des siennes, mais ce jour-là...

Je voyais mes amis qui s'approchaient de moi, avec les vêtements déchirés; ils étaient sales, couverts de terre, certains saignaient; les voilà qui arrivaient : Tito Arroyo, Enrique Clemente et Pedro Luis Iglesias; ils avaient passé avec moi toute la nuit. J'avais des vertiges, mais je me sentais extrêmement tranquille, frappé par le choc, et faisant un effort pour me dégager des souvenirs les plus immédiats. J'entendis :

– Et toi, comment vas-tu ?

– J'ai mal au dos.

– Et toi ?

– J'ai les reins en marmelade.

– Et toi, Julio ?

– Ça va, j'ai mal à la poitrine et un peu à la colonne vertébrale, mais pas beaucoup... pas beaucoup...

– C'est un vrai miracle auquel nous avons échappé !

– La voiture est bien arrangée !

– Je ne sais pas ce que va dire mon père lorsqu'il sera au courant.

Nous étions allés la veille au soir, quelques heures auparavant, à Majadahonda. C'est un lieu de villégiature aux environs de Madrid, au beau milieu de ce genre de paysage qu'on appelle aujourd'hui « un cadre à la Vélasquez ».

On nous avait dit qu'il y avait des « vaquillas », des taureaux de village, qu'on faisait sortir dans une arène de fortune construite avec des tables. Comme chaque année, à l'occasion des fêtes de septembre, nous savions qu'il ne serait pas difficile d'aller danser avec les jeunes filles de l'endroit, après la fête. Comme prévu, nous avions dîné dans la rue, nous nous étions mesurés aux jeunes taureaux et nous avions dansé avec les filles. Et si nous avions bu un peu, c'était avec modération, car nous n'avions pas l'habitude de boire du vin. Nous nous étions simplement amusés, comme nous le faisions souvent.

Il était deux heures du matin quand nous avons songé à rentrer. Je me permets d'insister : je n'avais rien bu. D'abord, parce que c'était moi qui conduisais, et, ensuite, parce que c'était la grande période de ma vie au Real Madrid, alors que les portes du stade s'entrebâillaient devant moi et que Puskas parlait de moi avec une admiration certaine. Or Puskas était le « buteur officiel » de l'équipe première et un de mes derniers exploits au football s'était un peu transformé en mythe. En effet, Di Stefano m'avait tiré un de ces penaltys, dont il avait la spécialité, et je l'avais paré – car j'étais gardien de but – sans grandes difficultés.

Nous nous étions mesurés aux taureaux, payé du bon temps, et avions volé quelques baisers sur la joue d'une jeune fille – c'était déjà une prouesse d'y arriver, à l'époque, et nous rentrions heureux, ça, oui, plus fatigués et plus contents qu'avant. Je n'étais pas ce qu'à l'époque on appelait « un nuvolari »; mais il est vrai que j'allais vite. Ceux qui m'entouraient disaient que « j'aimais tout faire très vite ». Peut-être était-ce exactement comme aujourd'hui; il me semble m'en souvenir.

Les gens qui allaient danser à Majadahonda étaient originaires de Madrid, et il y avait quelques jeunes filles qui y passaient les vacances; nous les connaissions car nous les rencontrions à toutes les surprises-parties du samedi soir...

Nous rentrions donc. C'était une nuit de septembre, au commencement de l'automne, lorsque les nuits sont sereines en Castille. Nous avions laissé les fenêtres fermées. A côté de moi, il y avait Enrique Clemente, un camarade de collège. Il était robuste, pas très grand, bien développé, résistant comme une poignée de fer. C'était un ami intime, tout comme d'ailleurs Pedro Luis Iglesias qui se tenait derrière avec Tito Arroyo. Pedro, lui, en dépit de son nom, ne faisait pas partie de ma famille, mais c'était bien pour moi un « frère » et un compagnon, un de mes grands amis de classe, avec tous les souvenirs inoubliables que nous avions en commun. Enrique et moi, nous étions de bons sportifs. Enrique était même arrivé, tout comme moi, à jouer au Real Madrid. C'est d'ailleurs lui qui m'avait introduit dans l'équipe. J'étais un gardien de but de valeur, car j'étais courageux. J'avais l'intuition nécessaire pour parer à tous les coups, et selon les spécialistes de l'époque, « j'étais un vrai paquet de nerfs, plein d'énergie ». C'est pourquoi, je rêvais de faire partie du Real Madrid. Ce qui se passait, c'est que je rêvais tout en sachant que je rêvais, alors que je cherchais à m'endormir et que j'avais monté tout le scénario de mon rêve. Alors, je demandais avec ferveur au sommeil de venir s'emparer de moi et le sommeil venait, mais très doucement.

– Je tiens à faire maintenant une digression pour dire que je dois écrire les choses comme je sais le faire, et non autrement. J'aime bien les phrases brillantes, et si, de temps à autres, elles apparaissent dans mon récit, ce sera spontanément, parce que j'aurai voulu les écrire. Mais je ne veux pas raconter l'histoire de ma vie autrement que comme je sais la raconter. C'est comme ça que je dois écrire, et non comme Somerset Maugham. Aussi, il y aura des redites, des lieux communs, et beaucoup de phrases seront répétées. Mais j'ai ouvert le robinet, l'eau coulera parfois goutte à goutte, parfois à flots; et je veux que ce soit ainsi...

« Quand nous rentrions de Majadahonda et que nous nous dirigions vers El Plantio, sur ces routes qui étaient alors en gravier fin, en petits cailloux légers, c'était « marrant » de voir la grande fumée de gravillons que nous laissions derrière nous, lorsque la voiture atteignait une certaine vitesse. Nous n'avions pas encore vingt ans, nous nous en allions insouciants, heureux... jusqu'au moment où nous arrivâmes au virage.

Tito Arroyo me dit :

– Attention, Julio! Freine un peu, n'accélère pas! C'est un virage dangereux...

Maintenant j'entends à nouveau clairement ses paroles,

elles résonnent en moi comme un écho, comme un effet spécial obtenu dans un studio d'enregistrement :

– « Il faut prendre ce virage avec beaucoup de classe, Julito... »

Ne t'en fais pas! Vous allez voir le virage que nous allons prendre; pas même Fangio...

J'ai accéléré. Nous faisions du quarante ou du cinquante kilomètres à l'heure. Je monte alors à cent, et au moment même où je me trouve au beau milieu du virage... je constate que c'est plus qu'un simple virage sur la route; presque une épingle à cheveux. Je tire, je tire sur le volant et il m'échappe des mains!... Je me souviens très bien aussi, j'entends même exactement le bruit maintenant, quand nous avons brisé tour à tour les balises de la route, ces pierres en ciment qui indiquaient que le virage était dangereux et comment il se présentait...

Tac-tac-tac... comme une mitrailleuse... les roues arrière se bloquèrent. Tous, nous criions à l'intérieur de la voiture... et d'un seul coup, après cette terrible chute, le véhicule fut stoppé. J'étais accroché au volant avec l'énergie d'une bête féroce; je me souviens du silence sépulcral qui suivit, des grillons, et des feux de position de la voiture qui étaient restés allumés...

La radio aussi continuait à fonctionner. Je crois qu'il n'y avait plus personne dans la voiture au moment où la Dauphine fut violemment stoppée. Elle resta enfoncée en terre, déchirée en deux grands tronçons. Tous les occupants avaient été éjectés par les côtés, sauf moi, et au fond du ravin, dans mon étourdissement, je ne devais rien sentir. Oui, nous pouvions continuer à vivre. L'un d'entre nous avait une blessure au visage, l'autre à la jambe... Moi, je ne saignais pas, et je n'avais pas d'hématomes visibles, du moins à ce moment-là. J'avais simplement terriblement peur pour les autres, et dans un murmure, je demandais des nouvelles à ceux qui émergeaient de l'ombre, tout comme des fantômes, les vêtements déchirés, tachés de sang...

Nous abandonnâmes la voiture... Et en silence, nous partîmes à pied, tous ensemble, jusqu'au premier téléphone public qui se trouvait dans un bar voisin à l'angle du village.

Apparemment, celui qui était le moins gravement blessé, c'était moi. Je n'avais même pas une déchirure à mes vêtements. Les gens du bar eurent un peu peur lorsqu'ils nous virent arriver à une heure pareille, et dans un tel état. Je pus me mettre en rapport avec la clinique où mon père travaillait mais, il était déjà parti. Je racontai ce qui nous était arrivé, et comme nous étions tout à côté d'un passage à niveau, il ne fut pas difficile de repérer le lieu de l'accident. Bientôt, une voiture vint nous chercher.

Je marchais normalement. Je devais ressentir comme une contusion générale; l'accident était encore très proche.

« Le pire est passé, nous sommes tous vivants et c'est un miracle », pensions-nous. Et je regardais la voiture rouge, là-bas, dans le fond du ravin, semblable à une grenade coupée en deux, abandonnée au milieu de la fumée du moteur et de la poussière de la terre sèche sur laquelle il n'avait pas encore plu... semblable à une apparition étrange et tragique. Depuis ce jour, chaque fois que j'entends le chant des grillons, je me sens mal car je l'associe dans ma pensée à des souvenirs pénibles, et je suis saisi d'effroi.

Nous fûmes tous soignés à la clinique. Et après, je rentrai chez moi. En m'examinant, on n'avait rien trouvé, du moins rien qui puisse apparaître lors d'un diagnostic aussi rapide. Il était quatre heures du matin, quand j'arrivai à la maison. Mon père fut un peu effrayé, et ma mère encore plus; mais dans le fond, ils n'y attachèrent pas trop d'importance. Ma mère, me dit : « Ce qui compte, c'est que tu sois vivant mon fils; c'est le principal, il faut donc se réjouir. »

Et mon père, furieux, ajouta :

– Tu es vraiment inconscient, Julio. Il faut que tu fasses beaucoup plus attention.

Et très vite, sans que j'eus remarqué la moindre gêne, ni le moindre indice de malaise, ce fut la rentrée universitaire d'octobre. J'allais aux cours inauguraux comme si rien n'était. Je continuai donc à aller à la faculté, sans voiture désormais, bien sûr; et j'allais le soir à mon rendez-vous avec le Real Madrid. Je courais, je sautais, je bloquais des ballons, je marchais rapidement, je tirais au but... normalement.

Tout allait bien, jusqu'au jour où je ressentis une douleur... comme si une aiguille entrait en plein dans ma chair, je dirais même plus, pénétrait à l'intérieur de mes os. C'étaient des douleurs radiculaires. Elles se manifestèrent une seconde fois; c'était épouvantable. J'eus ensuite une seconde sorte de douleur plus forte encore, démentielle, absolument insupportable. « Ce sont les douleurs les plus aiguës que j'ai jamais ressenties au cours de ma vie. Non, vraiment; jamais je n'ai autant souffert. » Ces douleurs commençaient à m'empêcher de dormir; c'était épouvantable. Je ne pouvais pas non plus respirer...

Au début du mois d'octobre, je commençai à aller de médecin en spécialiste, de clinique en clinique. Je passai des examens, des radiograhies, et tout le monde me dit la même chose.

– Ce sont les nerfs.

Les nerfs! Je pris alors des quantités de pastilles. Toutes les pastilles que je pus. Des pastilles, des comprimés, des pilules extrêmement puissantes dans le seul but de mettre fin à cette souffrance physique qui me consumait littéralement, et était en train de me détruire. C'est alors qu'un fameux soir, lors d'un éternuement, je fus pris d'une douleur si intense que je perdis connaissance. Ma colonne vertébrale s'était contractée et la tumeur kystique dont je souffrais – et qui avait produit un caillot de sang, selon l'explication que donneront plus tard les médecins –, comprima fortement les nerfs les plus sensibles de mon organisme; j'avais l'impression d'être déchiré en deux morceaux, tant la douleur était vive.

Ce fut horrible! Je ressentis un féroce coup de fouet, un peu comme la doleur d'une sciatique; cela ne dura qu'un instant, un millième de seconde. Il était normal que j'en perdis connaissance. Mais le pire, c'est que la souffrance physique me torturait toujours, et qu'elle devenait de plus en plus constante.

Et nous continuâmes à aller de médecin en médecin. Et

je me rendis compte que mon père était très ennuyé; je dis bien mon père, car c'était lui qui était le plus souvent auprès de moi; c'était lui qui m'emmenait à droite et à gauche, pour parler de mon cas avec ses amis – les meilleurs spécialistes – c'était lui enfin qui suivait de près ma situation, se rendant compte qu'il s'agissait de quelque chose de sérieux.

Quant aux médecins, ils continuaient à dire la même chose; je m'en souviens comme si c'était hier : je les vois encore dans la demi-obscurité, examinant les radiographies et donnant leur diagnostic avec leurs lunettes sur le front :

– Rien, ton fils n'a rien..., disaient-ils à mon père.

On était maintenant en novembre; et je souffrais toujours autant. C'est aussi à cette époque que je commençai à me rendre compte, lors des séances d'entraînement, que mes jambes faiblissaient; un jour, mon entraîneur, pour me faire un peu enrager, et aussi pour me remonter le moral, car il voyait mes performances baisser, me dit :

– Julio... c'est parce que tu as une automobile, que tu as cessé de t'entraîner comme tu devrais. Tu as eu une voiture trop tôt. Regarde tes camarades, sais-tu pourquoi ils courent plus vite que toi ? Eh bien, tout simplement parce qu'eux, ils n'ont pas de voiture, et qu'ils viennent à l'entraînement à pied, ainsi, ils font de l'exercice... De l'exercice! C'est ça qu'il faut que tu fasses, sapristi! beaucoup d'exercuce! Moins de bagnole et plus de course à pied!

Cet entraîneur s'appelait Enrique Martin Landa; et je l'aimais beaucoup. Et lui, il croyait vraiment en moi. Moi, je continuais à m'entraîner tous les jours. Etre gardien de but du Real Madrid, et titulaire, c'était un rêve que je désirais réaliser, et auquel rien ne me ferait renoncer, pas même l'intense douleur que si souvent, et au moment le plus inattendu, s'emparait si traîtreusement de moi et m'attaquait par le dos – pour être plus précis, je dirai que ce rêve, j'étais bien déterminé à n'y renoncer jamais –. Aussi, je continuais à aller à l'entraînement, les mardis, mercredis et vendredis à la « Ciudad Deportiva », et tous les jeudis au Stade Bernabeu.

Mais voilà que, tout d'un coup, je me rendis compte que

mes jambes n'étaient plus ce qu'elles étaient; je tenais moins bien sur mes jambes; elles avaient moins d'endurance; et un jour de neige de décembre, dans la rue, alors que je sortais de chez moi, je me rendis compte que je n'arrivais plus à tenir debout, que je perdais l'équilibre... que je tombais! Vite, je montai les escaliers et parlai de nouveau avec mon père. Il me répondit, avec cette fois une expression de désespoir qui commençait à se lire dans ses yeux :

– Mon garçon, tu as déjà été examiné par une cinquantaine de médecins. Je ne sais pas ce qu'on va faire. Il n'y a pas d'explication scientifique... Ce n'est pas logique.

J'essayai à nouveau de conduire ma voiture. Mais je n'étais plus le même. C'est à ce moment précis que j'ai ressenti cette impression sans équivoque : en moi, il s'était passé quelque chose de plus grave que la douleur physique elle-même. Je voyais que mes jambes n'avaient plus de réflexes, elles ne répondaient plus comme avant. En voulant courir au stade d'entraînement, je fus à nouveau saisi par ces terribles coups de fouet que je redoutais tant et qui étaient capables de me précipiter à terre comme si j'étais un sac d'ordures.

Mon père continua à m'observer sans rien dire; et, peu à peu, il se rendit compte lui aussi que je n'avais plus les mêmes réflexes qu'avant, que ma sensibilité s'engourdissait, que je devenais maladroit, lourd et lent dans les mouvements, qu'il y avait des moments où j'avais l'air d'un poids mort.

Et voilà que je passai à nouveau par le « calvaire » des médecins : encore des jours de morosité et d'angoisse, encore des radiographies, encore des heures perdues dans des salles d'attente, dans des cabinets de consultation, à subir des examens aux rayons X.

– Peut-être son mal vient-il d'une compression radiculaire... Jusqu'au jour où mon père s'est dit :

– C'est quelque chose qui échappe à la radiographie, probablement, un caillot, une goutte de sang incrustée dans l'os.

Depuis je crois qu'on a dû trouver des moyens modernes qui permettent de déceler ce mal tout de suite. En tout cas, je le désire de tout mon cœur. Car je ne souhaite à personne de vivre ces jours que j'ai vécus, et qui furent pour moi aussi longs que s'ils avaient duré vingt ans; tout en moi allait à la dérive, et on ignorait la raison de cette profonde dégradation de ma santé.

Je passai un Noël affreux. Je me rendais bien compte que je perdais presque toutes mes forces, mais je ne le disais pas; et je crois que chez moi, on s'en rendait compte également. Mais voilà, j'essayais de jouer les « durs à cuire », alors qu'en fait, je ne le pouvais pas. Je clopinais, je ne marchais plus. Cette douleur, je ne l'ai pas oubliée, c'est certain; mais depuis ma guérison, elle n'est jamais plus reparue; sinon je me serais tiré une balle dans la tempe.

J'allais donc consulter mes éternels médecins, mais Noël, c'est Noël; « je n'étais pas à l'agonie, et il n'y avait rien d'alarmant ». « Il était bien possible que ce fussent des pincements radiculaires, comme ceux dont souffrent les sportifs; ils sont fréquents chez les joueurs de football; ils peuvent durer un certain temps, et puis un beau jour, ils disparaissent aussi rapidement qu'ils sont venus. »

Et nous voilà au Nouvel An. J'avais encore plus mal. Je ne pouvais vraiment plus supporter cette douleur. Je criais, je pleurais; je ne marchais plus, je me traînais. Et cela ne fera qu'empirer. L'angoisse et l'affliction dans lesquelles je vivais m'étaient d'ailleurs devenues bien familières. Nous vivions alors rue Benito Guitérrez, en face du Collège des « Sagrados Corazones ». Juste après le jour des Rois (jour dramatique s'il en fut, non seulement pour moi, mais pour tout mon entourage car j'avais perdu tout mon tonus, j'étais en proie à un processus de destruction), mon père réunit un conseil de médecins, les meilleurs neuro-chirurgiens du pays. Parmi eux, il y avait le Dr. Franco Manera, médecin du Caudillo – je le revois encore – « il faut l'hospitaliser en clinique de toute urgence, sur le champ! » dit-il. Il s'agissait en fait d'une compression médullaire, non localisée et grave. Et le docteur voulait voir comment réagirait « le Tiodoro [1] ».

1. Il s'agit d'un liquide de contraste, opaque aux rayons X (N.d.T.)

C'était un liquide qui était très peu utilisé à l'époque; une découverte toute récente dans l'histoire de la médecine pour éliminer les compressions; on l'injectait dans le bulbe rachidien; ce qui est très dangereux, car comme on dit, c'est « la mort du lapin » : on vous l'injecte à la hauteur du cou, derrière la nuque, et si vous bougez, vous mourez... En un rien de temps.

Un liquide rouge qui pénètre dans ce trou qu'ils appellent le trou de la vie, au moyen d'une aiguille très longue, très grande et très grosse... une aiguille de la taille de la « puntilla [1] » avec laquelle on donne le coup de grâce au taureau... Ce liquide doit ensuite pouvoir tout colorer, laissant une trace semblable à une trace de sang, une trace qui puisse se voir aux rayons X, derrière des couches de peau très épaisses.

Je repense très souvent au jour de cette fameuse piqûre. Il me semble que ce fut dans ma vie le plus grand moment de douleur, de peur; jamais, je n'ai plus intensément ressenti cette impression de n'être personne, de ressentir en même temps toutes les terreurs d'un enfant, d'un petit animal. Se sentir réduit à l'état d'un petit lapin; un garçon qui pensait qu'il était un sportif destiné à faire de la compétition devant les foules, un gars de presqu'une vingtaine d'années, planté là, pour recevoir ce coup de poignard... J'étais supérieurement robuste; je sautais en longueur, en hauteur. J'étais un des plus grands sportifs qu'avait eu mon collège dans son histoire. Un athlète des pieds à la tête; et voilà que maintement, ce liquide pénétrait lentement en moi, et que j'avais la tête courbée comme celle d'un lapin, d'un taureau, d'une brebis qu'on va exécuter à l'abattoir.

J'étais paraplégique quand j'arrivai à la clinique; je ne pouvais plus me déplacer. Si je devais uriner, il fallait me sonder. « Bloc opératoire numéro zéro » : c'était le lieu qui m'était destiné. Il y avait compression médullaire totale; c'était une question d'heures. « Peut-être, vivra-t-il », mais peut-être serais-je contraint de passer toute ma vie à l'inté-

1. Sorte de poignard pour la mise à mort du taureau.

rieur d'un poumon d'acier. Pour l'instant, il fallait m'opérer; si on ne le faisait pas rapidement, je le répète, c'était fini – Julio Iglesias aurait vécu! –; la compression médullaire détruirait un à un tous mes nerfs; elle les tuerait d'un seul coup et pour toujours. Je ne serai plus qu'un pantin brisé.

Mais je voulais savoir. Avec les yeux grands ouverts, et pâle comme un mort, je demandai aux médecins : « qu'est-ce qu'on va me faire? »

– Un liquide rouge va descendre par ta colonne vertébrale; il entrera en passant par le bulbe rachidien (c'est ce qu'il y a a l'intérieur de l'os); il y restera un certain temps; alors, quand il sera là, nous saurons, épierons, suivrons, décrirons, détecterons, où est la cause du mal... C'est comme la colonne de mercure d'un thermomètre qui monte et qui descend avec la fièvre... Et il faut que nous t'attachions pour cela. Tu dois rester assis sans bouger, ici sur la table d'opération, tête baissée, Julio...

En espagnol, pour expliquer clairement et concrètement la chose, c'était « comme quand on donne la puntilla ».

Je compris bien ce qu'on allait me faire; et j'eus une réaction d'horreur. Seulement, ce qu'on préparait, ce n'était pas pour me tuer; mais pour me sauver la vie. Il s'agissait de trouver où était le bouchon mortel. Et je me le répétais des milliers de fois pendant ces minutes où mes pieds et mes mains étaient attachés, et où j'attendais, j'attendais...

L'aiguille ressemblait à une aiguille à tricoter. Il n'y avait pas d'anesthésie. Le plus terrible, c'était de sentir qu'on était en train de me poignarder avec un stylet, là, en haut, dans le creux du cou.

La douleur psychique était supérieure à la douleur réelle. L'aiguille pénétrait et j'entendais craquer, plus que je ne le sentais, les couches de mon épiderme. Non! Je n'écris pas une histoire d'horreur; mais vraiment c'était terrible.

Enfin, la grande aiguille avait pénétré; elle venait de traverser les zones cartilagineuses; il fallait maintenant attendre quatre minutes, trois minutes et demi, comme dans une lente agonie, durant laquelle le patient voit tout, sait tout ce qu'on est en train de lui faire, et où il n'ose pas ouvrir les yeux, car il ne verrait que les pieds des médecins, leurs grands tabliers, la froideur métallique des appareils, ses propres pieds qui pendent comme morts, les dalles de la salle d'opération... et aussi, ses jambes attachées avec du cuir et du métal, et ses poignets prisonniers, tout comme les condamnés à la chaise électrique qu'on voit dans les photographies de journaux américains.

Ce que je puis dire, en tout cas, c'est que ce liquide rouge, on ne l'entend pas quand il entre en vous; on ne le sent pas descendre. J'ai reconstitué la scène dans mon esprit plus d'une fois après les événements; et je puis assurer que non, ça, non; tant mieux... Mon Dieu! Heureusement!

On me détacha rapidement et on me plaça aussitôt sur la plate-forme pour me radiographier; j'étais debout, tout comme Spartacus, crucifié de dos, les jambes tendues, pendantes, pour mettre mon dos bien en évidence. Ils purent alors l'observer à loisir... Mon Dieu!

Je rentrai dans ma chambre complètement endormi par les piqûres calmantes qu'on m'avait à nouveau administrées.

Il fallut, une seconde fois affronter la salle d'opération, à plat ventre, pour subir une intervention chirurgicale. Je revois encore les yeux de mon père, anxieux ils en disaient long dans leur silence; je revois aussi le regard éploré de ma mère.

Et c'est surtout ce silence qui a été important pour moi; ces yeux en train de crier, ou de pleurer, je sentais constamment leur présence; et puis, il y avait dans son regard cette interrogation qui venait après toutes les autres : « Serait-ce une tumeur, un cancer ?... Car un cancer peut apparaître à l'occasion d'un traumatisme; il suffit peut-être d'une petite commotion... »

J'entrai dans la salle d'opération; et je me souviens très bien de tout ce que j'y ai vu. Les infirmières qui assistaient mon père, présent en tant que médecin, me firent de nouveau une piqûre;

« Tu vas dormir, Julio; ne t'en fais pas, tu vas dormir »...

Et je pensais qu'on allait m'opérer de la même manière

qu'on tue les petits cochons... Et je sentis que je m'endormais.

Quand je me réveillai, j'étais toujours dans la salle d'opération. A côté de moi, il n'y avait que l'infirmière. Je lui dis, presque dans un rêve :

– Cela a été très rapide, hein? On m'a déjà opéré?

Je la vis comme derrière un rideau de brouillard; et je l'entendis me répondre :

– Oui, rassurez-vous; on vous a opéré.

De plus loin, j'entendis la voix du docteur qui se lavait les mains dans la pièce d'à côté :

– Huit heures. Cela a duré exactement huit heures.

Je me sentis complètement paralysé; et j'éprouvai une lourde douleur dans le dos, comme un paquet dur et froid qui aurait été mis dans mon corps. Mes jambes étaient complètement mortes. Je m'en rendis compte quand les infirmiers me mirent sur le brancard : mes jambes pendaient sans vie.

J'étais à l'hôpital d'Eloy Gonzalo. Toute la famille était autour de mon lit. Mon père fut le premier à prendre la parole :

– Mon garçon, ne t'en fais pas. Tout va bien, nous t'avons enlevé un kyste sanguin à la colonne vertébrale; c'était lui, la cause de tout. Il te comprimait la moelle épinière. Tu as beaucoup souffert, mais c'est terminé. Maintenant, il faut que tu récupères.

– Mais pourrai-je à nouveau jouer au football?

– Oui, bien sûr que oui – mais il le dit sans beaucoup de conviction, en se mentant à lui-même – tu vas très bien récupérer; et bientôt, tu seras tout à fait en forme. Ta moelle épinière est maintenant nettoyée; et elle est intacte. Mais ce qu'il faut d'abord, c'est te reposer, et te refaire une santé...

Je me regardai : j'avais des sondes partout; des veines en plastique pénétraient dans mes bras, dans mon nez, dans ma bouche; tout mon corps transpirait. J'étais attaché à ces petites bonbonnes de verre qui pendaient tout autour de moi, couvert de sparadraps, de bandages; mais le pire, j'étais paralytique.

C'est alors que tout mon corps, toute mon âme, ressentirent la première sensation grave. « Je ne peux pas bouger. Je ne sais pas bouger. Je ne bouge pas ». A ce moment-là, j'ignorais s'il était préférable d'avancer dans la pensée, ou de reculer. On ne sait pas si on doit grandir ou s'effondrer. Et je commençais à vouloir interpréter, à vouloir qu'on me dise ce que personne ne voulait me dire; « que m'arrive-t-il en réalité ». On m'a opéré, et maintenant?

C'est alors que José Luis fit son apparition; c'était le chauffeur de la maison; quelqu'un à qui je dois énormément, qui a fait beaucoup pour moi, surtout dans ces moments pénibles. Il rentrait après avoir pris des calmants et passé une longue nuit de repos; et je l'entendis dire à mon père, croyant que je dormais, et à ma mère qui avait passé toute la nuit couchée près de moi (dans une ambiance baignée par cette lumière froide de chambre d'hôpital).

– « C'est bénin, Madame ».

Le mot « benigno » résonne fortement en moi. – Benigno-be-nig-noooooo. Ma mère poussa un soupir; on la sentait apaisée, comme si elle se reposait. Mais moi, j'ignorai ce que le mot « benigno » voulait dire; et dans ma totale immobilité, je demandai sans tourner la tête :

– C'est quoi, ça, benigno, papa?

– Benigno, mon garçon, c'est le nom d'un assistant du médecin qui t'a opéré...

– Père, dis-moi la vérité; benigno, ça veut dire quoi?

Mon père me l'expliqua en trois mots; il était plus pâle que jamais; mais en même temps, plus sûr de lui que jamais; surtout que c'était une bonne nouvelle, qu'il allait m'annoncer :

– On a fait l'analyse de la tumeur que nous t'avons enlevée, Julio, mon fils... eh bien cela va très bien, nous n'avons pas à nous en faire.

Mais, ils continuaient à me regarder, à faire des analyses. Des médecins entraient et sortaient, m'adressant des félicitations, me serrant la main délicatement, posant la main sur mon front :

– Allez, champion, très bientôt, tu vas jouer au football.

– Et tu verras, tu pourras de nouveau parer les tirs de Di Stefano.

– Tu es un patient extraordinaire.

– Zamora va être jaloux de toi, mon garçon.

Je répondis oui, et je souris tristement. Pendant la journée, je me souviens que je ne mangeais rien, que je n'avais pas d'appétit, que je ne faisais que penser et attendre patiemment.

Un jour mon père entra dans ma chambre, il faisait déjà semblant d'être heureux de l'autre côté de la porte pour que je ne puisse pas démasquer son jeu :

– Salut, garçon. Ces jours-ci, on va te passer au radium.

– Le radium ? Qu'est-ce que c'est que ça, le radium, papa ?

– C'est pour revigorer ta moelle épinière.

– En fait, ce n'était pas cela du tout. On allait cracher des rayons en doses énormes sur ma moelle épinière, car en réalité, on ne savait pas encore – on ne savait même pas du tout – si ma tumeur était bénigne ou maligne, autrement dit, on ignorait s'il y avait ou non cancer.

Ces jours-là, je fus également examiné par Perez Modrego. Le mot terrible : Cancer, CANCER, je l'entends en moi qui se répète sans cesse. Je sais que le cancer, cela signifie, à plus ou moins longue échéance, la mort. Frederico de Castro, spécialiste des tumeurs, et chercheur remarquable, me le confirma :

– « C'est une osteocrestome, c'est-à-dire une tumeur de cellules géantes, bénigne. BENIGNE ». De nouveau, j'entendis prononcer les terribles mots. « Elle est produite par de grands coups secs. On la trouve couramment par exemple chez des soldats depuis la Seconde Guerre mondiale ; mais il faut bien reconnaître que jusqu'à présent, c'est un problème qui a été peu étudié ».

Si on veut, c'est donc une tumeur récemment dépistée par les Américains, un cancer de guerre en somme. Quelque chose d'analogue a ce qu'a eu le président Kennedy.

Et je commençai à aller régulièrement, comme un

martyr, à la salle de la bombe à cobalt. C'était une salle en mosaïque blanche, tellement froide qu'elle vous donnait la chair de poule; on m'y gardait trois ou quatre minutes par jour, au-dessous de cet appareil terrible. J'y étais soumis à un feu invisible; et je commençai à y recevoir la mort; je me vidai de mon sang sans que ce soit visible. En fait, je perdais des leucocytes, jusqu'au jour où un médecin m'en avisa et me dit :

– Si nous continuons comme ça, tu peux en mourir, jeune homme; il faut arrêter les radiations.

Les radiations étaient en train de me détruire. Sur six jours, les analyses matinales indiquaient que le compte des leucocytes diminuait toutes les vingt-quatre heures. Mon sang se transformait en eau; j'allais mourir une nouvelle fois, mais petit à petit... j'avais perdu mes forces, ma résistance. Je n'avais pas de réserves. Mes poumons n'étaient plus en mesure de résister à un tel choc opératoire. J'étais dans un état très grave. Aussi, mon père prit-il la sage décision de faire arrêter ce traitement au radium; et une fois de plus, je lui dois une fière chandelle; car, sans cette décision, le radium m'aurait brûlé la moelle épinière; ou m'aurait rendu paralytique pour la vie entière; quand j'y pense!... – Mieux valait abandonner le traitement. Il y a un sérieux danger de sectionner la moelle. Nous aurions pu la couper en deux.

Aussitôt dit, aussitôt fait. Je retournai à mon lit, où on m'étendit et j'essayai d'accumuler ces souvenirs. Ma tête parlait à mes pieds, à mes jambes; et je leur disais :

– Remuez-vous, nom d'un chien!

Et ma tête disait oui, mais mes jambes refusaient de bouger. Elles étaient mortes, et elles restaient mortes. Et en plus, la plupart du temps, je devais rester à plat ventre, car la cicatrice énorme, fraîche encore, m'empêchait de regarder en l'air. J'avais la tête pliée, tantôt d'un côté, tantôt d'un autre... Et parfois je pleurais :

– Mon Dieu, pourquoi as-tu réduit ma vie à cet état ?...

Je ne pesais plus que quarante-cinq kilos. Je n'avais plus que la peau et les os. Je ne bougeais pas facilement les bras. Je ne mangeais rien. Les quinze premiers jours, je ne reçus que des aliments liquides, et par piqûre. Je n'ouvrais pas la bouche...

Enfin mon père, se rendant compte que cela durerait très longtemps, que ce serait très progressif, décida de me ramener à la maison. Il installa dans notre maison une chambre, comme celle de l'hôpital. Elle comportait un lit semblable à ces lits d'hôpital qu'on peut bouger par le haut et par le bas, une vitrine avec des médicaments, l'éclairage spécial, tout...

Quand la chambre fut prête, on me ramena à la maison. Et le lendemain, mon père apparut dans la chambre, il poussa la porte de la pièce, timidement, douloureusement, avec un fauteuil à roulettes à la main... C'est une image qui ne s'effacera jamais de ma mémoire! Je n'ai pas pu supporter cela.

– Mon garçon, Julio; je t'ai apporté ce fauteuil pour que tu puisses bouger un peu plus dans la maison; je crois que ce sera très bien pour toi; tu te sentiras plus libre, et tu ne seras plus obligé de rester aussi longtemps au lit. Mais ne me regarde donc pas comme ça, mon enfant; c'est seulement très provisoire; pour t'aider avant que tu sois capable de te débrouiller tout seul...

Je regardai mon père avec le fauteuil roulant à la main. Ces roues jointes, si proches l'une de l'autre, la toile à voile qui pendait, les rayons si brillants!...

Mon père dut sentir quelque chose dans le fond de mes yeux, quelque chose de terrible; car je ne lui ai rien dit, je n'ai rien demandé; je l'ai simplement regardé. Et mon père a baissé la tête, a emporté le fauteuil roulant et l'a placé hors de ma vue. Je n'ai jamais su ce qu'il était devenu; et cette scène inoubliable ne s'est jamais reproduite. Mais je ne l'ai pas oubliée pour autant. Mes amis savent – bien que ce soit une chose que je n'ai pas souvent racontée, du moins en dehors de mon cercle familial – que chaque fois que je vois un fauteuil roulant, je ressens un traumatisme, et j'ai du mal à m'en remettre; et pourtant, il y a vingt ans de cela.

Et je me suis dit : « Julio, tu ne peux pas mourir, tu ne

peux pas rester dans cet état. Tu dois te lever et marcher. »

Je passais des heures et des heures – sur ordre des médecins – à ordonner avec mon cerveau, à mes jambes de bouger, de prendre vie et de répondre : oui! il fallait qu'elles bougent, ne fut-ce que d'un millimètre, ne fut-ce que pendant une seconde.

Jour après jour, heure après heure, j'envoyais des messages en urgence, des télégrammes, tout en regardant l'extrémité de mes pieds; chaque jour, j'avais l'impression de vieillir d'une année; je voulais, je demandais, je suppliais mes jambes de dire quelque chose, de répondre aux ordres que ma tête leur donnait constamment, presque avec folie.

Et enfin, un jour, lentement, le gros orteil du pied gauche se mit à bouger!

J'avais fait ce que je faisais chaque jour, peinant, persévérant, criant intérieurement sans lever la voix. Et quand j'y arrivai, quand je vis que cette fois, ça y était, que ce gros orteil, jusqu'à présent insignifiant dans ma vie, bougeait d'un pouce, je criai, oui, vraiment, j'appelai ma famille, et je leur fis comprendre que le miracle était arrivé! Mes parents, mon frère, pleuraient, pleuraient autour de cette chambre d'hôpital qu'on avait installée dans la maison, en voyant que l'enfant paralytique avait pu réaliser le miracle.

A partir de ce jour-là, je passai dix-huit, vingt heures par jour à « envoyer des messages » à la pointe de mes pieds. A ce moment-là, les problèmes sexuels ne constituaient vraiment pas ma préoccupation majeure. Ce que je voulais, c'était déambuler, marcher, retourner dans la rue, voir autre chose que ce que me montraient les vitres de mon balcon. Je voulais vivre de nouveau; et toute la journée, « j'envoyais des messages », tout comme le télégraphiste d'un bateau qui est en train de couler; mais ces messages partaient des centres nerveux de commande de mon cerveau :

– « tic-tic-tic- »

Ou encore, j'appelais mon père, et je lui demandais avec insistance :

– Touche-moi les jambes, que je vois si je suis plus sensible au toucher qu'hier.

Chaque jour, vingt heures sur vingt-quatre, je ne faisais que regarder mes jambes, regarder mes jambes. Je savais exactement le nombre de poils que j'avais sur les jambes, la dimension des pores de mes cuisses; je connaissais même les poils qui étaient plus sensibles que les autres. Je connaissais ma peau au millimètre, tant je la touchais; je lui adressais des prières, je prenais soin d'elle. D'autre part, je commençais à savoir quelle était « la vraie peau de l'amitié » ou en d'autres termes, je commençais à voir l'amitié sous son vrai jour. C'est en effet à cette époque de ma vie que j'ai acquis une grande force intérieure. Chaque jour, il y avait moins d'amis qui venaient me voir. Et quand je me retrouvais seul, la nuit, quand je savais que mes parents dormaient épuisés, je me traînais dans le couloir de la maison, essayant de bouger quelque chose de plus, essayant, à défaut de pouvoir marcher, de me mouvoir...

Et quand le matin, mes parents venaient dans ma chambre, ils me trouvaient exténué, fatigué, mais heureux, car j'avais retrouvé l'espoir.

Je n'avais pas de fiancée à cette époque; et je dois dire que je n'en avais pas besoin. J'étais entièrement absorbé par mon problème; ma seule préoccupation, c'étaient mes jambes. Ma guérison, je la dois en grande partie à ce formidable désir de survie qui ne m'a pas quitté durant mon infirmité. Mes amis, lorsqu'ils venaient, me disaient : « Alors, mon pauvre Julio, comment ça va »... C'est à cette époque que je me rendis compte ce que c'était que d'avoir la santé, on réalise le jour où on la perd. A ce moment-là, je me suis tracé un plan très dur, et je le suis toujours :

– Chaque jour, je fais quelque chose de plus que la veille. Et si c'est moins important que la veille, c'est que je suis en train de dépérir, de mourir. Je me suis mis ça dans la tête; je l'ai attaché à mon cœur comme on attache une ceinture de sauvetage à un naufragé, au moment de la tempête, comme une bouée de sauvetage; et je me suis jeté à l'eau. Je me mis à faire des kilomètres et des kilomètres à pied, sans sortir de mon lit. Millimètre par millimètre, pas à pas, sans bouger parfois plus d'un doigt, j'avançais; c'est ma tête qui le voulait, et mes jambes devenaient plus flexibles, plus légères; elles commençaient à répondre. Ce que j'envoyais depuis mon cerveau, ce n'était pas un fil de vie, mais un canal de vie.

Je mangeais de la viande crue avec la voracité d'un cannibale; de la viande, de la viande, toujours de la viande. On me faisait asseoir, et j'avais des vertiges; mais je voulais rester assis, même si la terre s'ouvrait sous mes pieds. Je tombais vers l'avant; et, tout comme un « poussah », je me remettais d'aplomb. Au bout de quatre jours, enfin, j'y arrivai. Deuxième grand triomphe : au bout de deux mois, j'arrivai à me lever du lit! Plus exactement, on me leva, je posai pour la première fois mes orteils au sol, comme quelqu'un qui venait de naître; et c'est vrai; j'étais en train de naître. Deux personnes ne firent déambuler entre les barres d'appui du couloir, comme un convalescent de guerre. Mais ce couloir, je le connaissais déjà; pendant de longues nuits, je l'avais arpenté en respirant fort, en rampant avec mes mains, avec mes genoux, dalle par dalle, mètre par mètre.

Le premier pas debout, – un tout petit pas –, un seul pas, m'a pris une heure et demie. Pendant une heure et demie, j'ai donné des ordres qui sont partis de ma tête. Cela a duré quatre-vingt-dix minutes, mais j'y suis arrivé. Et à partir de ce jour-là, je n'ai jamais fait moins de pas que les jours précédents, jamais!

C'est à partir de ce que je viens de raconter que j'ai tissé le drapeau de ma vie, ma devise la plus importante. C'est pourquoi, je suis profondément chagriné quand je vois qu'il y a des gens qui pensent que je suis un petit homme fluet, un « señorito » [1], à qui la vie a tout donné sans que lui, de son côté, n'ait rien eu à donner de lui-même. Non, ce n'est pas vrai. Cette expérience m'a fortifié, m'a fait renaître, et a fait

1. « Señorito » : expression péjorative typiquement espagnole qui sert à désigner un jeune homme riche et oisif, entretenu par sa famille; on pourrait donner comme équivalents français approximatifs : « petit monsieur », « fils à papa ».

de moi un autre homme. Depuis, rien ne m'a été facile, ni gratuit.

On m'installa ensuite deux miroirs, le premier dans ma chambre, et le second au bout du couloir. Mon père pouvait me voir dans le miroir; et moi, je pouvais le voir. La nuit, chaque fois que j'en étais capable et toujours à quatre pattes, comme les animaux de la montagne, je me regardais en train d'évoluer dans le couloir, devant ce grand miroir qui répétait mille fois mon image, « car on m'avait dit qu'en se promenant ainsi, on fortifiait ses muscles »... Et ceci quatre, cinq ou six heures par nuit. Je ne dormais pas plus de quatre heures. La douleur avait disparu; elle ne reviendrait plus jamais.

Je compris également que le gardien de but de football Julio Iglesias était mort. Et j'aimais bien caresser les gants, le tricot à col roulé, les genouillères, les chaussettes, les jambères blanches. Je ne voulais pas voir les chaussures de football. Pourquoi? Tout simplement parce que cet uniforme appartenait au passé et qu'il était mort pour moi; et tout cela me causait un choc profond. J'étais heureux quand je pensais que bientôt, je pourrais sortir dans la rue. Et ce que je voulais savoir (je l'ai vérifié le premier jour où je suis sorti sur l'asphalte et sous le soleil), c'est si je pouvais rester impassible, comme un « dontancredo » [1] au milieu de la rue, sans que les voitures me renversâssent d'un côté ou de l'autre. Cette obsession allait jusqu'à me réveiller, en nage, durant mes rares heures de sommeil.

L'équilibre : ce que je voulais, était de ne pas perdre l'équilibre; une sensation qui reviendra souvent dans ce livre que je commence à écrire aujourd'hui.

Car je tombais, je faisais « du roulis » comme un bateau; rien ne me tenait bien au sol. J'oscillais d'un côté ou d'un autre, comme si je n'avais jamais su mieux marcher depuis ma naissance. Mais c'était déjà quelque chose. En avant,

1. « Don Tancredo », ou Tancrède, est un prince sicilien qui se signala par sa bravoure lors de la 1re croisade (1096), tout particulièrement lors de la prise de Jérusalem où il planta le pemier son étendard sur les murs de la ville. D'où l'expression espagnole : être droit ou impassible comme un Tancrède, au milieu du danger.

Julio! Je me levais tôt, à huit heures du matin, je prenais un copieux petit déjeuner, très copieux. Ensuite, j'allais à la piscine; mais c'était une piscine de rééducation où je rencontrais des gens comme moi, des paralytiques entièrement immobilisés, des perclus et des personnes souffrant de paralysie partielle. Je marchais quatre ou cinq heures de suite; j'étais entouré de gens qui me regardaient avec étonnement; car moi je me rendais compte que, chaque jour, je progressais en quelque chose, j'améliorais mes résultats; tandis qu'eux, beaucoup d'entre eux, ils restaient cloués dans un coin, à se faire aider par les infirmiers, ou assis délicatement, et avec amertume, au bord de la piscine, les pieds pendant à l'intérieur, baignant dans l'eau.

Je devins très robuste. J'en voyais de toutes les couleurs, et ça ne me faisait plus très mal, à ce moment. On m'emmenait en voiture à la « Casa del Campo » à Madrid, vers midi et demi. J'emportais un sandwich à la viande, un sandwich immense, énorme; aujourd'hui encore, quand j'y pense, j'en suis stupéfait et j'en ris. C'était comme s'il y avait un cheval à l'intérieur. Parfois, j'avais faim, parfois non; mais quoiqu'il en soit, je le dévorais comme un prisonnier évadé depuis trois jours.

Je m'appuyais sur mon bâton; j'ai gardé des photos où je m'appuie sur mon vieux bâton, un de ceux en métal qui montent jusqu'au coude. A mes côtés, il y avait mon fidèle José Luis, et aussi ce berger allemand de 4 mois « Rock », qu'on m'avait offert, et que j'aimais tant. Quand Rock mourut, je l'ai pleuré comme s'il s'agissait d'un petit frère ou d'un vieux parent de la famille.

Au printemps, je me promenais avec mon chien dans la « Casa del Campo », ce grand parc. José Luis me laissait parfois aller me ballader seul pour que je fasse des progrès; et c'était amusant de voir sortir, en se dégageant des hautes herbes, des couples d'amoureux, des lapins de garenne, des perdrix qu'on pourrait presque appeler « des perdrix de ville... Quand je reviens à Madrid je pense toujours :

– Si on me laissait libre, maintenant, dans ces bois immenses, je suis sûr que je serais capable de les parcourir pas à pas, pierre par pierre, guérite par guérite, coin par coin...

Même certains arbres doivent porter encore dans leur gros tronc mon nom inscrit avec un couteau; mon nom seulement, bien sûr. Mille fois, je me suis promené, j'ai sillonné cet espace de verdure, ce lieu qui sert de poumon aux Madrilènes. Quand je vais à la télévision espagnole, pour une interview, pour aller chanter, ou pour participer à une table ronde, je fais arrêter la voiture dans laquelle je voyage, et j'embrasse presque la terre qui m'a vu réapprendre à marcher. C'était mon champ de bataille, mon nouveau stade de football. Même mon chauffeur maigrissait; il marchait à mes côtés : nous avons commencé en faisant vingt mètres, et nous sommes arrivés à faire vingt kilomètres par jour. Toute la journée, nous montions et nous descendions sur les chemins. Il est certain que cette fois-ci, je marchais... Est-il permis d'en douter ? Parfois même nous devions retourner à la voiture qui était restée derrière, peut-être à sept ou huit kilomètres. Tout le monde savait qui j'étais; tous me connaissaient : les vendeurs des kiosques, le personnel du service de détection et de protection contre les incendies, les gardiens avec leurs chapeaux verts et leur buffleterie avec la plaque dorée :

– Comment ça va, Julio? Comment va Julio, notre marcheur ?

Oui, c'était Julio, le garçon qui avait voulu être gardien de but de football avec son grand berger allemand et son gros chauffeur; qui restait derrière à une certaine distance, le pauvre, en haletant constamment.

Souvent, mon père m'accompagnait; il resta longtemps sans opérer. Parfois, ma mère et mon frère Carlos, qui était alors extrêmement robuste, venaient aussi; et avec mon frère, nous faisions des courses symboliques, que je gagnais toujours; car « il me donnait, bien sûr, plusieurs kilomètres d'avantage »...

CHAPITRE 2

JE CACHAIS MES BÉQUILLES

A la tombée du jour, José Luis, mon ami, mon compagnon durant ces longues randonnées pédestres, m'emmenait toujours à une cafétéria où il y avait plein de très jolies filles. C'était une joie pour moi; imaginez-vous le quartier d'Argüelles à Madrid; on était presque en été; il était sept heures du soir rue Marqués de Urquijo; et c'était l'endroit, je puis le dire, où les créatures les plus jolies, les plus jeunes, et les plus agréables du Madrid universitaire de l'époque, se donnaient rendez-vous. Je cachais mes béquilles derrière mon siège en fer; je demandais quelque chose à boire, peut-être une bière ou un coca-cola, ou un jus d'orange, peu importait... L'important, c'était de voir toutes ces jolies filles ensemble! Surtout pour quelqu'un qui était resté tant de temps sans avoir vu autre chose que les quatre murs de sa chambre et qui se revoyait avec les jambes détruites dans les miroirs du couloir et de sa chambre!

Parfois, José Luis emmenait les béquilles dans la voiture. Je le lui demandais et lui, qui me comprenait très bien, n'avait même pas besoin que je le lui rappelle. Ainsi, j'avais l'aspect d'un garçon d'une vingtaine d'années, au visage bien bronzé, – du soleil de la Casa del Campo –, avec une jambe croisée sur l'autre, comme s'il allait passer toute sa vie à une table de café avec un verre à la main.

Je n'avais pas mauvaise allure non plus. Avec toutes ces énormes quantités de viande que j'ingurgitais chaque jour, j'avais grossi; et du moins au-dessus de la ceinture, je paraissais robuste. Aujourd'hui encore, je me ressens de ces longs mois d'intense exercice; j'ai de larges épaules, la taille fine, où n'apparaissent pas, bien que ce soit dû en partie au fait que je mange très peu, les poches de graisse qui affligent les gens qui ne font pas d'exercice.

Là, c'était le rendez-vous de « toutes les étudiantes du monde ». Oui, mes amies, toutes; et beaucoup n'avaient pas remarqué mon arrivée. Celles qui m'avaient repéré, j'attendais qu'elles soient parties pour partir à mon tour; et j'attendais la prochaine occasion de les revoir. Je m'imaginais que j'étais un prince, très bien habillé, faisant le coquet avec elles, donnant une œillade par-ci, un clin d'œil par-là, tout comme un « dragueur » conquérant.

Je passais des heures et des heures ainsi, apprenant à distinguer les mines, les allures; il n'y a pas d'autre manière de l'exprimer. Je sais qu'entre elles, elles parlaient de moi; et pour beaucoup, j'étais devenu « le garçon élégant et solitaire de la table du coin », qui jamais ne changeait de place ni ne disait un mot.

La triste vérité, c'est que je ne m'en allais pas avant que celles qui me plaisaient le plus soient elles-mêmes parties. Aujourd'hui, cela semble une histoire amusante, quand je la raconte avec tant de distance; mais à l'époque, c'était une histoire triste, un peu comme ces romans d'amour qu'on vend dans les kiosques pour faire soupirer les lecteurs.

Quand la fille qui me plaisait le plus s'en allait, je faisais un signe à José Luis qui m'attendait dans la voiture; et il rapprochait l'automobile ainsi que les béquilles. Souvent, une telle situation, à la fois aussi belle et aussi grotesque, peut donner naissance à une étrange histoire d'amour. Parfois je me dis que c'eût été extraordinaire si l'une d'elles s'était approchée de ma table pour me dire :

– Tu veux quelque chose, beau gosse? Tu es vraiment payé à l'heure de chaise longue, sapristi?

Mais il ne s'est rien passé, il n'est rien arrivé; ce n'est

aujourd'hui qu'un reflet doré, gravé dans mes souvenirs.

Rien de plus.

Mais déjà, l'été était arrivé; et il fallait retourner à Peniscola, où les Iglesias étaient des habitués, presque des notables depuis longtemps déjà. Cette station balnéaire était celle qui gardait un souvenir de Julito, car elle l'avait vu courir d'un bout à l'autre de la plage, sauter sur le sable, et faire si souvent le triple saut périlleux.

– Je ne sais pas comment je vais y arriver, José Luis. Aller à Peniscola avec mes deux béquilles!

J'y suis pourtant allé, je l'ai fait! Une fois de plus, ce fut grâce à mon énorme puissance de volonté. De neuf heures du matin à deux heures de l'après-midi, je nageais et je nageais sans m'arrêter, jusqu'à ce que je tombe épuisé sur le sable. Ensuite, je marchais tant que je pouvais, pieds nus, afin que, en foulant doucement le sable humide de la plage, tous les muscles de mes pieds puissent se mettre en action. Je nageais quelque six kilomètres par jour! Parfois, j'allais si loin, que Jano devait se lancer à l'eau, c'était un maître nageur, qui était aussi un peu le sauveteur de tous les petits, et des grands, et qui nous avait tous vu grandir. Je nageais surtout sur le dos; le médecin me l'avait conseillé. J'étais bien déterminé à ne rien négliger; je voulais redevenir tel que j'étais avant l'accident.

A la fin de l'été, je jetai mes béquilles. Il ne me restait plus qu'un bâton; j'irai même jusqu'au dire que le bâton était un peu coquet, élégant, mais enfin, c'était un bâton, même s'il n'avait rien de commun avec le précédent qui me montait jusqu'au coude.

J'y pense encore quand je regarde celui qui est dans ma chambre; il s'agit d'une belle canne en bois d'acajou, avec une poignée d'ivoire en forme de tête de chien; c'est une canne-épée.

Et un beau jour, j'abandonnai également le bâton. Et comme dans les miracles des Évangiles, je marchai devant ma famille, rayonnant de bonheur, remis à neuf, heureux. J'avais réussi. Un pas, deux pas, trois pas...

Mais je tombai. Je ressentis un mouvement de terreur

parmi mes proches. Il ne fallait pas perdre l'espoir. Je me redressai comme je pus :

– Que personne ne m'aide! Je peux le faire tout seul!

Et j'y arrivai. Je me mis à nouveau à marcher, un, deux, trois, quatre pas...

Et plus jamais je ne suis tombé.

Plus jamais. J'ai connu bien d'autres effondrements durant ma vie, physiques, moraux; mais plus jamais, je ne me suis effondré de cette manière; car je ne voulais pas que cela se reproduise. Je continuais à progresser suivant cette maxime : « Aujourd'hui plus qu'hier, mais moins que demain ». Et ma santé continua à se reconstituer de manière spectaculaire. Les médecins ne voulaient pas y croire. Je retournais même au football, mais comme spectateur. Ça n'a pas été facile, mais j'y suis retourné. Je me suis remis au volant de mon automobile, et lentement, lentement, je me suis réhabitué à conduire. Béquilles et bâtons furent définitivement mis au rancard. On arracha les rampes qui avaient été fixées au couloir. A la maison, ma chambre devint à nouveau une chambre normale.

Tout cela dura un an et demi ou deux ans; puis un jour, je me rendis compte que j'allais bien, parfaitement bien. Le soleil était aussi brillant qu'il l'avait toujours été; comme avant, le ciel d'une nuit d'été était beau, le monde était à nouveau merveilleux. J'allais embrasser de tout mon cœur Léon, qui était l'homme, le spécialiste qui s'était chargé de ma rééducation; je faisais des jeux de jambes devant lui, je faisais des entrechats dans l'air, comme dans les ballets et je lui disais

– Tu vois, Léon, tu vois? Nous ne nous serions pas attendus à cela!

Je voulais que tout le monde le sache. Je voulais que tous, tant ceux qui étaient venus me voir quand j'étais sur mon lit de douleurs, que ceux qui n'étaient pas venus, puissent constater avec certitude que j'avais réussi ce qui semblait impossible.

Et pendant tout ce temps, j'avais entendu de la musique. C'était le temps du « Duo Dinámico », de « Luis Gardey », de

« Jaime Morey », et encore de Raphaël, de Gelu... Tous ces noms sont liés dans mes souvenirs aux béquilles de ma vie paralytique. Je crois que j'ai usé vingt ou trente aiguilles de tourne-disque, pendant ces deux longues années, et aussi que j'ai entendu quelque deux cents disques.

On m'avait donné une guitare. En fait, je ne sais pas pourquoi on me l'avait donnée; mais on me l'avait rapportée un jour. C'était quand je commençais à pouvoir remuer les gros orteils. C'était une guitare à six cents pesetas, – l'équivalent de dix dollars de l'époque – qu'on pouvait acheter dans le vieux Madrid, peut-être au Rastro. C'était une guitare de « tuna [1] », très exactement. Et moi, qui n'avais jamais joué d'un instrument de musique, je me mis à tirer des sons de l'instrument qu'on venait de m'offrir; et en même temps, j'accompagnais les chanteurs à la radio; c'est ainsi qu'un jour, je découvris combien grand était Paul Anka, et je marquai le rythme du « Duo Dinamico ». Qu'il a été important, dans le processus de mon ouverture à la musique, ce « Duo » de Manolo et Ramon! Aussi, ça ne me semble pas très intelligent ce que nous faisons quand nous voulons reléguer définitivement dans le passé le cinéma qui meuble nos souvenirs; c'est pourtant ce qui se passait quand je parlais avec Ramon Arcusa durant ces longues nuits d'enregistrement mais je ne veux pas insister; je l'aime tellement...

Un jour mon père, tout près de moi comme toujours, en dépit de mon éloignement au fond du couloir, se rendit compte que je jouais de la guitare pour accompagner les chansons. E tout d'un coup, je lui dis quelque chose qui le laissa pantois.

– Un jour, je chanterai au festival de San Remo; et tu me verras, Papa.

C'était parti comme ça, du fond, du plus profond de moi-même, de là où existait en moi, d'une manière larvée peut-être, la musique. La musique que je connaissais, c'était seulement celle des « surprises-parties » Elvis, le folk, et les

1. La « tuna » est un orchestre d'étudiants.

danses qu'il y avait avant les « agarrados » [1], me plaisaient beaucoup plus, et elles continuent à me plaire. Car maintenant, je danse rarement, et encore moins le rock; si, peut-être de temps à autre, comme l'autre jour à Vina del Mar avec Priscilla, et parce que mes amis avaient envie de voir comment je savais m'amuser par moments.

Le jour, plus exactement la nuit du festival de San Remo, c'était Denis qui chantait. Et j'appris très rapidement sa chanson. J'avais très envie d'être comme lui, un chanteur. Je commençais à vivre; et je voulais faire quelque chose. D'autre part, je ne suis jamais arrivé à jouer bien de la guitare, – si ce n'est peut-être, et aujourd'hui je puis également le dire – pour m'aider à fredonner ou à composer certaines chansons; c'est tout. Mais il faut bien se souvenir de cela : j'ai appris à jouer de la guitare, sans que personne ne me l'apprenne de manière académique, sans professeur. Je n'étais ni Segovia, ni Paco de Lucia; mais je faisais rendre des sons à mon instrument de manière rythmique et agréable. Les voisins ne se plaignaient pas. Et en plus...

– Je chantais!

Rien n'était de moi; j'apprenais les chansons à la radio, celles des disques qu'on rapportait parfois à la maison, ou celles que j'entendais et dont je voyais les interprètes à la télévision. Oui, je me souviens aussi que le volume de ma guitare était gênant pour ma poitrine; et comme mon corps n'était pas très mobile, ni mes bras non plus, il m'était passablement difficile de la tenir; mais j'y parvenais, en prenant la guitare autrement; je la mettais debout, le manche dirigé vers le plafond. C'était moins orthodoxe, mais je faisais comme ça.

Et voilà qu'est diffusé le festival de l'Eurovision. Et cette fois-ci, c'est à ma mère que je dis, en serrant ma guitare contre moi, cette nuit d'intense émotion, devant un spectacle, qui à l'époque, était encore en noir et blanc :

1. Les danses « agarrados » sont les danses où les partenaires sont enlacés, proches l'un de l'autre.

– Un jour, c'est moi que tu verras, maman, là, à l'écran, à l'Eurovision.

Ma mère faisait son point de couture; elle tricotait, ce qu'elle a toujours beaucoup aimé faire; et elle souriait. Mais c'était la deuxième fois que, d'une manière presque magique, je disais des mots nouveaux qui m'ouvraient un horizon vraiment inconnu. Un homme nouveau naissait en moi : le chanteur, l'artiste.

Et lors du festival de Benidorm, lorsque j'étais encore en rééducation, je répétai le même lietmotiv :

– Je serai en train de chanter, un jour, à Benidorm.

Lorsque mon père m'envoya en Angleterre quelques mois, pour perfectionner mes connaissances d'anglais – j'étais alors bien valide – j'écrivis : « La vie est toujours la même. »

Mais encore aujourd'hui, lorsque je pense à ces trois prémonitions, car je disais la chose très sérieusement, en étant très sûr de moi, je ressens un malaise. C'est qu'alors, je me sentis attaqué par ce fantôme que je ne pus toucher de mes mains : le fantôme de l'inconnu; et que je commence à croire sérieusement à ces choses qu'on me dit parfois et qui me font tressaillir.

Car aujourd'hui, vingt ans après les événements, je sais ce que je dis : et je le dis avec la même véhémence et en même temps avec la même inconscience avec laquelle je le disais à l'époque; mais il y a une assurance dans mes paroles qui me fait trembler. Aujourd'hui, je suis un chanteur de renommée universelle; je le sais. Et voilà que maintenant, j'avance sur ce petit chemin pavé de pierres ardentes et merveilleuses qu'est le mythe. Je sais bien que je commence à être une légende.

C'est la première fois que je dis ces choses-là à haute voix; et bien évidemment la première fois que je les écris.

CHAPITRE 3

J'ÉTAIS LE MEILLEUR GARDIEN DE BUT...

Bien souvent, durant ces longues, très longues heures de ma vie d'homme brisé, je prenais plaisir à regarder un des albums de photographies que ma mère gardait précieusement. Et c'est comme cela que, sans le vouloir je mettais en marche cette petite machine de cinéma ancien que chacun possède, invisible dans sa tête.

Voici une photo très ancienne qui remonte avec ma naissance; c'est la photo de mes parents le jour de leur mariage. Voilà Charo, ma mère, si jolie, si jeune; et mon père; il est en uniforme mais c'est un médecin; c'est déjà un médecin réputé; il est docteur en gynécologie. C'est un « pasteur de cigognes »[1], comme on dira plus tard. On pourrait remplir une arène si on y mettait des milliers d'enfants qu'il a aidés à naître tout au long de sa belle et brillante carrière professionnelle. Et je devais être issu de ce mariage uniquement par hasard. Ma naissance fut une simple coïncidence. Ma mère elle-même voulait une petite fille. Je suis né « malgré tout ». Je ne sais pas si cela a été un traumatisme profond pour moi, mais c'est possible. Qui sait!

1. En Espagne, la légende la plus répandue pour répondre à la question « d'où viennent les enfants? », est celle de la cigogne.

Il fallut faire une césarienne à ma mère pour que je puisse sortir ma tête volumineuse, aux traits fins, aux cheveux bruns, et que je vienne au monde. Apparemment, j'avais pleuré dans le ventre de ma mère. D'après ce qu'on m'a dit je me présentais par la face. De toute façon, ce sont des choses dont je n'aime pas beaucoup parler avec ma mère. Et elle non plus n'aime pas tellement en parler avec moi.

Quoi qu'il en soit, je suis venu au monde le 23 septembre 1943. Les astres avaient donc prévu de me situer au seuil de la Vierge, en sortant de la Vierge et en entrant dans la Lyre. Ceux qui me connaissent bien disent que je suis plus de la Lyre que de la Vierge. Mais cela ne m'empêche pas de dormir.

Mon premier souvenir d'enfance, le plus lointain, mais qui est net dans mon esprit, c'est le vestibule d'entrée de ma maison : un hall revêtu d'azulejos (céramiques bleues) avec des grilles comme dans les vieilles maisons andalouses.

Quand j'étais enfant, j'étais déjà un être hypersensible. N'importe quoi pouvait me faire pleurer ou rire; et je me sentais à la fois le plus heureux et le plus malheureux des enfants. J'ai toujours eu une sensibilité à fleur de peau. Et quand j'étais petit, je voulais déjà être joueur de football : comme Ricardo Zamora, le légendaire Zamora, le plus grand joueur de football, le plus grand gardien de but de tous les temps, non seulement dans l'histoire du sport espagnol, mais peut-être aussi dans l'histoire du sport mondial. Je gardais aussi précieusement les images de Ramallets, et de Pazos. Des gardiens de but, il n'y avait que des gardiens de but. Je ne me sentais attiré ni par les avant-centres, ni par les arrières. Je voulais être gardien de but et rien d'autre dans une équipe de football et cela pour une raison bien simple : je désirais pouvoir prendre le ballon dans mes mains. Peut-être y avait-il là un désir possessif évident et manifeste; il faudrait étudier la question...

J'ai commencé à jouer quand j'étais tout petit au Collège des « Sagrados Corazones », à six, sept ou huit ans. Et j'ai joué là jusqu'à quatorze ans, âge auquel je suis passé par la grande porte; plus exactement, c'est l'âge auquel je suis entré par la petite porte dans un club qui pour moi a toujours été formidable. C'était le meilleur : Le « Real Madrid ».

J'ai beaucoup de souvenirs de mon collège. Je suis entré aux « Sagrados Corazones », école tenue par des religieux en soutane, à l'âge de quatre ans. J'étais un tout petit garçon. Je vivais tout à côté du Collège. Mieux encore, le terrain de football se voyait de ma fenêtre, de mon balcon. Avant d'entrer au Collège, je voyais déjà les autres enfants; je voyais comment ils se mettaient en rang; j'entendais leurs cris pendant les récréations; et je remarquais leur silence lorsque le moment des cours arrivait. Aussi, une fois devenu élève, je sortais de chez moi à la dernière minute; et naturellement, j'arrivais toujours le dernier. J'y allais toujours en courant, le bas du pantalon traînant par terre, décoiffé, et en courant, en courant...

Bien sûr, il y avait la messe quotidienne. C'était une contrariété que j'acceptais de bonne grâce. En outre, je me sentais fidèle aux traditions, aux coutumes. « Si les autres le font! » Mais je voulais déjà me distinguer. Je voulais déjà me faire connaître, surpasser les autres, que ma présence fut remarquée...

Et je le faisais chaque fois que c'était possible. Je sais que bien des écrivains, bien des mythomanes de notre époque, disent :

– Ah, si Julio Iglesias avait connu la faim comme d'autres!

Ce n'est pas de ma faute si je n'ai pas connu la faim, comme par exemple el Cordobès, une des personnalités que j'admire le plus. Mais il n'est donné à personne de choisir lors de sa naissance. En outre, il existe d'autres faims qui endurcissent le caractère autant que celle d'un morceau de pain avec de l'huile qu'on attend. Ma famille n'était pas non plus riche, mais il est certain qu'elle maintenait un genre de vie, un niveau de vie de classe moyenne professionnelle, presque bourgeoise. Quant à moi, ce qui est certain, c'est que j'étais un garçon chétif, de constitution fragile, mal formé, et, il me semble, très laid. Il suffit de regarder les photos de l'époque. Mais j'avais une grande sensibilité, et je voulais déjà demander à la vie beaucoup plus que ce qu'elle me donnait, c'est-à-dire lui demander presque tout.

J'aimais être au centre des situations. A cette époque, déjà, apparaissait en moi le désir d'être ce qu'on appelle « la comète ».

J'ai commencé dans les sports par être quelqu'un, plus précisément, un enfant, un gamin, qui se mettait toujours en avant; celui qui organisait toujours les équipes.

– Cela, que Julito le fasse.

– Que Julito prépare tout.

Julito, Julito; c'est pour ça que j'ai choisi d'être gardien de but. Maintenant, je comprends. Le gardien de but, c'est celui qui est entièrement responsable si on marque un but; c'est aussi celui qui reçoit le moins d'ovations s'il le pare. « Il n'a pas de mérite, il a fait ce qu'il devait faire. »

Mais revenons au petit garçon Julio Iglesias qui est au Collège des « Sagrados Corazones ». Mes notes, pour parler franchement, n'étaient pas fameuses; elles étaient même mauvaises. Quant à ma conduite, elle était espiègle, mais bonne. Je n'étais pas un enfant pervers ni insupportable. J'étais à la fois mauvais et bon. Je n'avais pas de mauvaises intentions; en fait, je ne crois pas qu'il existe des enfants qui aient de mauvaises intentions. Ce qui se passe, c'est que je n'étais pas un enfant commode; j'étais toujours à l'affût de quelque chose; je me sentais, je l'ai toujours dit, plus Don Quichotte que Sancho Pança. J'étais déjà un être, presqu'un nain, si on se réfère à ma taille, plus actif que passif. J'aimais découvrir des choses nouvelles. Je ne me laissais enchaîner ni par les livres, ni par les pupitres. Lorsque j'étais à la messe, ce qui m'intéressait le plus, c'était de savoir si les enfants de chœur se disputaient, ou si le curé s'assoupissait durant la cérémonie. Cela dit, pour moi, la messe était un acte sublime.

Je n'ai jamais voulu être prêtre. Ce n'est pas courant chez les enfants qui sont élevés dans des collèges religieux; nous aimions l'autorité, la soutane, la manière d'être des prêtres. Et moi, je n'ai jamais voulu en devenir un. Ce dont je me souviens d'autre part, c'est le nom de la première fille dont j'ai été amoureux. Rien de bien important : elle s'appelait Maria, elle était blonde, avait les yeux clairs, la peau blanche, et elle était élancée. Elle rendait fous tous les garçons du quartier. Nous étions tous amoureux de Maria; c'etait normal.

Les trois garçons les plus effrontés du collège, étaient ceux qui étaient toujours le plus près d'elle; et j'étais l'un d'eux. De plus, c'était la belle époque où nous souffrions d'amour. Si en se promenant par le Paseo Rosales, elle regardait coquettement un autre garçon de notre âge, lui aussi en culotte courte, c'était alors une souffrance intense, des éruptions aux lèvres, la ruine. Souffrir ainsi, c'était formidable; mais en même temps, horrible.

Il me semble qu'à cette époque, j'ai écrit un vers, un de ces vers qui font beaucoup d'effet. Il s'agissait évidemment d'un poème d'amour; mais j'ignore à l'heure actuelle ce qu'est devenue Maria. Peut-être est-elle morte; je ne sais... où es-tu ?

Je me battais durement, chaque jour, et mes cheveux constituaient mon pire ennemi. Ils étaient comme des piquants, comme de l'acier, noirs, indomptables, tirés en avant. Je luttais contre eux à tour de bras; je cassais mes peignes; j'utilisais des tonnes d'eau et de fixateur; mais ça ne servait à rien. Inexorablement, mes cheveux revenaient à leur place de toujours, à ce qui était habituel, à une frange qui allait vers l'avant. Je crois que dans le fond j'étais un enfant qui méritait plus d'être plaint que d'être admiré. Mais je faisais ce que je pouvais pour le surpasser. Si je sautais et si je tombais, je sautais à nouveau. Personne ne pouvait se moquer de moi. Mon complexe du ridicule avait déjà fait son apparition. Je me souviens aussi, tout de suite, de ces vers :

« Je ne suis pas ému, mon Dieu, pour t'aimer
Par le ciel que tu m'as promis... »

Il me semble qu'ils sont jolis et qu'ils pourraient être enveloppés d'une belle musique. Peut-être cela a-t-il été déjà fait ? Je savais ce poème par cœur; et parfois je changeais ses terminaisons avec des chevilles... Bien évidemment, je le faisais uniquement dans un sens musical, la musique était déjà là...

J'avais un ballon; il y a toujours eu un ballon à la maison; et il y a toujours eu aussi une bicyclette. Nous étions deux frères; mon frère Carlos très attaché à moi, avec peu de différence d'âge. Toutefois dans notre chambre, il n'y avait pas beaucoup de jouets.

Et je ne collectionnais rien.

Ma mère était très protectrice. Comme elle ne travaillait pas, elle avait tout son temps pour s'occuper de nous deux. Pourtant c'est mon père qui a eu le plus d'influence sur moi. J'avais beaucoup d'admiration pour lui quand je le voyais tant étudier, et avec tant de constance, alors qu'il était déjà un professeur éminent et bien connu. Cette profonde admiration pour mon père, je l'ai encore aujourd'hui. Envers ma mère, j'ai l'affection typique de l'enfant pour sa mère. Elle vit avec moi, elle ne veut pas quitter Miami; l'île n'est pas très salubre pour ses os, ce climat l'affecte, mais elle veut rester avec son fils.

J'ai toujours eu la terreur de la privation de liberté physique, beaucoup plus que de la privation de liberté intellectuelle. Je suis convaincu que la privation de liberté physique empêche le mouvement qui est vital, tandis que le mouvement permet de développer l'acuité de ses cinq sens, au maximum. Je dis cela, parce que la plus grande punition qu'on pouvait m'infliger à l'époque, c'était quand ma mère m'enfermait dans la salle de bains, ou dans la chambre de bonne, qui était très petite. Si c'était dans la salle de bains, dans les cabinets, qu'on m'enfermait, je m'asseyais à l'endroit de la douche, et je me mettais à penser et à penser; des quantités de fantaisies passaient par mon esprit...

« Que Julio Iglesias, fils, recevait une ovation extraordinaire dans un stade de football plein à craquer » – « Que Zamora disait à haute voix aux autres : « Celui-ci sera mon successseur, – et personne ne pourra mieux que lui me remplacer, quand je serai parti... »

Je rêvais à tout cela. Et je voyais toutes les jeunes filles qui m'entouraient avec des sourires et qui me portaient, sur leurs bras, toutes étaient beaucoup plus grandes que moi, à Rosales, qui était notre lieu de promenade habituel, pour nous comme pour le adultes.

Mais finalement, au bout d'un certain temps, je criais comme un fou :

– Maman, Maman, ouvre-moi; j'étouffe! Je meurs!...

Depuis cette époque, j'ai conservé une peur obsessionnelle d'être privé de ma liberté physique; cela a été plus intense encore avec la prison tragique de mon accident. C'est pourquoi, je pense qu'il n'y a pas de plus grande injustice que d'enfermer un individu et de le priver de sa liberté, que ce soit par accident ou par prison. C'est pour moi la pire des choses au monde.

J'avais de mauvaises notes. Bien sûr, je n'étais pas un élève appliqué. Alors, on m'envoyait à la salle de bains. Pendant une heure et demie, je pensais énormément; ensuite, c'étaient des cris pathétiques. Je sortais en larmes, sale, et j'allais prendre l'air sur le balcon. Mes meilleures notes étaient en littérature et en arts. Malheureusement, les mathématiques, étaient catastrophiques. J'étais transporté par l'esthétique, le poétique, le lyrique, la pensée, partout où il y avait des ailes qui permettaient de se laisser porter par sa fantaisie. Les mathématiques demandent énormément de perfection. J'étais aussi bon en lettres que mauvais en sciences.

Ma première cigarette, je l'ai fumée à treize ans; je ne m'en souviens pas beaucoup. Aujourd'hui, je fume parfois, mais pas trop. Je sais que ce n'est pas bon pour ma gorge et je laisse le tabac de côté. Mais il y a des matins où, dès le lever, si j'ai un problème, je demande une cigarette. Mais le tabac n'a jamais été pour moi une préoccupation.

Les Rois Mages étaient quelque chose d'absolument merveilleux pour moi, et je les aimais d'autant plus qu'ils venaient toujours avec les vacances – et alors, les prêtres du collège me laissaient entrer pour jouer avec eux au football. C'étaient des joueurs formidables. Ils jouaient avec leur soutane. Il y avait des religieux de Navarre, de Pampelune, du Pays Basque, qui s'occupaient de la première division.

C'étaient les meilleurs. Je me mettais gardien de but et ils m'envoyaient des tirs terribles; je ne sais pas s'ils le faisaient avec une mauvaise intention; mais chaque coup de ballon me « brûlait » le soir. Cela leur faisait plaisir de me tailler en pièces. Mais moi, si petit, si brun, si décoiffé, je leur résistais, je volais comme un aigle d'un poteau à un autre, j'étais un faucon gardien de but. En outre, je savais des quantités de parades; j'étais agile comme un daim. Je ne veux pas faire le vaniteux; mais en vérité, c'était à la fois une gloire et un spectacle de me voir jouer au football.

J'ai été, – pardonnez ce manque de modestie – mais c'est aussi une marque de fierté légitime – le meilleur gardien de but que mon collège ait eu depuis sa fondation.

Mon frère Carlos était plus jeune que moi. En plus, c'était le « beau gosse » de la famille. Quand nous nous disputions, je recevais toujours la première baffe, je vous l'assure. C'était pour nous un plaisir, chaque été, à notre retour de Peniscola, de penser que ma mère allait mesurer notre taille et la marquer sur le mur, à la maison. La marque subsistait toujours là, même si on changeait de peinture. Elle survivait à tout; c'était la « marque de famille ». Elle se trouvait dans le couloir; et elle était en quelque sorte le thermomètre de « ce que le temps était en train de faire de nous ». Il y avait une compétition entre Carlos et moi : lequel avait le plus grandi d'un été à l'autre? Il y eut une année, où, au mois de septembre, je devins fou de joie : en deux mois, j'avais grandi de neuf centimètres!

Si je grandissais autant, c'est qu'en été, je faisais beaucoup de sport. C'était une vraie partie de plaisir que de me voir monter à bicyclette. Quand nous passions les vacances à Orense, les gens du pays accouraient, – comme on dit dans les chansons – pour voir le fils du docteur Iglesias, sur sa bicyclette. J'étais un équilibriste, un as du vélo, un vrai Bahamontès, qui aurait parfaitement fait l'affaire pour être engagé dans un cirque. Et tout cela, c'était pour me distinguer, pour être original, pour me faire remarquer. Je laissais la bicyclette rouler seule, et je montais dessus en marche; je faisais toutes sortes de « singeries »; je partais en conduisant le vélo de derrière; je me penchais le plus possible en avant... j'étais un virtuose. Au cirque Kronne, j'aurais gagné beaucoup d'argent.

Je me revois aussi tenant la main de mon père quand nous assistions aux matches de football. Nous avions tous les deux notre carnet de tickets du Real Madrid dont nous étions membres, ainsi que du Celta, dont nous étions également membres à cause des origines galliciennes de mon père. Je me souviens de Ramallets, le meilleur gardien de but de l'époque, et aussi de Juanito Alonso, gardien de but d'un style sobre, qui savait très bien parer les coups des avant-centres; je me souviens aussi de Betancurt, de Dominguez, d'Araquistain... Je lisais aussi beaucoup les journaux, où on parlait de football, ce sport était déjà très à la mode à cette époque. La télévision, avec les informations journalières qu'elle donne, a enlevé beaucoup de plaisir à la lecture de ces nouvelles qu'on n'avait qu'une fois par semaine; elle a habitué les gens à la surprise, avec ces impressions nouvelles et journalières qu'elle leur donne.

Je lisais beaucoup de bandes dessinées, comme tous les enfants de mon âge : Roberto Alcázar y Pedrín, Juan Centellas, les « Aventures du Guerrier Masqué »... FBI... cette dernière série constitue justement la collection de bandes dessinées que j'ai pu acheter et garder, semaine après semaine, faire relier, et conserver comme une pierre précieuse. C'est le seul livre de ma bibliothèque d'enfant que j'aie conservé! Quant aux livres de classe, je les laissais au fond du cartable!

Le moment où j'ai porté pour la première fois des pantalons longs fut pour moi sans aucun doute, un grand événement. Quelque chose qu'on peut comparer à la première communion pour un jeune garçon catholique. Avant, j'avais un costume marin, tout comme mon frère Carlos, bien sûr. J'ai donc dû attendre. Dans les familles où il y avait deux enfants à peu près du même âge, il était fréquent que l'un attende l'autre pour célébrer ensemble « ce grand jour ».

Ce dont je me souviens bien, c'est le choc que j'ai eu lors de l'achat de mon premier pantalon. Il n'en fut pas de mon premier pantalon comme de ma première culotte; je voulais qu'il m'aille bien. Un sens esthétique commençait ainsi chez moi à se manifester. J'ignore si, à cette époque, commençait déjà à exister chez l'enfant que j'étais cet homme élégant qu'on veut faire de moi, chaque année, en Espagne et dans le monde. Ça ne me préoccupe pas beaucoup non plus; mais il est certain que ce fut une expérience positive. Et ce sens esthétique était encore plus accusé lorsque c'était moi qui achetais ce que j'allais porter; en effet, il ne faut pas oublier que des bottes devaient durer toute une saison, et qu'en général, on les achetait un peu plus grandes. Ainsi, si elles pouvaient tenir un certain temps, elles pourraient servir l'année suivante, mais elles ne résistaient pas facilement à l'usage.

Je n'ai pas voulu être médecin comme mon père. Tout simplement, je n'en avais pas la vocation. Je dirais même plus, le sang me répugnait; et il en est encore ainsi; ce qui a trait à la chirurgie provoque toujours en moi une certaine irritation.

Et j'ai choisi d'être avocat, surtout par commodité; parce qu'une fois ce titre obtenu, du moins à l'époque, une porte vous était ouverte sur bien d'autres choses. J'aspirais donc au titre d'avocat en le voyant plus comme un tremplin pour accéder à d'autres professions, à d'autres postes, que comme une fin en soi. Ce que je désirais à cet âge-là – âge du premier pantalon long, de l' « examen de grado » [1] –, c'était gagner un peu d'argent, et peut-être plus tard, être agent diplomatique, surtout pour voyager. C'est cela que je désirais, voyager beaucoup de par le monde; et en plus, comme hobby, réaliser mon autre rêve : être un jour membre d'une équipe internationale de football.

Ce que je voulais, ce que je désirais, c'était me distinguer, d'une manière ou d'une autre. Au stade de football, la dernière pirouette. c'était moi qui la faisais. Il y avait des

1. L' « examen de grado », permet d'accéder aux classes qui préparent le baccalauréat. Il n'y a pas d'équivalent français. Cet examen se passe au début de l'adolescence, lorsque l'élève porte ses premiers pantalons longs.

« vaquillas » à une fête de village à laquelle nous avions été invités, j'étais celui qui continuait à jouer le plus longtemps avec elles, au risque de me faire encorner. J'ai toujours fait ce que j'ai pu pour me distinguer; et il en est de même aujourd'hui. Avec les filles, c'était la même chose. Celle qui me plaisait, c'était toujours la plus jolie, la plus grande, la plus impossible! Pourtant, j'arrivais toujours à décrocher un succès avec elle. Cela prenait beaucoup de temps, et c'était parfois très difficile, mais j'arrivais à mes fins, pour souffrir ensuite.

Mon subconscient dans cette ligne tremblante de la pensée se libère.

– Et si tout cela n'était qu'une préface à ce que je vendrais après? Ça ne te plairait pas de continuer à faire la même chose qu'avant, continuer à souffrir, à obtenir des succès et à souffrir?...

– Peut-être que oui. C'est pourquoi je suis toujours dans ce lieu, dans cet enfer qui me brûle et me fait mal, mais dont j'ai besoin, tout comme j'ai besoin d'eau pour boire lorsque j'ai soif.

C'est pourquoi je persévère, bien qu'un jour, le Père Anselmo m'ait dit : « Toi, retourne jouer au football; tu n'es pas fait pour chanter », je suis aujourd'hui Julio Iglesias. Je n'ai jamais pu entrer à la chorale du collège; on m'en fit sortir au moment même ou je commençais à entonner la première note. J'en pris mon parti; je me réfugiai plus encore dans le football et j'arrivais même à stopper les shoots imparables de ce curé navarrais qui me battait « à plat de couture » peu auparavant...

C'était ma volonté, mon effort, mon désir de me surpasser. Dans les pièces de théâtre que nous jouions au collège, quand j'étais enfant, on m'offrait toujours des rôles où il n'y avait que trois mots à prononcer, c'est tout. Les grands rôles étaient interprétés par ceux qui avaient eu les meilleures notes, et pas nécessairement ceux qui avaient le plus de dons pour les interpréter. Et c'est ainsi que j'ai joué dans des œuvres de Calderon de la Barca, de Tirso de Molina, et bien sûr, comme tout le monde, dans « Le Divin Impatient » de Peman...

Un jour, j'achetai mon premier disque; c'était un disque de Mina.

Je trouve que Mina est une chanteuse formidable, quand elle chante notamment :

– « tintorella di luna... »

Mon second fut un disque de Pedro Vargas :

« Cuando te habla de amor »...

C'étaient de gros, de très gros disques, qui pesaient très lourd; ils étaient fabriqués avec une pâte épaisse avec laquelle on pourrait faire aujourd'hui cinq disques longue durée. Mais c'étaient mes premiers disques, ceux qu'on achète avec le petit peu d'argent donné par les parents, chaque semaine. Après, j'ai pu avoir un disque de chansons interprétées par Gina Lollobridgida; il me plaisait beaucoup. Je dois aussi avouer que, bien souvent, si j'arrivais à avoir des disques à la maison, c'était par des procédés divers et pas toujours avouables. Je dirais même plus, si on me pousse dans mes retranchements et si je dois être sincère, il me semble que je n'ai jamais dépensé un seul centime pour avoir un disque! Je n'achetais pas de tabac; en revanche, j'achetais des graines de tournesol, des chewing-gum à la menthe... Et quand je fus plus âgé, vint le tour des limonades, et parfois des bières, celles qui étaient amères. Le comble du bonheur, était quand avec la bière, on me donnait un crabe, et que j'étais assis dans un des fauteuils en osier de la promenade de Pintos Rosales, en regardant passer les jeunes filles.

Ma vie était banale; mais je la trouvais passionnante. Traverser la promenade de Moret, c'était pour moi « l'odyssée de l'Espace ». Je faussais compagnie à la jeune fille qui m'emmenait promener, car j'étais redevenu enfant.

Dans la cour de mon collège, je pouvais rester plus d'une heure sans que le ballon tombe par terre; je le faisais évoluer depuis la pointe de mes bottes jusqu'au-dessus de ma tête; plus d'une heure chronométrée je pouvais même lancer le ballon à la bonne hauteur, au centimètre près, signalée d'une barre transversale à la craie.

Et par-dessus le marché, la meilleure équipe du monde, le Real Madrid, était habillée de blanc. Les attaquants étaient : Kopa, Mateos, Di Stefano, Rial, Gento, Marsal, Puskas... J'ai assisté, pour moi tout seul, comme on dit, à des coups, dans des séances d'entraînement qu'on ne reverra jamais. La balle passait de joueur en joueur, et était envoyée au but, sans même rouler sur le gazon. C'étaient des buts inimitables, spectaculaires, uniques en leur genre. J'étais avec Gento et De Felipe lorsqu'ils s'habillaient au vestiaire. Aux grands, je leur demandais un autographe; mais en réalité, ils étaient mes « copains ». Je m'entraînais aussi les jeudis soir, derrière le collège, au stade ou à la « Ciuadad Deportiva », où les professionnels s'entraînaient aussi à la même heure, avant de se rassembler en équipes. Il y a eu donc un contact normal entre nous. Mais il y avait un problème; c'est qu'on désignait toujours comme gardien de but de mon équipe leur remplaçant. Et c'est ainsi que je passais la majeure partie de mon temps dans les gradins, habillé en gardien de but, certes, mais à attendre!...

A attendre, mais aussi à apprendre. Cette étape de ma vie de joueur de football est, et fut, très importante. Il y avait des parties inoubliables, où on marquait des quantités de buts; et c'est ce qui me plaisait : Le Real Madrid, par exemple, pour marquer quatorze buts à Elche. Je n'ai jamais vu mieux jouer au football; on n'a jamais fait mieux. Et en plus, comme j'étais membre de la section « Juvenil », j'avais une carte qui me permettait d'entrer gratuitement, avec une place de choix réservée, de laquelle on pouvait assister à la partie comme si on était sur le terrain même.

Il y a mieux encore; si un de ces professionnels était près de moi et si c'était un ami, je lui disais bonjour comme à un camarade, en lui donnant de grandes tapes dans le dos, ou en l'appelant par son prénom et lui disant n'importe quelle bêtise. Une fois de plus intervenait mon désir d'être l'acteur principal dans tous les rôles de ma vie. Je me promenais de cette manière-là, en me balançant comme le font les joueurs de football; chaque fois que je le pouvais, et peut-être plus que je ne devais le faire, je me promenais habillé en gardien de but; et même, je me faisais photographier avec « les grands » d'alors; ces photos allaient ensuite orner les murs de ma chambre. C'est à cette époque que j'ai demandé mon premier autographe; c'était à un joueur de football canarien qui était venu donner quelques leçons de jeu au collège, un jeudi soir.

Depuis ce jour, j'ai compris qu'il y avait des gens qui demandaient un autographe uniquement parce qu'ils rencontraient quelqu'un par hasard, mais qu'il y en avait également, d'autres qui recherchaient vraiment la signature de la personne, et qui veulent la voir, signer vraiment pour eux. Ils attendaient ce moment depuis toujours.

CHAPITRE 4
CETTE NUIT-LÀ A BENIDORM

Benidorm est plus pour moi qu'un nom sur une carte. Si je suis né une deuxième fois, après mon accident, sur cette route poussiéreuse de Castille, quand ma voiture s'est retournée en revenant d'une de ces fêtes de village, je suis réellement né une troisième fois, à Benidorm, un soir. Mais cette nuit-là, c'est le chanteur Julio Iglesias qui est né.

Je rentrais d'Angleterre où j'étais allé étudier quelques mois. Cambridge résonnait encore agréablement dans mes oreilles. Je dois avoir encore des photographies de chapeaux melon et de parapluies qui datent de mon séjour à Londres. Je rapportais, plus encore, un écusson de Cambridge sur mon blazer bleu. Tout le monde ne va pas étudier dans cette ville célèbre. J'avais déjà écrit ma chanson « Ma vie n'a pas changé ». Dès mon retour je l'envoyais à Columbia, la firme de disques espagnole, qui décida à son tour de l'envoyer au Festival de Benidorm, qui était à l'époque un festival très important. Les gens de Columbia étaient intéressés par cette chanson, par ses qualités, ses caractéristiques. Mais ils voulaient en outre, que je la chante. Pourquoi pas? J'avais demandé que ma chanson soit interprétée par un chanteur car je me sentais heureux de l'avoir fait et de participer au

Festival de Benidorm en tant qu'auteur. Que vouloir de plus ? Ce n'était pas l'avis de la Columbia. On me dit :

– Ne vous faites pas de soucis, mon garçon. Vous allez chanter votre chanson. Tout se passera bien. Ne vous en faites pas.

Pour qu'une chanson soit admise par le jury, il fallait qu'elle soit enregistrée sur un disque. Je peux le dire maintenant, j'ai enregistré cette chanson, assis, parce que j'étais si nerveux et angoissé que j'avais l'impression que j'allais mourir, là dans le studio. Ce fut mon premier enregistrement. Maintenant, lorsque j'y pense, j'éprouve une sorte de tristesse. Mais ce qui est fait, est fait.

Cette chanson, en plus de son histoire, disait beaucoup de choses. C'était une chanson qui avait quelque chose à transmettre. Je pense qu'elle était plus pour moi, qu'une chanson, qu'une première chanson. Elle m'a aiguillonné, stimulé. Cet hymne à ce désir de continuer à vivre est toujours présent dans mon esprit. Elle n'a rien perdu de sa force, de son actualité. C'est un pas vers l'avenir.

Je l'ai écrite chez moi, à Madrid, en m'accompagnant avec ma première guitare, un cadeau, pendant la convalescence qui suivit mon accident. J'avais encore des problèmes pour me mouvoir. Elle existait déjà dans ma tête, mais sa naissance fut longue, pénible, violente, un peu comme un accouchement.

Les mots sont ensuite venus tout seuls. Je l'achevais à l'Université, en Angleterre. Mes camarades me disaient :

– Tu devrais la chanter, c'est une très bonne chanson.

Je dois à Antoine Villegas de m'avoir poussé à la finir et de m'avoir permis de l'enregistrer. Grâce à lui, j'avais déjà chanté quelques chansons du Festival de San Remo. De nombreuses maisons de disques avaient refusé ma chanson. Je revois encore ces gens dire, avec un sourire vaguement méprisant.

– Qui aurait cru que ce jeune homme élégant...

Pierre Baldi qui est le réalisateur en chef de la chaîne de télévision nationale de Costa Rica, possède un objet historique, la première preuve de mes essais discographiques. Je sais qu'on lui en a offert une forte somme ; mais Pierre est un ami ; il refuse toutes les offres. M'entendre ainsi parler doit être affligeant. Je suis donc allé à ce festival, mon premier disque sous le bras, et toutes mes illusions. Je me souviens de la joie que j'éprouvais à me faufiler parmi les voitures sans qu'elles me renversent. Je connaissais de nouveau, la sensation toute récente de mon équilibre. J'étais comme les autres. Je savais que je ne tomberais pas, brutalement, provoquant l'hilarité des gens. J'y pense encore souvent, maintenant, quand j'entre en scène.

C'était la période de gloire de Karina, de Miguel Rios et de Los Bravos. Columbia dominait le marché, en offrant des chances aux jeunes, et avait les meilleurs chanteurs sous contrat. Hispavox m'avait offert un contrat, que j'avais signé, et une chance. N'importe quel chanteur pouvait chanter mes chansons, moi non. Conclusion, je dus enregistrer mon disque dix jours avant le festival de Benidorm.

Enrique Garea, un homme qui a beaucoup compté dans ma vie musicale, me dit « Votre chanson a été acceptée. Vous représenterez la firme avec un autre jeune chanteur, Manolo Otero. Il chante un peu comme Sinatra quand il était jeune. »

J'avais à cette époque une petite voiture, une Fiat 850. Nous fîmes donc la route dans cette automobile. Il faisait une chaleur épouvantable. La voiture chauffait. Nous avons dû nous arrêter je ne sais combien de fois. Il faisait dans les quarante degrés. Nous roulions sur des terres écrasées de soleil. Et comble d'horreur, nous avons dû bien souvent, en dépit des vitres ouvertes, mettre le chauffage pour aérer un peu la Fiat. Mais seul comptait pour nous le fait d'aller à ce festival, d'y triompher, d'y connaître la félicité.

Il nous fallut un temps fou pour faire ces 450 kilomètres. Un vrai désastre. Nous sommes arrivés à Benidorm vers six heures, le soir. Il faisait encore très chaud et sur les plages, les gens se baignaient.

Nous nous rendîmes directement là où l'on distribuait les chambres aux chanteurs. Je m'y revois encore.

– Nous sommes Messieurs Manolo Otero et Julio Iglesias.

– Pourriez-vous me redonner vos noms?

– Manolo Otero et Julio Iglesias, nous représentons la firme Columbia.

Il regarda dans un grand registre, posé sur une table.

– Ah oui, parfaitement.

– Quand répétons-nous?

– Demain, demain matin.

Je me risquai à poser une question qui me tenait particulièrement à cœur.

– Et moi, quand dois-je chanter, quand passe ma chanson?

– Voyons voyons... dans les premiers. Courage donc et en avant.

Un juron m'échappa.

– Merde.

Manolo Otero posa sa main sur mon épaule et me dit :

– Ne t'en fais pas; ça vaut mieux ainsi.

Nous sommes allés à notre hôtel, puis à la plage nous baigner. C'était mieux que rien. Une nouvelle vie s'offrait à nous. Depuis, le temps a passé. Nous nous rencontrons parfois, en Amérique, quand nos chemins se croisent. Nous sommes restés bons amis. Nous avons tous deux très mal dormi, cette nuit-là. J'avais emporté deux costumes, un blanc et un bleu. J'aime les unis. Si l'on peut mettre fin à sa nervosité, on ne peut pas s'empêcher de se faire des idées, et dans le fond, n'est-ce pas tout ce que nous possédons.

Je répétais donc le lendemain. Il faisait chaud, j'étais énervé. Mais le grand moment n'était pas encore arrivé. Je répétais donc à la Plaza de Toros, devant des centaines de chaises inoccupées, dans la fièvre qui précède tous les grands événements. Les chanteuses du Trio La La La étaient avec moi : Merche, Maria Jesus et la petite. Elles venaient de triompher avec Massiel à l'Eurovision. Elles m'ont beaucoup aidé. Les sentir ainsi près de moi me donnait une impression de sécurité, avec elles, je ne pouvais par perdre. La répétition s'est bien passée, tout le monde était attentif et il n'y eut pas de problèmes techniques.

Du moins, on ne m'avait pas jeté de tomates.

Je devais maintenant attendre, pendant trente-six heures. Vint l'heure de mon rendez-vous avec la gloire. La nuit était belle, il faisait chaud et j'avais l'impression que les étoiles brillaient pour moi seul.

Il me semble entendre encore : Première chanson « La vie continue ». Paroles et musique de Julio Iglesias, interprétée par l'auteur.

Je fus pendant quelques instants paralysé, c'était trop pour moi. Fernando Garea qui était à mes côtés, me poussa littéralement sur scène. J'entrais en scène d'une démarche mal assurée. J'ai fréquemment, depuis cette nuit-là, ressenti cette sensation, comme si des mains puissantes me retenaient, comme si mes pieds étaient cloués au sol, j'étais comme sans force.

Je suis entré en scène. L'orchestre attaqua. Ça sonnait bien Mon Dieu, c'était à moi. Mais qu'est-ce que je faisais là ? Il est possible qu'à cet instant j'ai pensé au jour où, écoutant une retransmission du Festival à la radio, après mon accident, serrant ma guitare contre moi, j'ai dit à ma mère :

– Écoute, Maman, peut-être que moi aussi un jour, je gagnerai ce festival.

Maman me regarda les yeux remplis de tristesse.

J'ai rassemblé mon courage et je me suis lancé. J'ai chanté. J'ai chanté les mains dans les poches, comme les critiques me l'ont souvent reproché par la suite. Je ne savais jamais quoi faire de mes mains. J'ai commencé à chanter doucement, comme dans un murmure.

« On a toujours une raison de vivre, de lutter... »

Je suis allé jusqu'au bout, je ne me suis pas trompé. Le public a applaudi. Je revins dans les coulisses comme un somnanbule. Manolo Otero me serra dans ses bras. Quelqu'un me dit, mais je sentis que c'était pour me réconforter :

– A la bonne heure! Tout s'est bien passé.

D'autres personnes furent plus franches et me dirent :

– C'est une chanson formidable.

J'écoutais ensuite les autres participants. J'applaudis également de toutes mes forces, mon compagnon de voyage, de ce voyage si éprouvant, Manolo Otero, qui fut formidable. Le jour de la finale, je chantais en neuvième position. Ma façon de chanter s'était améliorée, j'étais plus au point. J'avais conscience en cet instant, que ce festival était la chance de ma vie. J'en ai tout le temps eu conscience, même maintenant. Je suis entré en scène ce soir-là en me disant :

– C'est la chance de ta vie. Ne la laisse pas passer.

Je ne pouvais pas la laisser passer. J'étais de nouveau sélectionné pour la dernière finale. Allez, Julio allez! Je ne tremblais plus. J'écoutais ce message intérieur qui montait en moi et qui me poussait à donner tout ce que je pouvais. J'ai d'ailleurs, par la suite, obéi plusieurs fois à cet ordre. J'ai donc chanté, de toutes mes forces, avec mon âme, avec mes tripes.

J'ai chanté, avec toute l'intensité dont j'étais capable et avec la force que Dieu me donnait en cet instant.

Deux heures plus tard, j'avais gagné. J'étais le vainqueur. J'étais comme frappé de stupeur, caché dans un coin. Je me souviens toutefois avoir accordé deux interviews à des journalistes. Une à Raul Matas, pour une chaîne chilienne. Il a toujours conservé le souvenir de cette « première fois »; et une à Miguel de los Santos pour l'Espagne. Cette nuit-là, je ne dormis pratiquement pas. Le lendemain, de bonne heure, des photographes m'emmenèrent faire des photos dans les rues de la ville. Elles figurent dans les archives des journaux locaux. Je ne me rendais pas encore bien compte de ce qui s'était passé. J'allais saluer mon idole, Ricardo Zamora, celui à qui je voulais ressembler avant mon accident, ce gardien de but légendaire, de renommée internationale. Le plus grand. Je crois lui avoir dit :

– Vous avez vu, Monsieur, puisque je ne peux plus jouer au football, je me lance dans la chanson.

Je n'y croyais pas. Dès que ce fut possible, je m'échappais et roulais vers Peniscola, une ville plus au sud, où mes parents étaient en vacances. Ils avaient bien lu, le matin, dans les journaux qu'un certain Julio Iglesias, avocat et inconnu dans le monde de la chanson, avait remporté le festival. Ils ne pouvaient y croire ou ne voulaient pas y croire. Pas plus d'ailleurs que mon frère Carlos.

– Toi Julio, mais comment?

Tout ce que je savais, c'est que je possédais environ cent cinquante mille pesetas, à peu près trois mille dollars d'alors, et une précieuse statuette dans le coffre de ma voiture. Je pensais en parcourant les kilomètres qui me séparaient de ma famille, qu'il me fallait partager cette joie avec Gwendoline, ma fiancée, qui vivait à Paris. Je crois qu'il faut toujours partager les instants de bonheur avec quelqu'un, car seul, il a un goût bien différent. Aujourd'hui plus qu'hier, j'ai besoin de lire cette joie dans les yeux de ceux qui m'entourent. Mon triomphe, je voulais le savourer avec ma famille et je l'accablais de questions.

Comment était-ce? Vous êtes sûrs que j'ai mérité ce prix? Ça vous a plu? C'est vrai à votre avis, ce qu'ils disent, que je n'ai jamais été aussi bien?

Oui, j'avais besoin réellement besoin de partager cette joie immense avec les miens. Par contre, en cas d'échec – il y en a eu plus d'un dans ma vie – je veux être seul, seul pour en ressasser les raisons, pour m'en mortifier.

J'informais mes parents que j'allais aller rejoindre ma fiancée à Paris. J'avais de l'argent, on parlait de moi dans les journaux. J'étais un jeune avocat qui revenait de Cambridge mais dont l'anglais était assez médiocre. Mes parents étaient d'accord, mais ils ne croyaient pas que j'avais gagné autant d'argent. Je partis donc pour Madrid, prendre le premier avion à destination de Paris. Gwendoline m'attendait à l'aéroport. Je ne pense pas qu'il puisse exister une plus belle image du triomphe, que celle de ce jeune avocat espagnol, arrivant à Paris avec de l'argent en poche, et ce n'était pas une petite somme, attendu derrière la douane par une jeune fille ravissante.

La vie était belle. Ce genre de chose n'arrive qu'une fois dans la vie d'un homme. Cela ne se reproduirait jamais. Et Gwendoline était si jolie. En arrivant à Paris, je lui dis :

– Nous allons partir tous les deux en vacances.

Je vous parle de tout cela, comme je le raconterai à un frère, un vieil ami que je n'aurais pas vu depuis longtemps. Je vous en parle avec mes mots, les mots que m'inspire cette merveilleuse page de ma vie.

– Partons Gwendoline!

– Mais ma mère ne me laissera jamais partir seule avec toi!

Après de multiples péripéties, sa mère m'accorda la permission de l'emmener avec moi. Elle venait de divorcer, c'était un drame. Mais l'amour peut beaucoup et nous avons surmonté cette difficulté. Nous devions habiter chez des parents à moi, en Galice. Les choses ne furent pas faciles à arranger.

Deux jours plus tard, nous étions à l'aéroport de Madrid. Gwendoline était auprès de moi. Nous étions comme deux jeunes mariés, et pourtant nous ne l'étions pas. Une telle aventure en Espagne, à cette époque, était une folie. A l'aéroport, nous avons pris la voiture que j'avais laissée au parking et en route pour la Galice, en route pour Orense.

Quand on aime, les distances ne comptent pas!

Il faisait aussi chaud que sur la route de Benidorm et la voiture chauffait toujours dans les côtes, et elles sont nombreuses sur les routes qui mènent à la Galice. Nous sommes arrivés vers dix heures du soir à Orense. Nous étions fatigués, épuisés, mais cela en valait la peine. Je ne voulais pas aller tout de suite chez mes oncles, qui, de plus, ne nous attendaient que pour le lendemain; nous allâmes donc à l'hôtel, le San Martin.

– Je désirerais une chambre, s'il vous plaît.

– Une chambre avec un grand lit.

– Mais naturellement.

Le concierge avec ses clés d'or sur le revers de sa veste me regarda droit dans les yeux. Il avait tout de suite compris.

– Je suis désolé, mais comme vous n'êtes pas mariés, tout ce que je puis faire est de vous donner deux chambres.

Je regardais Gwendoline qui était devenue rouge comme une cerise. Enfin, deux chambres, c'est mieux que rien.

Nous avons donné nos passeports. Nous n'étions plus si sûrs de nous. Ces nouveaux frais ne m'enchantaient pas. Il y avait eu l'essence, le champagne à Paris, les billets d'avion, l'argent fondait.

Mais je vous dois la vérité! si nous avons loué deux chambres dans cet hôtel, nous n'en avons en fait occupé qu'une.

Le lendemain, nous sommes allés chez mes oncles. La mère de Gwendoline avait appelé pour savoir si nous étions arrivés. On nous donna de nouveau deux chambres. Et comme la maison était vaste, elles étaient bien éloignées l'une de l'autre. Nous étions désespérés. Si je vous raconte toutes ces choses un peu absurdes, c'est qu'elles font partie de ma vie, des beaux jours et que je ne les oublierai jamais. Elles sont partie intégrante de mon bonheur, plus même que le succès, ce succès qui ne me quitte pas et ne me quittera pas, je l'espère avant longtemps.

– Nous devons faire quelque chose, Gwendoline. Ce n'est plus possible.

Nous sommes donc repartis. Dans l'île de Toja, au Grand Hôtel, on ne nous laissa pas entrer. On commençait à entendre ma chanson à la radio, mais souvent chantée par d'autres.

Gwendoline l'entendait tout comme moi à la radio. Nous couchions où nous pouvions, nous nous aimions quand nous le pouvions. Nous étions amoureux. Notre amour était fou, complètement fou, merveilleux. De temps en temps, je pouvais aussi m'entendre à la radio, interpréter ma chanson. La griserie du succès se manifestait en moi. Cette chanson était la mienne, les gens l'aimaient, ils la demandaient au téléphone et on la programmait au milieu de celles des vedettes de San Remo.

Un phénomène s'était passé en moi. Ce mois d'août fut magnifique. J'avais connu Gwendoline à l'Université en Angleterre. Un ami catalan me l'avait présentée. Je l'aimais, à la folie.

Cependant, un jour, je lui dis :

– Nous allons retourner à Paris. Ta mère est inquiète.

Rentre chez toi, prépare tes affaires et dans quinze jours, je reviens te chercher. Nous irons à l'Université, aux États-Unis, apprendre l'anglais. Là-bas, on ne nous demandera pas de montrer notre livret de famille. Et puis, s'il le faut, nous nous marierons. Je la raccompagnai à Paris. Au revoir Gwendoline. Adieu! Une nouvelle force était en moi, la musique.

A mon retour, la firme de disques me fit une proposition qu'il m'était impossible de refuser.

– Il faut absolument que vous fassiez un disque. Votre chanson marche vraiment très bien. Avez-vous d'autres chansons à enregistrer ?

A dire vrai, je me mis à travailler comme un fou, jour et nuit. J'écrivis « Le Vieux Pablo », « Ne pleure pas mon Amour », « Je chante », « Le chemin des larmes », « Quelqu'un quelque part ». Mon père voulait que je fasse une carrière dans la diplomatie, que je me prépare sérieusement à ce métier. C'est pour cela qu'on m'avait envoyé en Angleterre. Il me dit un jour :

– Qu'est-ce que c'est que cette folie de vouloir chanter ? Tu n'es pas fait pour ça.

J'ai alors courageusement demandé à mon père :

– Donne-moi deux ans. Si au bout de ces deux ans, je n'ai pas réussi dans la chanson, je me préparerai à la diplomatie. Je ne veux pas te décevoir, mais je ne veux pas non plus laisser passer cette chance.

Gwendoline était toujours à Paris. Je lui téléphonais parfois, mais mes lettres étaient de plus en plus espacées.

« Gwendoline, ma chérie,

Tu ne peux t'imaginer combien je pense à ces jours merveilleux que nous avons passés, ensemble. J'ai vécu des vacances inoubliables, mais je crois qu'il est préférable de repousser de quelques semaines notre départ pour les États-Unis. Nous pourrons peut-être partir au début de l'année prochaine. »

J'espaçais de plus en plus mes lettres, je ne l'appelais plus au téléphone tous les jours. J'ai commencé à faire la connaissance d'autres filles, des journalistes, des chanteuses.

Cela m'attriste d'y penser. J'étais fiancé à une autre fille. Il me fallait choisir.

Je pense que c'est la distance, qui a tout gâché. Je préparais mon disque 33 tours et j'allais le proposer aux maisons de disques.

– Qui est ce jeune homme ?

– C'était le vainqueur du dernier Festival de Benidorm.

– Celui qui a écrit cette fameuse chanson ?

– C'est ça. Il a même failli devenir gardien de but, à Madrid. C'est un des rares gardiens de but à avoir réussi à arrêter un penalty de Di Stefano.

C'est ainsi qu'on écrit l'histoire. On a même fait un documentaire sur moi. Pour Nodo, ce court-métrage qui passe dans les cinémas avant les films. Vous vous imaginez, moi, sur l'écran, dans les buts devant Puskas. On a fait aussi quelques photos de moi sur le stade de Bernabeu, habillé en gardien de but ou portant le maillot de l'équipe de Madrid. Ça m'a bien plu. Je suis retourné, il n'y a pas si longtemps, fouler l'herbe du grand stade où j'ai joué si souvent, si souvent sauté entre ces poteaux. Mais c'est le passé, depuis, il y a eu mon accident et je serais bien incapable de refaire ces bonds prodigieux.

Dans mes veines coulait le sang d'un artiste, d'un chanteur. Je commençais à sortir avec des filles superbes. On commençait à me connaître, je devenais populaire. Néanmoins, je pensais toujours à Gwendoline. Je ne l'ai jamais complètement oubliée. Elle est toujours présente dans mon esprit. Je parlerai souvent d'elle dans ce livre. Je pense même qu'avant de mourir, si j'en ai le temps, je la reverrai, puisque l'on voit paraît-il défiler sa vie devant ses yeux, avant de passer de l'autre côté, du côté de la mort.

Notre histoire est finie. Nous n'avions pas souhaité une telle fin. Je sais qu'elle est mariée, heureuse, qu'elle vit à Lyon et qu'elle a un fils.

Mais ce que je désirais alors, le plus au monde et par-dessus tout : c'était d'écouter à la radio ce que j'avais écrit. On m'invita à la télévision. Je fis des émissions avec Oscar

Banegas et Martin Ferrand. En octobre, je commençais vraiment à enregistrer des disques.

Tout allait bien. Je partis pour Londres. Je descendis dans un hôtel très confortable mais ma présence passa inaperçue du public. Je commençais à penser qu'être un artiste n'était pas désagréable et qu'on était récompensé de la peine qu'on se donnait. Je ne connaissais que le Londres de mes études, ce Londres pauvre, des hôtels minables. Mon hôtel cette fois était luxueux : vaste hall, tapis, concierges qui vous remettent votre clé avec un sourire, lits immenses, tuyauterie silencieuse, draps de soie si doux. Tout ce que l'on imagine de la vie d'un artiste, ce côté à la fois banal et spectaculaire du métier, mais tout cela fit de moi un autre homme.

Je terminais mon premier album. Je le fis consciencieusement. Puis je franchis l'océan. J'allais au Chili, à Vinas del Mar, pour le festival chilien. Ce n'était pas rien. En regardant la carte, la distance m'effrayait un peu et me surprenait.

C'était loin, mais j'étais heureux de connaître ce lointain pays.

Pour cette raison, le Chili aura toujours une grande place dans mon cœur. Pour la première fois de ma vie également, j'allais passer dix-huit heures d'affilée en avion. Je voyageais seul, on ne m'avait remis qu'un seul billet d'avion, en classe touriste. Personne ne pouvait donc m'accompagner et heureusement.

Je restai éveillé pendant tout le temps du voyage. L'avion allait de pays en pays, d'aéroport en aéroport. J'étais particulièrement énervé et pendant ces dix-huit heures, je n'ai fait que jouer de la guitare, chanter et composer. Peut-être pour montrer aux autres passagers que j'étais un chanteur célèbre en Espagne et que je voulais ne faire qu'une bouchée de ces pays exotiques.

Je ne voulais pas dormir, je ne voulais pas perdre une minute de ce voyage. Aujourd'hui lorsque je voyage en avion, en première classe cette fois, je n'ai qu'une envie, dormir. C'est au Brésil que j'ai eu ce premier coup de cœur pour l'Amérique du Sud. Cette odeur! Je l'aurai toujours en mémoire, ce mélange d'odeurs de pétrole, de goudron et de fruits mûrs. Et puis il y avait cette chaleur, ces couleurs et tout ce qui fait l'Amérique du Sud. Après vient le Chili.

En arrivant à l'aéroport de Puhuhuel, je vis un petit groupe de personnes s'avancer vers moi. Aujourd'hui, quand j'arrive je suis accueilli par mes admiratrices, des pancartes, des policiers et des cordons de sécurité. Mais ce jour-là, c'est un garçon mince, brun, aux dents très blanches, aux cheveux courts, portant une guitare et la maquette de son disque, qui descendit de la passerelle. Un disque tout frais, et tout chaud. Mon tout dernier disque.

– Vous êtes bien Julio Iglesias.

– Oui madame, c'est bien moi.

– Comment s'est passé votre voyage.

– Merveilleusement.

Aujourd'hui quand dans un bureau de la douane, devant une armée de micros, on me pose des questions, pendant que des filles venues me voir de Dieu sait où, dans ce fabuleux va-et-vient de la gloire, s'évanouissent et que j'entends le bruit de cette marée humaine, déchaînée, qui essaie d'enfoncer la porte pour entrer, je repense à ce que j'ai demandé timidement à la représentante de la maison de disques en arrivant au Chili.

– Comment découpez-vous les disques ici ?

Ils me répondirent, abasourdis :

– A la main.

Je posais cette question parce qu'il existait une machine, elle existe toujours pour découper les disques une fois pressés. Ils m'avaient répondu comme on sait le faire au Chili, simplement, étonnés et ravis. J'avais confié à l'un d'eux mon précieux fardeau, la matrice de mon dernier disque.

Ils devaient se demander comment je pouvais bien chanter.

J'avais posé cette question, mais j'aurais très bien pu en poser une autre. J'étais resté très enfant, et je le suis encore parfois maintenant. J'ai quarante ans, mais il n'y a rien à faire, je me conduis parfois comme un enfant.

Ils me conduisirent à Vina, une ville évocatrice de tant

de choses. Ils m'accompagnèrent à mon hôtel, « O'Higgins », qui semble être fait d'or pâle. C'est là que séjournaient les chanteurs qui participaient au festival. Quelle ville merveilleuse! Et quelle ambiance! Tous les grands de la chanson étaient là, tous ceux qui chantaient comme personne! Je ne me lassais pas de les regarder, d'observer ce qu'ils laissaient dans leur sillage. Exception faite des gens de ma maison de disques, qui collaient çà et là quelques affiches, personne ne me connaissait. Je pus donc me fondre dans la foule des admirateurs de ces grands artistes, qui soir après soir, les attendent à la sortie de leur récital.

On me présentait comme le grand vainqueur de Benidorm. Je ne me sentais pas très fier. La Quinta Vergara était une salle immense, en plein air, remplie d'une foule vibrante de spectateurs aimant les chanteurs. Tout cela m'effrayait un peu. Je chantais de nouveau vêtu de blanc, élégant, un peu timide. C'était impressionnant, plus qu'à Benidorm, mais j'étais Julio Iglesias, le fameux chanteur. Je chantais une chanson italienne. On me demandait un autographe. Le premier! Comment pourrais-je jamais oublier une ville liée à mon premier autographe.

– Un autographe, à moi?

– Oui, s'il vous plaît un autographe.

Mon premier autographe fut pour une jeune admiratrice aux grands yeux et aux jambes magnifiques. Depuis, je n'ai jamais cessé d'aimer ces gens, qu'on appelle souvent péjorativement des « fans ». Avoir des admirateurs est vital pour un artiste. Ils sont en quelque sorte les Vestales qui entretiennent le feu sacré qui brûle en chaque artiste. Sans eux, nous ne serions rien. Ils savent tout de nous, nous suivent partout, veillent sur nous comme une mère ou un grand frère. Ils prennent soin de nous, nous défendent, nous encouragent. Ils sont avec nous quand ça va mal, nous écrivent des lettres d'amour, partagent notre souffrance et nous apportent une bouffée d'air frais quand nous étouffons. Ils remplissent nos maisons de télégrammes, et nous appellent au téléphone, parfois de très loin, après avoir économisé sou par sou pour payer la communication.

Gentils admirateurs, avec lesquels de nombreux artistes sont bien injustes. Les portes de mon cœur et de ma maison sont toujours ouvertes à ces milliers d'hommes et de femmes qui partagent avec leur idole le succès ou l'échec. Ils ne veulent qu'une poignée de main ou plus simplement des baisers lorsque, du fond de la salle, ils vous applaudissent ou agitent des pancartes.

C'est dans cette ville que j'ai eu mes premiers fans. Du fond de la salle, les gens qui me regardaient, tout de blanc vêtus, devaient penser avec une certaine tendresse, voire de tristesse « Pauvre petit, c'est lui le chanteur espagnol ».

Mais c'était justifié, il suffisait de me regarder. Toujours est-il que lorsque je repris l'avion, je savais que je laissais derrière moi des amis, des coupures de presse et un club de fans qui se créait.

Je retournais en Espagne. Mon impresario m'avait trouvé des engagements pour plusieurs manifestations. Je devais chanter, pour prendre un exemple, en mars, pour les fêtes de Valence et plus tard, pour celles de Castellon de la Plana. J'avais maintenant quatre musiciens qui m'accompagnaient. Valerio Valerio Lazarov, le savant roumain qui venait d'arriver en Espagne avec sa théorie sur le laser et l'idée du zoom pour les caméras de télévision, conçut pour moi un programme spécial. Ce fut parfait.

– Tu devrais venir avec moi en Roumanie, Julio.

Pourquoi pas? Le monde de l'Est m'entrouvrait ses portes. Je répondis à Valerio que j'étais d'accord. Valerio, un génie sans cravate, aux bons gros yeux et aux favoris. J'allais donc en Roumanie faire une émission de télévision. Je chantais une chanson en roumain, mais oui, et une chanson en espagnol. J'étais par là-bas une étoile de la chanson qu'on avait invitée, seulement un simple participant. C'était ce que l'on appelle « la boulimie » des artistes. Il faisait un froid terrible. Je me revois arpentant les couloirs de l'hôtel, enveloppé dans une gabardine, transi de froid, gelé, maigre et tremblotant. Lamentable. Les gens se retournaient en me voyant passer.

– Mais qu'est-ce qu'il a ce pauvre jeune homme?

Je souffrais du froid, voilà tout. Heureusement que Valerio s'en est aperçu.

– Nous allons rentrer à Paris. Tu veux que nous allions voir Gwendoline ?

Du coup, je n'avais plus froid. Mais le doute me tenaillait. Comment m'étais-je comporté avec elle ? Est-ce que je devais lui téléphoner ? Voudra-t-elle me recevoir ? Acceptera-t-elle de me parler ?

Je trouvais une réponse à mes questions.

Je lui dirai en définitive, que je menais la vie trépidante de tous les artistes.

Nous n'avons fait qu'une escale à Paris, car Vienne était notre destination finale. J'ai revu Gwendoline. Nous avons dansé tous les deux, tandis que Valerio dansait avec une de ses amies. Mais mon grand amour de l'été était bien loin, mort.

Je n'en ai pas eu beaucoup de peine. Seul mon orgueil d'homme en a peut-être souffert, mais rien de plus. Nous nous sommes quittés tristement, comme si nous étions des amis, comme des gens dont les chemins se croisent. Sans doute, qu'est-ce qu'un grand amour ?

Je me sens triste tout d'un coup. Le soir tombe. Je vois plonger les pélicans près du bateau, baptisé « La Flaca », qu'on a hissé sur l'embarcadère. On va bientôt allumer les lumières. Hey, le chien, joue sur la pelouse. Au loin, le pont s'est levé pour laisser passer un bateau. Le téléphone est près de moi, silencieux. Le maître d'hôtel vient me demander :

– Voulez-vous un café, Monsieur ?

Quant à moi, je lui pose l'éternelle question :

– Est-ce qu'il y a eu des coups de téléphone ?

Je regarde la liste. Paris, Melbourne, New York. Un journaliste qui arrive de Rome, veut me voir. Un maire espagnol ne veut pas quitter les États-Unis sans avoir vu la maison, même de loin et même si je ne suis pas là. Un prince arabe veut m'acheter mon terrain. Omar viendra demain avec une équipe de la télévision américaine.

Que de choses! Le jeu en vaut-il la peine ?

Je me replonge dans mes notes. Ce n'est pas facile de

faire marche arrière, de remuer le passé. On rouvre parfois des blessures que l'on croyait définitivement fermées, un peu comme des plaies mal cicatrisées. Sous la peau, le mal pourtant est toujours là, latent, et si la blessure se rouvre, il en sort un pus nauséabond, symbole de notre propre dépravation.

Gwendoline, elle, c'est un peu comme un rhumatisme qui me fait mal quand le temps change. J'ai d'autres cicatrices bien visibles par contre : une immense dans le dos qui date de ma terrible opération de la colonne vertébrale, une autre, sur la fesse, que je me suis faite quand j'étais petit, en voulant sauter par-dessus une grille, pour rattraper un ballon. Elles sont comme les rhumatismes, elles me font souffrir quand le temps est à la pluie. En fait, je suis arrivé à l'automne de ma vie, alors que ce que je cherchais, c'était vivre au printemps.

Des mots, rien que des mots, toujours des mots. J'aime les mots.

J'aurais donné n'importe quoi pour écrire comme mon grand-père maternel qui fut un journaliste exceptionnel. Je lis rarement. Je ne sais pas, si après avoir remis ce livre à mon éditeur, je voudrais le relire. J'ai lu pendant ma maladie, mais à présent, je préfère boire, vivre, profiter de la vie et des gens qui m'entourent.

Je disais donc que nous nous étions dit au revoir, Gwendoline et moi. C'est la vérité. Cela peut sembler étrange qu'un souvenir soit aussi vivace et brûlant. Je partais pour Vienne, laissant de nouveau Gwendoline seule à Paris. Je me plongeais dans ce monde cosmopolite. En juin, je repris l'avion pour l'Amérique du Sud, avec l'assurance et le calme d'un vieil habitué. J'allais au Guatémala. Là-bas, dans les rues, on chantait ma chanson. Je suis joueur. Mon succès faisait boule de neige. On m'arrêtait dans les rues. Mes disques se vendaient jusque dans le hall de l'hôtel. Je chantais au gala donné par la Croix Rouge. On me présentait au Président.

A mon retour, un professeur de philosophie, s'adressa à moi. Il se présenta et me dit :

– Monsieur Iglesias, je dois vous dire que votre fameuse chanson vient de me donner la plus belle leçon de philosophie de ces trois dernières années. Mes élèves travaillent d'ailleurs dessus.

Voilà de nouveau une belle phrase pour ma collection. Chez moi, je réécoutais la chanson. Toute l'importance des mots de ma chanson résidait en leur logique absurde. C'était vrai.

A cette époque, je touchais environ mille dollars par jour. C'était une coquette somme, mais nous avions tout juste de quoi nous payer des sandwiches. Tout comme les toreros, nous parcourions l'Espagne dans une immense voiture. Nous étions dix, les musiciens, ceux du début et de toujours : Antonio de Corral, Vicente Tarracona, Agustin Gomes, Rafaël Ferro, Benjamin Torrijos, Jane Theobabb le chauffeur, le représentant de ma maison de disques et moi. Je ne pouvais pas encore me permettre le luxe de voyager seul. Cependant j'aimais beaucoup, et c'est encore vrai à présent, voyager avec les miens, quoique je ne puisse pas m'offrir cela très souvent. Je voulais que nous formions, mes musiciens et moi, une grande famille. J'aime partager leurs joies, avoir des nouvelles de leurs enfants, être au courant de leurs problèmes et avoir, par les appels qu'ils reçoivent, les dernières nouvelles d'Espagne.

Cet été-là, en Galice, je mis la dernière main, aidé par mon cousin Ramon, à la chanson qui s'appelait « Gwendoline ». Un jour, Artur Kapps, cet extraordinaire musicien viennois, qui a vécu si longtemps en Espagne et qui avait vraiment foi en moi, m'a dit :

– Gwendoline est une très bonne chanson. Tu devrais la présenter à la sélection pour l'Eurovision. Pour moi, c'est la meilleure. Travaille un peu dessus et présente-la, tu devrais gagner.

Il avait vu juste. Ma chanson fut sélectionnée pour représenter l'Espagne. Il ne me restait de cette jeune fille blonde avec qui je devais me marier, qu'une chanson. Je me souvenais du Festival de Benidorm, de Gwendoline à l'aéroport de Paris. Les traits de son visage s'étaient peu à peu effacés dans mon esprit, mais je lui dois cette chanson, qui m'a permis de me faire connaître en Europe, d'être présent à l'Eurovision, même si je n'ai pas gagné. Elle fut néanmoins, le grand succès de l'année.

Pour toutes ces raisons, chère Gwendoline je te dis merci.

CHAPITRE 5
MON REFUGE SECRET À MIAMI

C'est une fois de plus mon intuition qui a joué. J'ai choisi Miami pour vivre, ou pour avoir un point d'attache, comme je crois déjà l'avoir dit, parce que c'est là qu'est ma fabrique de disques, parce que cet endroit présente l'avantage de se trouver aux États-Unis. En même temps, presque tout le monde y parle espagnol, je peux y jouir du soleil des Caraïbes, chaque jour, un millier d'avions part de l'aéroport, un des plus importants du monde, pour aller vers divers points du globe. Il n'y fait jamais froid, j'ai trouvé une île merveilleuse dans cette presqu'île. Un jour, après avoir vu bien des choses, dans les cinq continents, j'ai dit à Alfredo qui m'accompagnait :

– Voici l'endroit, Alfredo. C'est là que j'édifierai ma maison.

Et je l'ai fait. « Indian Creek » est un endroit privilégié, tranquille; la moitié de l'île est occupée par un terrain de golf; et l'autre moitié par dix, douze, dix-huit maisons plus que somptueuses. Il se peut que la mienne soit une des plus modestes. Avoir son bateau à la porte de sa maison n'est pas non plus quelque chose de très commun; pourtant, je l'ai. C'est un de mes grands rêves que j'ai réalisé. J'aime voir mon bateau à ma porte, même si je ne monte pas dessus tous les jours. Indian Creek, ou encore l'« île du petit fleuve indien », selon son nom original, se trouve à Miami Beach là où les gens vont se reposer en Floride. J'aime bien cet endroit; et même si parfois, j'entends « le chant des sirènes » qui part d'autres endroits pour m'y attirer, je ne veux pas m'en aller. Chaque fois que je puis, je parle de cette île, de cet endroit, avec la plus grande affection du monde; on m'a même décerné le titre de « comte » de l'endroit.

En outre, c'est une bonne chose de profiter du confort américain, quand cela est possible. D'autre part, je ne me souviens plus si ce n'était pas Augustin de Foxa qui a dit que le monde se divisait en deux types de pays, « ceux qui suent et ceux qui toussent ». Je préfère les derniers, ceux qui toussent. Et j'aime bien les habitants de l'île : Espagnols, Cubains, Colombiens, Péruviens, qui sont si contents de me voir, et aussi ces Américains qui vivent ici toute l'année; les petits vieux qui sont venus y passer la fin de leurs jours, comme les jeunes qui sont venus y rechercher le nouveau Eldorado – car il y a à l'heure actuelle un mouvement d'ouest en est, dans cet immense pays. La Floride, si je ne m'abuse, est déjà un nouveau paradis dans bien des domaines. Ces Américains ne se sentent pas offensés dès qu'on possède une Rolls, ils ne vont pas égratigner la peinture de votre voiture avec un rasoir en cachette, ils ne vont pas non plus cracher sur le pare-brise comme cela arrive en d'autres lieux. Ils sont ravis de savoir qu'on reçoit cinq mille lettres par semaine et que vos boîtes à lettres sont remplies de messages de gens qui vous aiment et que tout cela a été gagné en chantant, en souffrant, en allant se « tuer au travail » dans tel ou tel endroit du monde... mais que toujours, on revient ici.

A la vérité, je me sens très espagnol. Je ne renierai jamais mes origines; je dirais même plus; cette maison est elle-même une île espagnole, à l'intérieur d'une île américaine.

Partout ici, c'est l'Espagne; et encore plus que si on y était.

Quand j'ai découvert l'endroit, il y avait ici une vieille maison et une vieille dame qui y vivait seule. J'ai fait ce que j'ai pu pour acheter cet endroit; cela n'a pas été facile, mais j'y suis parvenu. Je n'ai laissé que quelques murs debout; et j'ai fait venir des gens avec des machines et des hachettes, des jardiniers et des maçons; pendant un certain temps – il y avait des moments où je pensais que j'étais en train de faire un véritable travail de romain – je m'approchais des lieux à la tombée du soir, pour voir comment avançaient les travaux. On apporta des grands arbres dans les camions à trois remorques. Je n'ai pas voulu d'autre architecte que mon désir d'avoir une maison comme je le souhaitais. Nous avons enlevé les mauvaises herbes, nous avons construit en bois rouge un embarcadère suffisamment grand pour pouvoir contenir un yatch ainsi que celui d'un ami qui pourrait jeter son amarre près de la maison un jour ou l'autre; nous avons ouvert des baies vitrées; avec tout un système d'alarme pour la protéger; nous avons également construit ces murs blancs, semblables à des murs de couvent, ou à ceux des maisons des laboureurs d'Ibiza, ou encore à ceux des fermes de la région d'Alméria. Nul doute que cette maison présente un net cachet espagnol.

Parmi les gens qui venaient, il y avait également ceux qui voulaient voir où en était ma maison, comment elle avançait; c'était quelques-uns de mes amis; mais ils étaient très peu nombreux. Ma mère s'occupa des plantes. Je sais qu'elle leur parlait, qu'elle les cajolait, les caressait, et que, quand elle allait se servir du sécateur, elle leur demandait pardon à l'avance. Sont venus également de nombreux techniciens de la réfrigération, de l'aération, des jardiniers commandés par ce jeune Américain habillé en Indien Sij, qui était tellement impressionnant... Et c'est ainsi qu'à l'aide de tout ce monde-là, cette vieille maison est devenue une villa toute neuve, blanche, qu'on n'a pas encore trop photographiée, et que chaque jour, je désire moins voir connue du monde. Elle est entourée de près de vingt mille mètres carrés de terrain, en gazon bien tondu, à l'européenne, comme un terrain de golf – et c'est tout le contraire de certaines maisons voisines – dont le gazon est si épais que c'est comme si on marchait sur du chiendent compact. Tandis qu'on était en train d'achever cette maison, dont la valeur augmentait chaque jour, je vivais dans une autre villa qui avait été louée, et qu'avaient occupée auparavant les Bee Gees, Barbara Streisand, ainsi que les grands de « l'écurie de la CBS ». C'était une maison dont la conception était à base de gaffes énormes, presqu'une maison folle; elle était très amusante; et j'en garde de très bons souvenirs. C'était comme l'Hôtel Miunity; j'aime y retourner chaque fois que je peux; c'est là que j'y ai eu longtemps ma « suite ». Ou encore, c'était comme cet autre appartement donnant sur la grande plage de Miami, avec vue sur l'océan Atlantique depuis mon lit. Et la nuit, j'étais bercé par le bruit des vagues; (je pense sérieusement à enregistrer ce bruit), si ce n'est durant toute une journée, ou tout au moins durant une bonne heure, pour qu'il puisse m'accompagner au moins quand je monte en avion; ce serait un tranquillisant qui me permettrait de m'endormir, une fois dans les nuages.

Ce n'est pas non plus une maison épatante. Ceci ne me plaît pas. Maintenant, je rêve de ces maisons en bois blanc, comme celles de Haïti, comme celles dont parlaient les romanciers des planteurs de tabac des Antilles, ou comme celle que possédait Ian Flemming dans les Iles Vierges, et qui est aujourd'hui un peu « le berceau-musée » de son héros préféré, James Bond.

Vue de l'extérieur, la maison semble plate; elle est construite notamment en briques et en pierres; elle est très jolie. Mes voisins possèdent, eux, une demeure qui est comme ces grandes bâtisses du sud, de Memphis, que possédaient les Blancs de la Haute Société, les Sudistes « de souche », habitations avec de hauts cyprès, de très hautes colonnes devant les porches. Au fond, c'est la maison que vient d'acheter le fils du cheikh arabe; cette maison-là est – j'aime beaucoup trouver une ressemblance pour que l'on n'ait pas immédiatement l'idée de ce que je vais décrire – un peu comme ces quartiers indiens, entourés de palmiers, que l'on voit dans les films de Douglas Fairbanks. On dirait la maison d'un vice-roi.

Il n'y a pas un seul bruit. Si, peut-être de jour, on y entend l'hélice de l'hélicoptère de la police qui surveille constamment le lieu, l'île; et la nuit, je vois trembloter la lumière du canot de surveillance qui fait le tour de l'île toutes les quinze minutes.

On pénètre à « Indian Creek » par un pont, très protégé par des policiers en uniforme, revolver à la ceinture. Ce sont de très braves gens; et ils sont très scrupuleux dans leurs contrôles. En plus, un des chefs vient presque tous les matins, avec sa casquette et son pistolet en bandoulière, offrir une rose à ma mère. Je l'appelle le policier à la rose; il fait cela au moment de sa première ronde. Mais la rose, c'est une rose avec une goutte de rosée.

Ce que je sais, c'est que si quelqu'un venait à cette île et cherchait ma maison rien que pour la voir, et essayer de voir comment je suis, il trouverait tout de suite le numéro cinq, même sans avoir à demander. Il la reconnaîtrait notamment à son architecture, et ensuite parce que c'est la mienne, la nôtre. En outre, elle a été un très bon investissement. Dans la propriété, il y a deux piscines : une piscine chaude et une autre froide. La piscine chaude est à l'intérieur, c'est là que je me cache pour que personne ne me voit et que je passe beaucoup d'heures au soleil. Dehors, donnant sur la baie, sur l'immense canal au-dessus évoluent mouettes et pélicans, il y a l'autre, la grande; en mosaïque, et entourée d'une banquette blanche, avec des coussins bleu clair, comme pour les piscines à l'Ile de Lanzarote.

J'aime bien être assis ici, où je raconte comment est « ma maison », bien que je n'aime pas beaucoup en parler. Dans ce coin en bambou, où il y a une espèce de fauteuil, en-dessous d'un tableau que j'ai acheté lors d'un de mes derniers voyages. La toile est bleu foncé comme j'aime. Sur un mur, ont été provisoirement accrochés des morceaux de papyrus, de ceux que j'ai rapportés d'Égypte; et sur la table qui est en face de moi, les dernières revues espagnoles, américaines, françaises, italiennes, ainsi que quelques livres qui m'ont été offerts, et que je lis très rarement. Par exemple, voici le livre autobiographique de Sadate; c'est une des plus remarquables personnes que j'aie rencontrée. C'était un homme courageux et également – je veux que cela se sache – exquis, d'une culture élégante; il vous regardait avec des yeux au fond desquels on sent une vieille sagesse. J'aimais sa manière d'être; j'aimais comme il me traitait et j'ai apprécié les belles choses qu'il a dites sur mon pays. Ce sont des choses que je n'oublierai pas. Je disais donc qu'il y avait ici son livre ainsi que deux autres livres sur les vins. A propos, on m'a dit aujourd'hui qu'un journaliste, un de mes amis, de nationalité espagnole, Alfredo Amestoy, – je n'oublie pas que nous sommes en train d'écrire ce livre pour une série de pays et qu'il va être traduit en cinq langues différentes – a raconté dans un magazine comment était ma cave, ou du moins, comment il constituerait ma cave. En effet, entre autres choses, Amestoy est très calé en vins.

A côté de moi, j'ai le téléphone; il y en a un autre juste à côté, dans le salon où il y a un canapé et deux fauteuils clairs. Le salon n'est pas encore décoré. Il est grand, et donne entièrement sur la mer. On accède aux chambres de mes enfants par l'aile du bâtiment qui donne également accès à ma chambre. La chambre de ma fille est de côté. Ces chambres sont toujours prêtes; pour que mes enfants puissent arriver quand ils veulent, avec leurs poupées, leurs vieilles pantoufles pour jouer, leurs sandales usées, leurs pantalons de cow-boys qui ont perdu l'éclat du neuf, à force de se rouler dans la pelouse. Souvent, j'ai la tentation d'entrer dans leurs chambres, pour regarder leurs affaires; j'hésite un instant; puis, je finis par rester derrière la porte.

– Il ne vaut mieux pas.

Et je retourne dans ma chambre. J'ai un bureau dont je ne me sers pas. Voici la chambre de ma mère, la grande cuisine, à l'ancienne, un peu comme ces vieilles cuisines tant à la mode. Au bout du couloir en marbre, il y a un accès à une grande chambre d'amis, en bambou; avec les mêmes commodités que les quatre autres chambres, réservées à mes enfants. Je ne ferme pas mon garage, ou exceptionnellement, car je l'utilise très peu; il est rempli de bicyclettes. Ma mère y met aussi le tricycle qu'elle utilise parfois pour aller chez mon frère Carlos qui est en train de rajeunir ces derniers temps, avec tous les efforts qu'il fait, et qui a également pu acquérir dans cette île, où, faisant preuve d'un certain esprit de clan,

– on parle ici du clan Iglesias, et avec insistance –, j'ai obtenu qu'il abandonne une jolie maison assez proche, pour venir vivre encore plus près de moi.

Reste à évoquer la petite cave, le chenil, les grands arbres, pleins d'oiseaux le jour, et de lumière la nuit, les citronniers, l'arbre fruitier qui donne des papayes que je cueille à la main, l'herbe saccagée par les mouettes qui sont si belles et si impitoyables à la fois, et ce grand mur de verdure que nous avions édifié que de temps à autre, une brise marine emporte en moins d'une nuit, comme quand brûle le buisson biblique.

Cette maison est mon refuge, mon nid d'aigle, « le lieu où je peux revenir »; je crois que pendant un certain temps, nous verrons bien, je veux l'inonder de plantes à l'intérieur, de plantes qui pourront presque respirer comme celles que j'ai vu grandir dans les tropiques, là où la forêt vierge frappe à votre porte chaque matin, et peut même parfois entrer sans frapper; d'autre part, ce sera toujours une maison sans nom. Ce sera seulement un lieu avec un numéro. Je pourrais lui donner le nom de n'importe lequel de mes enfants, ou de celles de mes chansons que j'aime le plus, ou des femmes que j'ai le plus aimées. Eh bien, non; je ne veux m'attacher à rien de ce que je pourrai changer demain.

Et de l'autre côté de ce mur, c'est là qu'il y a la télévision gigantesque, les appareils électroniques que je ne fais jamais fonctionner, les vidéo-cassettes... tout ce monde qui, d'une manière ou d'une autre, est le mien; il y a aussi quelques portraits dans des petits cadres en argent...

Ma chambre à coucher n'a rien de particulier, bien qu'elle fascine les gens, les quelques personnes qui l'ont vue. Il y a dans cette pièce quelque chose de très important : un lit énorme, gigantesque, que j'ai dessiné; un de ces lits qui s'appellent « King size » ici, dans lequel peuvent dormir une personne, deux personnes, trois personnes, dans le sens de la largeur, car ce lit est aussi large que long. C'est le meuble le plus important de la pièce; il est de couleur os, comme les tables et les armoires qui l'entourent. J'adore avoir plein d'armoires, où mes vêtements sont bien alignés, mes chemises bien rangées, mes chaussures bien en place, et surtout où je peux ranger tous ces maillots que je porte toujours sur moi, des maillots avec des numéros, des dessins, des noms de lieux inoubliables : Acapulco, Los Angeles, Duo Dinamico, Monaco, que sais-je...!

J'aime les draps bleu marine, et aussi les édredons doux et légers; c'est parfois nécessaire la nuit. Depuis la tête du lit, je peux, en appuyant sur un bouton, fermer les rideaux et ainsi couper la vue sur la mer. Je puis aussi fermer les rideaux des autres fenêtres qui, avec leurs vitres en verre fumé, me cachent déjà, du plafond au sol, ce qui constitue la partie arrière du jardin, là où il y a des arbres isolés qui donnent des fruits aux effluves aromatiques, et où passe chaque matin un homme de couleur pour ramasser les feuilles jaunes et roses qui tombent de leurs branches.

Il y a aussi deux grandes plantes, dans deux énormes pots verts; elles sont toujours sèches; mais elles aussi, je les vois grandir. Il y a aussi trois boîtes en verre, le type mexicain, transparentes, avec du chewing-gum et des petits bonbons, non comme ceux en gélatine multicolores que prend Reagan, mais des bonbons anglais, à la mûre ou à la fraise. On trouve également un briquet normal, bon marché. A la tête du lit, sur le lit même, on aperçoit une petite croix en argent; je l'emporte toujours avec moi. Il y a enfin des photos de mes enfants sur l'étagère à côté du lit.

En face de mon lit, il y a un énorme fauteuil en osier; on dirait un trône exotique, rempli de coussins; je vais les compter : un, deux, trois, quatre... il y a neuf coussins blancs aux raies bleues. Quelqu'un a suspendu à un des angles du fauteuil, un éléphant avec des étoiles, en métal, qui bouge à la moindre brise, au plus petit courant d'air et laisse échapper une musique, répand une jolie musique, orientale, c'est ça une musique typique de l'Orient, une musique de bazar indien. Il y a une sorcière en chiffons, ainsi que mon téléphone privé, que je ne prête à personne et qui ne sonne jamais à la suite d'un appel de l'extérieur – je ne l'utilise que de l'intérieur – quand je veux parler à quelqu'un d'une manière très confidentielle. Quant aux deux autres téléphones, ceux de la maison, il va falloir que je fasse changer à nouveau leur numéro; je suis obligé de le faire tous les quinze jours ou tous les mois; en effet, les chiffres circulent très vite ici; et nous allons déboucher bientôt sur une situation insupportable, à devenir fou!

A l'intérieur du porte-parapluies, se dresse la canne-épée. A l'intérieur du cadre en bambou et en or, et encadrée également en vermeil, il y a l'énorme photo de ma fille Chaveli qui est avec moi. Cette photo sera la couverture de mon prochain album. Ma fille a déjà figuré sur la couverture de plus de deux cents revues dans le monde. J'ai une vraie passion pour elle. Je ne sais pas ce que je ressentirai lorsque, dans de nombreuses années, elle me dira qu'elle veut se marier. Je ne sais pas; cela ne va pas être facile pour moi. Il y a peu de temps, un magazine espagnol a dit que « si je pensais à me marier, je devrais demander la permission à Chaveli ». Lui demander la permission, quand même pas; mais je la consulterai. Chaveli n'a pas à s'en faire; je ne vais pas lui poser ce problème, du moins, pas pour l'instant.

Cette photo, la photo de ma fille, c'est la première chose que je vois en me réveillant. Elle a été prise par Castellvi, mon photographe et ami. Je me réveille en général à onze heures du matin, sauf si j'ai quelque chose de particulier à faire; puisque je me couche vers les trois ou quatre heures du matin. Je réfléchis beaucoup; et je me demande si je dois présenter cette photo, que j'aime tant, sur la couverture d'un disque, afin que vingt millions de personnes puissent en profiter comme moi, dans leurs demeures respectives. Cela fait un peu penser à l'histoire de celui qui vola le tableau de la Joconde, pour l'avoir pour lui seul, sentir qu'elle est à lui tout seul, et la regarder lui tout seul, sans qu'il n'y ait personne autour de lui. Je me pose cette question qui n'appelle qu'une seule réponse :

– Pourquoi quelque chose de tellement personnel, le donnerais-je ainsi avec tant de profusion et à tant de gens?

Je ne vois en effet qu'une seule réponse; et c'est celle-ci :

– Parce que j'aime ma fille, et je me dois à mon public; je dois donc lui faire partager ma fierté et ma joie.

En vérité, cela prouve, pour moi qui médite mille fois sur les mêmes problèmes, « combien j'aime mes spectateurs », et que quand je dis à haute voix, avec la main sur le cœur, en me sentant heureux, intensément heureux :

« Je vous chéris, je vous aime, je vous adore », je ne dis que ce que je ressens. Je suis incapable de dire d'autres choses, des choses que je ne ressentirais pas en mon for intérieur. Je n'arriverais pas à les dire. Dans une chronique critique, en effet, je disais à haute voix :

– « Je vous chéris, je vous aime, je vous adore » – et ensuite à voix très basse :

« Et je touche votre argent. »

C'est peut-être amusant; mais c'est à côté de la vérité. Il n'existe pas sur la terre un argent avec lequel on puisse me payer pour faire des choses que je ne désirerai pas; ces choses-là, je ne les ferai pour rien au monde.

Continuons. Voici Chaveli avec son père. Puis, la télévision, dont je me sers très peu, avec ses commandes à distance, depuis la tête du lit. A côté aussi des canots d'urgence de la police, il y a les téléphones intérieurs de la maison. Il y a aussi quelques revues d'architecture dans un coin, des revues de décoration. Le tapis est épais et doré; et, j'ignore pourquoi, il y a une photo de moi, – j'insiste – vraiment, j'ignore pourquoi; il y a aussi un chapelet; j'imagine qu'il a été laissé là volontairement par ma mère, tout près de moi, pour éloigner si possible les mauvaises pensées que je pourrais avoir; j'imagine aussi qu'il est peut-être là au cas où, un jour, à un moment déterminé, n'ayant rien d'autre à faire, je me servirais de ses grains.

Cela m'étonnerait que je le fasse. Je n'oublie pas mes origines catholiques; mais ils sont déjà bien nombreux, les chapelets que j'ai récités chez moi et au collège, quand j'étais enfant. Et je soupçonne ma mère de continuer à le réciter lors d'un de ses très longs temps libres, chaque jour, ici, à Miami.

Au fond, il y a les portes intérieures qui donnent sur le

« jakuzi » ou volée-d'eau-chaude, à l'intérieur d'une grande cuve en bois, faite avec le meilleur bois du monde. C'est une de ces inventions japonaises qui donnent à la peau un aspect formidable, qui vous reposent et vous donnent du tonus pour toute la journée. Il y a aussi un sauna. Il y a enfin la salle de bains avec tout le nécessaire, très peu de rasoirs, du moins très peu à moi. Dans l'armoire, il y a cinq petits policiers militaires, en terre, avec un uniforme vert et un casque blanc, qui d'une certaine manière protègent symboliquement mon identité. Les serviettes portent mes initiales; ma mère les a achetées dans une boutique du coin; et les robinets sont dorés comme dans toute la maison. Je préfère prendre une douche deux, trois fois par jour plutôt que de me baigner, bien que j'utilise le « jakuzi » fréquemment. Ensuite, il y a les armoires, remplies jusqu'en haut de choses que je ne mets jamais, et je ne sais combien de paires de chaussures.

Et en plus de cela, je dois vous dire que je suis timide. Et je pense que cela ne vient pas de mon intimité, laquelle vous appartient déjà, mais de quelque chose de beaucoup plus important, de « cela qui n'a pas d'importance ».

Je ne saurais affirmer le contraire. J'ai été très peu de temps malade dans cette chambre. Je veux que les choses soient bien faites. J'ai peur des lâches, de ceux qui me dupent; alors là, attention, attention à ceux qui veulent me duper! Je sais qu'il y a des personnes qui pourront écrire un livre sur moi, mais elles se réduisent à bien peu de gens. Ils sont peu nombreux, très peu nombreux, ceux qui me connaissent entièrement. Moi-même, je ne me connais pas entièrement; et je passe un mauvais, un très mauvais moment, quand je vois que je fais des choses auxquelles je ne m'attendais pas.

J'aime bien les chaussettes blanches, à grosses mailles. Un jour, je me perdrai avec juste le nombre de marins nécessaires, et une seule femme, peut-être un ami aussi, je ne sais pas, en me rendant à une île. C'est un sentiment qui m'envahit trop souvent ces temps-ci, même temps, alors que je suis en train de faire pour vous l'inventaire de mes affaires les plus personnelles. Le slip que je mets en général, est sans fleurs ni simagrées; il est bleu marine. Je suis parfois insensé, un peu prophète; ce matin, j'ai reçu un nouveau coup de fil de Mort Schuman qui m'a appelé depuis Paris; c'est lui qui a été un des grands interprètes des ballades de Presley.

A propos, que peut bien faire Priscila à cette heure-ci, cinq heures moins quelque chose à Los Angeles?

Ce sont des disgressions parallèles qui me viennent à l'esprit tandis que je me promène pieds nus dans ma chambre.

Ces idées parallèles me font penser un peu aux lapins, aux oiseaux, aux amoureux, aux perdrix qui sortaient précipitamment des buissons à la Casa del Campo, quand je redressais ma colonne vertébrale et marchais à toute vitesse, après mon accident.

Il s'agit d'idées qui apparaissent et que je veux attraper au vol, pour qu'elles ne m'échappent pas.

Oui, je dois faire un examen intime, total, oui, je veux qu'on sache que ma vie est intense; et je dois jouer cartes sur table et présenter – un peu comme celui qui pratique une autopsie – tout ce que je sais, tout ce que je ressens; et je ne veux rien garder pour moi de ce que je ne dois pas dire, pour ne pas avoir à me repentir demain de ce que j'ai fait.

Je reviens du Brésil; c'est un pays immense. Une fois de plus, j'ai eu de la chance. Disons que j'ai travaillé dur, j'ai chanté avec sentiment, en foulant aux pieds la terre de Roberto Carlos, mon cher, mon vieil ami, vraiment un très grand; sa fille a été ma plus grande admiratrice. J'ai beaucoup aimé les femmes de là-bas, les Brésiliennes, comme toujours, la couleur de leur peau, leurs dents blanches, puissantes, ainsi que l'extraordinaire majesté des paysages du Brésil et sa musique, profondément enracinée dans le peuple. Le Brésil est comme un géant en train de faire de la musique. Je leur ai chanté « Por ella » et « Hey » ainsi que tout le répertoire que je connaissais en portugais, en brésilien. Je ne sais pourquoi, mais j'ai eu l'intuition que le Brésil, pour moi, cela va être formidable. Le temps verra bien si j'ai raison. De nouveau cette « vocation prophétique » qui est en moi; en plus, il y aura Beath, Alzione...

« Je viens de chanter en brésilien, de convaincre en brésilien et d'être brésilien pour une semaine. » Je reçois déjà les malles qui contiennent les coupures de journaux. Je vois juste. J'ai reçu un coup de téléphone de mon bureau pour me dire que ça avait été positif, qu'on demandait quand nous reviendrons, que Thomas Munoz dit qu'on est en train de tout vendre, le premier million d'exemplaires de cet album en une semaine.

Tiens, pourquoi est-ce que je pense à ça? Après avoir montré ma maison, ma chambre, ma salle de bains, je me mets à nouveau à penser à ce que je suis, à me demander « pourquoi je fais tout ça ». Je ne trouve pas d'explication absolument logique. En plus, ma tête est remplie de quatre, cinq choses à la fois. Un jour, elle éclatera, je le sais.

Le téléphone a de nouveau sonné pour me demander si je voulais chanter au Stade Aztèque à Mexico.

– J'ai immédiatement répondu oui. Le Mexique, oui; je ferai tout ce que vous voudrez pour aller au Mexique.

Le Mexique, c'est un pays du monde qui a la plus forte personnalité, à bien des égards et dans bien des domaines, c'est un pays riche. Aussi, c'est un pays difficile. Il nous aime tant, et nous déteste tant, à la fois; surtout nous, les Espagnols. Mais le Mexique est une super-puissance dans tous les domaines : du pétrole à la musique... dans l'art, dans la vie et dans la mort. Il faut aller au Mexique, pour chanter au Stade Aztèque. C'est là que j'ai déjà passé les moments les plus beaux et les plus tristes de ma vie. Je veux aller au Mexique. J'accepte le « défi » de faire salle comble au Stade Aztèque, et je dis à Alfredo :

« Qu'ils me proposent un jour et une heure, et que l'on vérifie si cela est compatible avec les dates où je suis déjà pris. »

C'est comme l'autre jour, où je me souviens avoir dit, et je ne m'en repens pas :

– Je veux chanter un jour à la « maestranza » de Séville.

J'ignore si ce serait un sacrilège, mais j'aimerais le faire. L'Espagne m'attire avec une force parfois incontrôlable.

J'aimerais pouvoir un jour prendre un avion privé et partir pour le nord de l'Espagne, sans que personne ne le sache; et parcourir les lieux de mon enfance, en recherchant mes vieux amis d'enfance. Je voudrais retourner au lieu où j'ai composé la chanson de Pablo, par exemple.

Je suis à la recherche de mes origines, non de mon arbre généalogique, à la recherche de mes racines populaires. Je n'appellerai personne au téléphone. J'aimerais énormément y aller incognito, ne pas être remarqué. Mais ça ne va pas être facile! Je suis pieds et poings liés à ce temps dont je ne puis plus disposer, qui n'est plus à moi. C'est pourquoi une heure est si importante pour moi; et c'est pourquoi ceci n'est pas un lit de roses, et que nous nous trouvons ici à l'intérieur d'une prison merveilleuse, mais d'une prison quand même. Je ne puis pratiquement jamais faire ce que je désire faire. Par exemple, maintenant, maintenant...

– Mais, San Isidro... Pourquoi n'irais-je pas à cette fête à Madrid, cette année?

Je décroche le téléphone, je marque le numéro que je sais déjà par cœur; celui de mon bureau :

– Carlos, mon frère; pour le mois de mai, je veux les dix meilleurs barrières de San Isidro. Les dix meilleures; fais-le s'il te plaît, Carlos.

Je sais que Carlos, à l'intérieur de son petit bureau, à côté de celui de Fraile, là où sont Tony, et Monica et... aura décroché le téléphone d'un geste dur, sérieux – « Oui, Julio, oui. » – Mais je sais aussi qu'il a ouvert les livres, les dossiers avec les contrats. Ce téléphone va sonner à nouveau très bientôt...

Ça y est. Le clignotant rouge habituel qui s'allume; ce bruit métallique, extrêmement fin, qui me tient enchaîné.

– Je sais, Carlos... je sais. Et l'année prochaine, est-ce que ce serait possible...? Tu sais combien j'ai envie d'aller à San Isidro, voir les taureaux, voir mes amis... Eh bien Carlos, ce sera pour une prochaine fois.

A quoi bon, tout cela? En vérité, j'échangerais tout cela contre une maison dans le nord de l'Espagne, en Galice, et une autre dans le sud, sur la Méditerranée, en Andalousie.

Maintenant, je peux vivre de mes rentes, sans trop de problèmes. Je peux passer le restant de mes jours à pêcher en haute mer, à prendre le soleil, à embrasser une jolie fille sur la bouche; à regarder grandir mes enfants... Et que pourrais-je faire d'autre? Écrire le tome 2 de mes mémoires?

Ah non! c'est la première et la dernière fois. Finies les douleurs; il faut vivre, il faut chanter, chanter jusqu'à la mort. Avant, j'avais un peu mal aux dents; maintenant, je ne connais même plus cette souffrance... J'en ai moins! Mais les dents que j'ai sont les miennes; elles ne sont pas en porcelaine; ce sont mes vraies dents. Et je suis content, quand on me dit que j'ai « un sourire de publicité pour dentifrice ». Autrefois, je profitais beaucoup plus de la vie qu'aujourd'hui. Maintenant, je profite de moins en moins de la vie. Même ici, au début de mon installation à Miami, je m'amusais plus, beaucoup plus. J'ignore si j'aurai, un jour, très prochainement, le courage de me jeter à la mer, de m'en aller. Cette pensée m'obsède trop.

Je vais vous raconter une anecdote : Il y a peu de temps, au Chili, un de ces jours d'énorme fatigue, avec la télévision tous les soirs, on m'avait retenu doucement séquestré sur un merveilleux lopin de terre aux pieds des Andes, avec autour de moi les fruits les plus riches, les filles les plus jolies, les plus aimables, je devais écrire tous les soirs une colonne dans « El Mercurio ». Sitôt après avoir mangé, je descendais quarante kilomètres jusqu'à Vina, afin de pouvoir préparer un programme d'une heure et demie en direct pour la huitième chaîne; des artistes y étaient invités, et je chantais des chansons en direct avec mon orchestre, avec mes garçons, mes gens...

J'étais à côté de la piscine, assis dans cette position qu'on appelle la position de la fleur de lotus, comme si je faisais du yoga, chose que je ne fais pas, car pour faire du yoga, il faut pouvoir chasser toutes les idées de sa tête, chose que je n'ai jamais su faire. A ce moment-là, s'approcha de moi Alfredo :

– Pourquoi ne partons-nous pas immédiatement à Tahiti?

J'ouvris très grands les yeux. C'est ce que je pensais à l'instant, ce que je désirais, ce que je voulais faire; j'étais au milieu d'une centaine de personnes qui buvaient du « pisco sawer », et consommaient des oursins fraîchement pêchés et ramenés ce matin de la mer, du Pacifique!

– Allons-y; partons immédiatement, Alfredo.

Mais cela n'a duré qu'un instant. En dégageant mes pieds, je regardai à nouveau l'ongle cassé du pouce de ma main droite, coupé en deux, mais je ne me suis jamais rongé les ongles comme Robert Redford ou Kissinger; je sais que c'est une manie qui caractérise les hommes très intelligents – et j'ai dit à Fraile :

– Je regrette, Alfredo, mais tu sais que nous ne pouvons pas le faire.

Mais un jour, je le ferai! Tout est en suspens; tout ne tient qu'à un fil, qu'à un seul fil. Le jour où ma santé donnera des signes de défaillance, je sortirai du théâtre de la vie, je m'en irai sans donner plus d'explications. Car une chose est bien claire : il y a des moments où je me fatigue; c'est humain, c'est naturel. Et je ne veux pas avoir recours à la cocaïne. Car je ne veux pas être comme ces artistes qui sont dans un état de dépendance, qui ont enfoncé dans leur vie une croix de feu. Non, je ne veux pas être de ceux qui portent cette mince cloison nasale en argent, tant ils ont aspiré de la drogue. Je ne veux pas, et ce n'est pas uniquement cela que je ressens, ce que je dis; je vais maintenant le dire textuellement, exactement comme je le ressens : « A l'heure actuelle, grâce au ciel, je suis préservé de la drogue. Je pense que ma créativité et ma grande force résident en cela; je suis en marge de la drogue. Il n'y a aucun élément non naturel dans ma vie. Il y a quand même sur ma table de nuit que je viens de vous décrire, peut-être un flacon d'aspirine, de la plus commune, celle qu'on achète ici dans n'importe quel drugstore; il y a peut-être également une boîte de vitamines à un dollar les cent comprimés, pour le cas où je me sentirais quelque peu fatigué. Mais il n'y a rien d'autre. Je ne veux que rien d'extérieur à moi, rien d'autre que mon travail. Je ne me risque pas plus à dire : « Je ne boirai pas de cette eau »; car j'ignore ce que la vie me réserve. Pour l'instant, je tiens le coup sans drogue? et je n'en ai pas besoin.

Ma mère possède une Cadillac noire, que nous lui avons donnée récemment et dont elle ne se sert pas. Elle ne sait pas conduire. Mais si cela n'en valait pas la peine, en toute liberté, j'abandonnerais à l'instant même. Ce que je fais, cet énorme effort que je donne (être aujourd'hui ici, demain là-bas, les séances quotidiennes d'enregistrements, les voyages, les galas, les stades... les aéroports, et ainsi de suite depuis des années d'activité intense, les interviews avec des journalistes du monde entier, le téléphone; la radio, la télévision, les photographes), c'est épuisant, mais c'est moi qui le veux bien. Je fais ce que je désire; rien ne m'attache; c'est moi qui le veux. Parfois même, je reçois, comme dit la chanson, des lettres de menace. C'est normal; personne n'est aimé de tout le monde; ou on vous aime d'une autre manière. Parfois aussi, on me téléphone pour me communiquer cette mauvaise nouvelle: « sur une misérable et mystérieuse liste figurent les noms des miens à qui on veut faire du mal »; et moi, à ce moment-là, je dois sortir le soir même pour donner mon tour de chant comme si de rien n'était. Ou encore, lorsqu'il arrive un coup dur dans mon pays, un incident avec effusion de sang, ou une crise politique, je dois quand même sourire en scène... Le mythe du clown « qui extérieurement a une tête à faire rire, mais intérieurement pleure », est quelque chose de parfois très réel pour moi; je ne peux rien y faire; mais j'essaie de le dominer.

Il y a quelques jours, un journaliste, lors d'une réunion de reporters où il y avait cent envoyés spéciaux du monde entier, me mit le micro de son magnétophone devant la bouche pour me demander, comme quelqu'un qui vous tire un coup de feu au visage:

– Et comment se fait-il qu'on ne vous aime pas dans votre pays, en Espagne?

Et je sautai comme un tigre en rut. Je vous prie... il y a des jours où je suis fatigué de jouer ce rôle de victime, de garçon bien éduqué qui va de par le monde en disant:

– Pardonnez-moi mes succès... je n'y peux rien; cela

surpasse ce que je désirais; je suis un pauvre homme malheureux en amour...

Je sais que d'une certaine manière, ce livre est conçu ainsi : « Oui, toujours victorieux, mais pas dans tous les domaines. Qu'on ait pitié de l'idole. Qu'elle soit considérée d'une certaine manière comme victorieuse; mais également comme perdante. »

Mais après tout, pourquoi cela! Il y a des jours où je me lève du pied gauche et où je ne le supporte pas. Je me sens alors vraiment indisposé, fatigué de dire, je les appelle ainsi, et c'est un mot argentin, des « boludeces », fatigué de répéter toujours la même histoire. Que celui qui m'aime m'accepte; et que celui qui ne m'aime pas me rejette. Pourquoi tant de haine déchaînée contre moi et qui transparaît dans tant d'écrits contre moi? Pourquoi ne m'aimerait-on pas dans mon pays, alors que je l'aime tant, que je l'ai tant chanté et évoqué dans mes chansons, que j'ai tant souffert pour lui? Je chante dans le Nicaragua de Somoza et le lendemain, dans celui de Sandino. J'ai serré la main du président Anastasio Somoza, de la même manière que je serre la main de la princesse Grace Kelly, ou de Torrijos, que j'adore, ou de Lopez Portillo, ou de Giscard d'Estaing, ou au Roi d'Espagne, que j'aime beaucoupo, car je sais combien est redoutable le taureau [1] qu'il prend par les cornes : je connais bien mon pays. Mais il est grand temps que l'on sache – car parfois, la moutarde me monte au nez, comme aujourd'hui – que par exemple, j'ai été l'ami des jeunes Franco, car j'habitais près de chez eux; ils vivaient devant mon appartement; et je n'en ai pas honte. Mais je n'ai tiré aucun avantage de cette situation. Je respecte ce qui s'est passé dans mon pays; et je démens catégoriquement que d'une manière ou d'une autre, j'ai aidé à faire sortir dans mes valises – pour couper court à une vieille et monstrueuse calomnie – en les acheminant vers les Philippines, les tapisseries que, selon, la rumeur publique, la famille Villaverde voulait faire sortir d'Espagne. C'est faux.

1. Les Espagnols appellent « peau de taureau » la configuration géographique de leur pays *(N.d.T.)*

Je paie mes impôts; et j'en paie beaucoup, je suis de ceux qui en paient le plus. Ce n'est pas dans un but d'évasion fiscale que je vis à Miami; c'est simplement parce que des contraintes d'ordre professionnel m'y obligent; et aussi pour des raisons viscérales, car j'y trouve l'ambiance dont j'ai besoin. Je serais incapable de trahir mon pays, d'une manière ou d'une autre. Si je dois dire ce que je suis politiquement, je préciserais qu'aujourd'hui, comme je l'ai toujours été, je suis libéral; je dirais même plus je suis un homme conscient de ce que la justice, la liberté, l'ordre, l'égalité des chances pour tous, surtout, parce qu'il n'y a pas de raison pour que, selon la naissance de chacun, on ait ou non la possibilité d'être quelqu'un, d'avoir accès à la culture, à l'université.

Je trouve vraiment épouvantable, et c'est une des choses dont je discute parfois avec Dieu, en silence – quand plus que de le prier, je l'appelle – que certains naissent avec un cerveau complet et d'autres non, certains en aussi bonne santé et d'autres aussi faibles. Tout cela ébranle profondément mon fond de culture catholique.

La Biangajer m'a appelé au téléphone; elle m'a dit qu'elle aimerait bien aller avec moi je ne sais plus où, habillée en guerrier sandiniste; et qu'elle peut venir. Eh bien, qu'elle vienne! Elle est d'ailleurs très jolie dans cet habillement, quand elle le met, et aussi... quand elle l'enlève.

Politiquement, je sais où est mon cœur. Je n'ai jamais ambitionné le moindre titre nobiliaire. Je sais qu'un jour, viendront me rendre visite dans cette maison, et ma porte leur sera alors grande ouverte, beaucoup de ceux qui à l'heure actuelle gouvernent les pays que je connais, le mien y compris. « Qu'ils partagent leur exil avec moi; le mien est volontaire. » Ma maison est votre maison. Je n'ai jamais brigué la moindre décoration. Mes seules médailles sont mes disques d'or, comme les médailles des tauréadors sont leurs cicatrices. Il y a quelque temps on m'a remis cent vingt disques d'or à Paris. Cela est important, colossal; oui, vraiment, car c'est mon travail. Mais je ne dois pas oublier que j'ai fait beaucoup pour l'Espagne, et que je continuerai, quel que soit le régime de mon pays.

Je sais qu'un jeune ex-Premier ministre espagnol n'a pas voulu m'inviter à sa table, « de peur que la gauche le fasse rougir ». Je le sais. J'ai ressenti et je ressens toujours pour lui une grande admiration. Mais en même temps, je sais qu'il a commis une erreur en agissant ainsi. En effet, et je l'ai déjà dit à maintes reprises, je suis le premier ambassadeur d'Espagne à l'étranger, et ce, sans la moindre lettre de créance, et bien que ce rêve ait bercé mon enfance. Je suis content de ce que je fais; je suis en quelque sorte un « consul volant » qui parle de l'Espagne dans les endroits les plus difficiles et à haute voix.

Mais, pourquoi est-ce que je parle de toutes ces choses? Il y a des jours où j'entre en lice avec les Espagnols, comme aujourd'hui. J'ai emmené le drapeau de mon pays dans mes malles, dans celles de mes musiciens; il se trouve même dans mes serviettes de bain. Et ceci, je le fais quand je suis loin, très loin de mon pays, avec fierté et la tête bien haute.

Mais je sais que je dois faire attention. C'est curieux, j'ai commencé par vous montrer – j'agis toujours ainsi –, ma maison, ensuite ma chambre à coucher, et j'ai terminé en vous montrant les pièces les plus intimes, celles que je montre le moins souvent de mon propre édifice en chair et en os. « Cette grande bâtisse avec des jardins intérieurs et des fenêtres condamnées », comme a dit quelqu'un.

C'est comme les titres des couvertures des magazines. Julio Iglesias ceci, Julio Iglesias cela. Une seule phrase est utilisée pour résumer une attitude stricte de ma part, ou peut-être, pour résumer la moitié de ma vie. On n'a pas le droit de faire ça. Je le dis, mais j'aime les revues qui parlent de moi sur leur couverture. La première chose que je demande lorsque je décroche le téléphone chaque matin, quand je suis en communication avec l'Espagne, est :

– Que se passe-t-il dans notre pays?

Ou encore, si quelqu'un veut parler avec moi, parce qu'il vient de Madrid, ou d'Europe en général , je lui demande avec solennité :

– Apportez-moi ce que vous voudrez, mais que ce soit quelque chose qui parle de l'Espagne. Je veux savoir ce qui se passe en Espagne, dans ma terre natale.

L'Espagne me remplit la bouche, et la vie tout entière. Le moindre affront fait à l'Espagne est pour moi aussi grave qu'une hécatombe. C'est pour cela, d'ailleurs, que j'aime tant les Français; c'est parce qu'ils vous adorent, vous adoptent, vous cajolent, vous protègent et vous soignent, simplement parce que vous avez chanté en français, parce que vous avez eu un triomphe en français. D'où l'importance d'une couverture de magazine français. Que je sois sur une couverture de revue, et c'est pour moi un grand plaisir, non par vanité, mais parce que je vois qu'on apprécie mon travail à sa juste valeur. C'est de mon travail qu'on parle; et si c'est en première page de couverture, c'est évidemment bien mieux que si c'était en quatrième page. Je pourrais tapisser cette maison avec les couvertures qui sont déjà parues, et qui parlent de moi, seulement dans le cours d'une année, dans le monde entier. Mais je ne suis pas disposé à accepter cette phrase, tant de mon pays :

– Qu'on parle de soi, même si c'est en bien.

Quand même, ils sont nombreux, ceux qui sont en train de me « vampiriser », de sucer mon sang, pour réussir à leur tour.

Mais je l'accepte; c'est la loi de la vie. Et tout compte fait, il est préférable que mon style, ma manière d'être soient ainsi. Un clou chasse l'autre. Aussi mauvaise qu'ait pu être la nouvelle d'un jour, une autre bonne nouvelle la chassera, lui fera peur, la dissipera au loin, l'effacera, fort heureusement.

Pour en revenir à la politique, je tiens à insister, si je veux me définir clairement : je ne suis pas un drôle d'oiseau abstrait. Je suis un homme qui appartient à la droite libérale. Une droite qui justifie le succès, mais ne le conditionne pas à la naissance ce que j'ai déjà essayé d'expliquer plus haut, la socialisation des frais médicaux, que personne ne doit mourir sans avoir bénéficié des mêmes protections, égalité à l'Université...

Pour le reste, j'apporte mon soutien à ceux qui réussissent, je ne considère pas l'échec déshumanisant, bien au contraire; je sais qu'il est le contrepoids de la réussite. Pour tout cela, je suis conservateur; mais je suis libéral sur le plan des comportements humains. Je sais qu'il y a beaucoup, énormément de gens très importants, comme moi, et des gens inconnus. Je crois que personne n'a le droit d'enlever la vie à personne; en revanche, et je tiens à le dire, car c'est mon sentiment, je crois que celui qui tue sans justification, si tant est qu'un tel fait puisse exister, « tuer – sans justification – », doit être condamné, comme doit être condamné celui qui abuse de la confiance d'autrui. Et s'il n'y a pas quelque circonstance – je pèse mes mots dans cette page qui puisse racheter l'être humain, on doit lui appliquer la peine de mort; car dans ces circonstances, la peine de mort sera justifiée. J'insiste, ce sera en désespoir de cause, en dernier recours, toujours.

Car toutes les théories politiques qui ont un concept absolu m'ont toujours attiré dans la vie; entre autres raisons, parce que je pense toujours qu'un pays a le gouvernement qu'il mérite.

Je sais... je sais... Mais c'est comme ça que je le ressens, et comme ça que je dois le dire. On ne peut pas définir humainement un être, dans sa totalité, s'il n'y a pas une description politique du personnage; or, ces idées restent en moi inaltérables; et ont toujours été les mêmes. On voit dans la vie beaucoup de choses, beaucoup de gaieté, de tristesse, de paroles creuses, de sentiments utopiques. Je suis un rêveur; mais dans ce domaine, je veux, je dois garder les pieds sur la terre. L'histoire se construit, est en train de se construire, et lorsque celle-ci se répète, et que vous regardez dans les livres, vous vous rendez compte que ce qui se passe dans le pays, dans ce pays, dans votre pays ou dans un autre, n'est qu'une conséquence des circonstances qui ont précédé. On ne peut prononcer de jugement qu'au moins cent années après. L'Histoire est un juge souverain. Si la mise en place d'un type déterminé de gouvernement se justifie par les exigences de la justice et de la liberté, quelle que soit la forme de ce gouvernement, il est celui en qui je crois. Tout comme je crois aux leaders, car j'en ai connu beaucoup.

Le leader est important pour moi; et pas seulement le

leader politique; il y a aussi le leader-écrivain, le leader-musicien, ou n'importe quel leader dans n'importe quel domaine de la vie. Le leader a aussi beaucoup d'importance dans la famille. La famille est la cellule primitive de la société. Il en est de même dans le travail, dans une équipe...

Je remarque toujours le leader. Je le remarque quand je lui serre la main. On découvre le profil du leader jusque chez un petit enfant.

C'est pourquoi j'aime, j'adore, je souffre pour, je cherche mon pays. C'est en Espagne que je suis né; et c'est en Espagne que je mourrai. C'est là que, finalement, je reposerai. Je le sais. Ça ne me gêne pas de le dire; plus encore, je veux dire : « ma patrie ». Et je le dis dans ce livre qui n'est pas seulement un livre espagnol, mais un livre universel, qui va être diffusé dans plusieurs langues, et pour des centaines de milliers de lecteurs dans le monde entier.

J'ai construit ma maison à Miami lorsque je me suis installé aux États-Unis mais si mon corps s'est arrêté en Floride, mon cœur, lui, est resté méditerranéen. Je suis trop latin pour pouvoir me sentir bien ailleurs que dans mon Europe. Et puis j'appartiens à la côte espagnole. Je suis un homme du soleil. Cet astre est ma source d'énergie. Il me met en forme. Il me donne bonne mine et je ne m'aime pas – mais alors pas du tout – pâle. Il me procure une attitude positive vis-à-vis de la vie. Il nettoye ma peau, il fait briller mes yeux, il donne de la force à mes cheveux... Bref, je ne pourrais pas vivre dans un pays sans soleil. Je ne me sens vraiment chez moi qu'en Espagne. Miami n'est, en aucun cas, la maison où je finirai mes jours... Mais je n'en suis pas encore là. Nous verrons bien.

L'image que nous donnons de nous-même est toujours entièrement façonnée par l'ensemble de nos émotions antérieures. Et je ne fuis pas mon passé. Il est en moi, solidement enraciné. Il est à l'origine de ce que je suis. Je m'en rends compte chaque jour un peu plus. Ainsi j'adore les hamburgers qui sont la base de la nourriture américaine, mais rien ne me fera oublier la cuisine méditerranéenne. Quoi que je fasse, jamais je n'oublierai mes origines et mes habitudes. La cuisine espagnole en fait partie, naturellement.

Il en est de même pour les vins. J'adore le bon vin et, bien sûr, particulièrement les grandes cuvées françaises. Je m'intéresse à leur histoire et le soir je me livre à une véritable célébration... Mais rien n'amoindrira la passion que j'ai pour les Vega Sicilia espagnols.

Je suis heureux parce qu'aujourd'hui, enfin, je peux faire mentir l'adage qui veut que nul ne soit prophète en son pays. J'ai cru longtemps que c'était vrai car l'attitude de mes compatriotes à mon égard me portait à le penser. Mes plus mauvaises critiques, ce sont des journalistes espagnols qui les ont écrites. Les plus méchantes. Les plus cruelles... Mais je dois reconnaître que très souvent elles étaient très bien faites et qu'elles m'ont obligé à avancer. Finalement, elles m'ont plutôt fait du bien. Sur le moment comme elles m'ont fait mal!

C'est curieux mais mon pays m'a longtemps donné l'impression de m'en vouloir parce que j'avais trop bien réussi à l'extérieur. Comme si je l'avais oublié en partant... Comme si j'avais renoncé à la nationalité espagnole parce que je chantais en allemand, en français ou maintenant en anglais! Nul n'est plus espagnol que moi.

Mais, finalement, mes compatriotes ont compris que je les aime profondément et je crois qu'ils sont maintenant très fiers de moi, de l'aura que j'apporte à mon pays, de la notoriété que cela entraîne pour lui... Un récent sondage d'opinion fait par un journal madrilène m'a présenté comme la personnalité espagnole la plus connue avec Felipe Gonzales. Cela me rend heureux. Et je garde précieusement la une de ce journal qui nous représentait tous les deux dans un seul cœur.

Dans tous les concerts que je donne, je chante pour les Espagnols... Certes, je ne chante pas tout le temps en espagnol et mes concitoyens me le reprochent parfois. Mais il me semble que lorsque je suis l'hôte d'un pays, la moindre des choses c'est d'aller vers lui. Je n'oublie pas pour autant d'où je viens...

Et je suis très flatté lorsqu'on me demande de représenter l'Espagne au cours de la célébration du premier voyage de Christophe Colomb vers l'Amérique. J'étais à Palos d'où il est parti et en République Dominicaine où sa caravelle est arrivée se trouvait Placido Domingo.

N'en doutez pas... 2 200 concerts, 800 télévisions, 120 millions de disques vendus, 225 disques de platine et 700 disques d'or n'y pourront rien changer : je suis espagnol!

CHAPITRE 6

MA FEMME ISABELLE

Ce jour de mai 1970, j'allai à un rendez-vous chez Juanito Olmedilla, à Madrid. C'était un bon ami, et il l'est toujours, qui, de temps en temps, me passait un coup de fil ou m'envoyait une invitation pour assister chez lui à une réunion entre amis, toujours autour de quelque chose ou de quelqu'un. Ce jour-là, je m'en souviens bien, très bien même, la fête qu'il donnait était en l'honneur d'une célèbre danseuse espagnole de flamenco, très élégante, mince, d'une personnalité de tout premier plan qui s'appelle Manuela Vargas.

J'allai à ce rendez-vous, je dois le dire, comme d'habitude. J'avais un peu plus de vingt-cinq ans, et j'aimais évidemment m'amuser. Je savais que la maison était jolie et que l'on y rencontrait les gens qui comptent de tous les pays, ce que l'on appelle aujourd'hui, dans les revues élégantes, la « jet set society ».

C'est à cette fête que j'entrevis pour la première fois celle qui devait plus tard devenir ma femme, ou plutôt que je la vis passer. Je dirais aujourd'hui qu'elle m'apparut fugitivement parmi les gens qui se pressaient là. C'était une femme très jolie, très belle et je me souviens parfaitement de ce que je dis à Juanito :

– Dis donc, Olmedilla, tu la connais, cette fille ?

– Oui, bien sûr.
– Comment s'appelle-t-elle ?
– Isabelle Preisler, c'est une Philippine.
– Une Philippine ? Qu'est-ce qu'elle fait ici ?
– Elle est étudiante à Madrid.
– Tu sais, Juanito, je la trouve charmante; pourquoi ne me la présentes-tu pas ?

En fait, il ne me la présenta pas ce jour-là, bien que je ne l'aie pas quittée des yeux. Ce qui me plaisait en elle, c'était sa peau, ses grands yeux mystérieux, sa grande classe. Je ne veux pas dire aujourd'hui que ce fut le coup de foudre, mais il était évident qu'elle m'enchantait.

Je restai, cet après-midi-là sur mon envie de lui serrer la main. Ce serait pour une autre fois... Et cette autre fois ne tarda pas à se présenter. Olmedilla me rappela deux semaines plus tard et m'annonça :

– Tu sais, les Terry donnent une fête dans l'immeuble de leur société, à la Casa de Campo, à la Foire. Est-ce que tu veux venir ?

– Je ne sais pas, Juanito. Tu sais que toutes les fins de semaines, je vais à Londres...

J'avais à l'époque, à Londres, une « demi-fiancée », une ravissante jeune fille qui s'appelait Jane Harrington et qui devait être la vedette du film « La vie continue comme avant. » C'est pourquoi j'allais souvent en Angleterre où l'on enregistrait mon dernier disque et je dois dire que cela m'arrangeait bien d'aller passer mes fins de semaines là-bas et que c'était un voyage agréable.

Un autre ami, Ayesa, essaya à son tour de me décider.

– Je crois qu'il va falloir que tu laisses tomber Londres samedi, Julio. Tu sais qui vient à la fête ?
– Qui ça ?
– La fille qui te plaisait tant!
– Laquelle ?

Elles me plaisaient presque toutes, il me fallait des précisions.

– Tu sais bien, la fille qui t'a plu l'autre jour chez

Juanito Olmedilla lors de la fête en l'honneur de Manuela Vargas.

– Ah, la Philippine?

– Oui, Isabelle Preisler, la Philippine. Alors, on peut compter sur toi?

– D'accord, je viendrai.

Et j'y allai. Je m'en souviens très bien. Ceci est un livre qui est naturellement plein de souvenirs, souvenirs qui, parfois, me font un peu honte parce qu'ils sont encore très proches; peut-être n'ai-je pas encore l'âge nécessaire pour écrire toutes ces choses que je pourrais presque toucher de la main, des petites choses pour beaucoup, mais grandes pour moi, comme celles de ce jour-là qui allaient changer le cours de ma vie. On m'a parfois demandé :

– Cette rencontre avec Isabelle, ça a été une bonne chose ou une mauvaise chose?

– Une bonne chose, une chose magnifique, admirable.

Il y avait là Lola Flores, Carmen Franco, tout le monde, je dis bien tout le monde, tous ceux qui, à l'époque, apparaissaient sur les photos des revues et dans la colonne des mondanités de tous les journaux. Il faisait une chaleur de juin. J'étais là, un verre de vin de Xérès à la main, entre (je les revois comme si c'était hier) Carmen Cadiz et Chata Lopez Sainz qui était une de leurs amies intimes. Je crois qu'Isabelle portait un genre de sari en soie, de ceux qu'elle aime mettre et qui la rendent encore plus exquise. C'est ainsi, vêtue de cette robe au col montant, qu'on me la présenta. J'étais déjà passé à l'Eurovision et j'étais donc connu, bien que je ne sois pas encore, à cette époque, vraiment populaire, mais je dois dire, à la vérité, que lorsqu'on lui dit « Voici Julio Iglesias, tu sais, le chanteur », cela ne lui fit pas grande impression. A moi, en tout cas, elle me plut beaucoup. Je ne sais pas si je plus à Isabelle, j'eus l'impression que je ne lui plaisais pas autant que je l'espérais. En tout cas je m'arrangeai pour les raccompagner toutes chez elles et mon intention était évidemment de déposer Isabelle chez elle en dernier, mais il me fallut y renoncer et la laisser descendre la première et continuer ensuite comme un coursier conduire les autres femmes jusqu'à leur domicile.

– Non, tu me déposes la première parce qu'on passe devant.

– J'aimerais que tu me donnes ton téléphone, Isabelle, pour le cas où je t'appellerais un de ces jours.

– Je te le donnerai, ne t'en fais pas, mais pas aujourd'hui. En outre, il ne te servirait à rien parce que je m'en vais aux Philippines dès demain parce que je suis en vacances. Je dois aller à la maison, mais je rentrerai en automne et nous en reparlerons.

Je me retrouvai donc, sans le numéro de téléphone d'Isabelle. Je crois en fait que si elle ne m'a pas donné son numéro de téléphone, c'est parce que je ne lui ai pas plu démesurément, tout du moins physiquement.

Quelqu'un m'a dit à plusieurs reprises que c'était peut-être une ruse orientale pour mieux attirer l'attention, mais je me serais bien passé de cette explication. Je n'en pensai pas moins :

– Je saurai ce numéro de téléphone; ça ne sera pas difficile. « Je te casserai les pieds jusqu'à ce que tu me le files »...

Et quelqu'un me l'a donné et je l'ai appelée d'Angleterre. Cela faisait très bien de dire après l'opératrice qui avait appelé en anglais :

– Je t'appelle de Londres où je suis en train d'enregistrer mon prochain disque, comme tu le sais.

Nous convînmes alors de nous voir à Madrid au cours des premiers jours de la semaine suivante, dès que je rentrerais en Espagne, comme d'habitude.

Cette nuit-là avec Jane, je ne pus m'empêcher de repenser beaucoup à Isabelle et je comptai avec impatience les heures qui me séparaient du rendez-vous avec celle qui allait devenir ma femme.

Je sus également que les jeunes filles philippines qui étaient employées de maison chez Isabelle étaient un peu nerveuses de savoir que « c'était Julio Iglesias qui allait venir chercher la demoiselle », mais je crois qu'elle était assez indifférente au fait que je chante ou non. Peut-être que ça ne l'a jamais tellement intéressée.

En tout cas j'avais obtenu mon rendez-vous et j'allai la chercher chez elle et je l'emmenai cet après-midi-là à un concert que l'on donnait au cinéma Carlos III où, ce jour-là, Juan Pardo chantait.

A Madrid, c'était le plein été. Il faisait un temps magnifique et moi, j'étais plein d'espoir. Isabelle comme toujours, était resplendissante. A la sortie du concert, nous sommes allés dîner dans une cafétéria un peu plus haut, dans la rue Serrano. Nous voulions ensuite aller danser au « Gitanillos ». Je n'ai pas besoin de fouiller longtemps ma mémoire pour me rappeler que tout se passa comme prévu. En fait, il ne se passa rien parce qu'il y avait déjà ce que les Français appellent magistralement « un coup de foudre ». L'histoire s'était mise en marche et ce qui se développait était un beau sujet qui, je pense, nous plaisait à tous les deux. La preuve que ça marchait, c'est que nous sommes ressortis le lendemain, puis le jour suivant, et le jour d'après... Moi, j'étais en train de tomber de plus en plus amoureux d'elle et bien que j'aurais aimé qu'elle le remarque, je crois qu'elle était assez sceptique... Ce dont je suis sûr, en revanche, en cette matinée ensoleillée où j'écris cette page, c'est que pour moi, dès le début, dès cette apparition fugitive dans la maison de Juanito, Isabelle fut pour moi une femme « pas comme les autres ». Je ne sais pas si c'est un coup de foudre ou non, mais pour moi qui était un expert en situations amoureuses, en ce que l'on appelle des idylles, dès le début de mes relations avec Isabelle je ne pensais pas à un flirt, mais à quelque chose de beaucoup plus important. Ce n'était pas pour moi un « amour de vacances », ça non. Ce n'était pas une simple « conquête ».

Il m'est souvent arrivé par la suite, étant seul, de me demander ce qui m'avait attiré chez Isabelle. Je pense que ce furent tout d'abord ses dix-huit ans, son extrême jeunesse, un petit côté mystérieux, ce ton énigmatique qu'elle n'a toujours pas perdu et qu'elle ne perdra jamais et cet air si oriental qui m'a séduit...

Ce n'est pas à proprement parler un coup de cœur; ce fut

plutôt une sorte de fascination. Elle avait beaucoup de classe, était différente de ce que je voyais alors. Son charme fut pour moi décisif, mais moi qui avais alors vingt-deux ans, je n'avais jamais pensé à me marier, jamais. En fait si, une fois, mais pendant ce que l'on appelle la folle jeunesse, avec Gwendoline. Ce qui m'arrivait avec Isabelle était différent de tout ce qui m'était arrivé jusque-là et de tout ce qui m'est arrivé depuis et jusqu'à aujourd'hui. Après être sorti plusieurs fois avec elle, je décidai en mon for intérieur :

– C'est la femme de ma vie; je vais me marier avec elle.

Nos « relations » commencèrent donc. Elles furent très compliquées au début parce que j'avais des galas pendant tout l'été et que j'étais déjà pratiquement pris tous les jours de juillet à septembre, et elle ne s'en alla pas aux Philippines comme elle l'avait dit le premier jour où je la reconduisis chez elle, quand je lui avais demandé son numéro de téléphone et qu'elle n'avait pas voulu me le donner. Mais je continuais. Je voulais la conquérir, je faisais des acrobaties pour la voir, pour lui parler, où qu'elle soit et, d'où je chantais, je sautais dans les avions et les trains pour passer ne serait-ce que quelques minutes avec elle. Isabelle était cette année-là, à Guadalmar, près de Malaga, où nous avons fini nous aussi, par avoir une maison. Il est évident que la Méditerranée a joué un rôle capital dans ma vie, tout comme, par la suite, les Caraïbes, l'Atlantique et le Pacifique... Comment pourrais-je ne pas aimer cette proximité de la mer, comme je l'aime!

Ce que je sais, c'est que le Julio Iglesias qui chantait ne l'intéressait pas le moins du monde. Je crois que jamais, jamais cela ne l'a intéressé. Peut-être est-ce que cela a été déterminant pour beaucoup de choses qui se sont passées ensuite. Mais c'était ma carrière et je devais continuer; parfois, elle venait assister rapidement à l'un de mes galas, ce n'était pas fréquent – mais sans enthousiasme, avec détachement.

Notre histoire d'amour continua. En octobre, je dus aller une nouvelle fois en Amérique latine et des longues conversations téléphoniques commencèrent. Je lui téléphonais tous les jours, où que je sois, le prix ne comptait pas, il n'a jamais compté. Je lui téléphonais du Chili, d'Argentine, de Puerto Rico, du Mexique...

Je m'étais déjà « déclaré » comme on disait alors. Je lui avais déjà dit « je t'aime », bien que ce ne soit pas une déclaration disons, en règle. Nous étions deux personnes qui se fréquentaient jusqu'au moment où elles surent qu'elles devaient unir leur vie. Il ne restait plus qu'à se déclarer. Pourquoi ? Nous étions parfaitement conscients du fait que cet amour-là était beaucoup plus fort qu'un simple amour d'été.

Un jour, je lui dis au téléphone : « Isabelle, il faut nous marier; pourquoi ne nous marions-nous pas ? » Je lui disais de très loin et ma voix était plus assurée que mes jambes, mais Isabelle me répondit non.

Un mois et demi plus tard, quand je revins (on était déjà en décembre), je lui redis en face : « Il faut nous marier. Il n'y a que six mois que nous sommes fiancés, mais je crois que c'est suffisant. Nous nous connaissons suffisamment maintenant. »

Et nous décidâmes que le moment était venu. J'ai pensé depuis que cela faisait peut-être trop peu de temps que nous nous fréquentions pour nous connaître à fond, mais non, ce qui s'est passé devait se passer. C'était mieux ainsi. Cela a été « l'histoire d'une hystérie » comme je dis, une histoire de jeunes fous qui un jour, brusquement, un jour où il faisait froid en Espagne, décidèrent de se marier. « Oui, je t'aime. »

Et nous l'avons fait rapidement, le 20 janvier 1971. Il y a des moments où je ne me souviens pas très bien de la date, mais je ne crois pas me tromper. De toute façon, elle a été publiée dans toutes les revues et si je me trompe, ma mère me corrigera, parce qu'il ne serait pas correct que j'appelle Isabelle maintenant pour le lui demander. Ce qui est sûr, c'est que nos fiançailles ont duré huit mois. Je peux également dire, pour ce qui est de la petite histoire, que Fraile Alfredo, qui a été comme mon frère au cours de ces dernières années, ainsi qu'Isabelle et moi, nous avons fait toutes les églises de Madrid et des alentours pour essayer de trouver l'endroit idéal.

Elle nous semblait parfois un ermitage trop petit, parfois une cathédrale trop grande. Il y avait des jours où nous rentrions à la maison décidés à ce que la cérémonie se passe dans l'église que nous avions vue dans la journée. Nous avions décidé que n'assisterait à la cérémonie que le nombre de personnes strictement nécessaire, photographes et journalistes y compris. Nous finîmes par choisir la chapelle de José Luis à Illescas, dans la province de Tolède, où il y a les Greco, et je dois reconnaître que c'est Isabelle qui a dit la première : « C'est là, dans cette église que la cérémonie aura lieu. »

Je souris quand j'y pense, mais le souvenir de ce jour est agréable. Je revois les photos, le gâteau... De plus, tout le monde se marie un jour ou l'autre, comme nous. Tout cela fut un peu passionné, mais ce jour et la fin du chapitre de cette première histoire d'amour étaient valables. Nous nous sommes mariés et c'était magnifique – un peu contre l'avis de beaucoup – ingénus, amoureux. Un mariage à contre-courant. Ce fut une noce voulue. On m'a parfois demandé comment j'agirais si c'était à refaire. J'ai répondu que ce serait la même chose, même dix ans plus tard et avec dix ans de plus et en d'autres circonstances, à condition qu'elle et moi en soyons toujours les mêmes acteurs...

Il y avait beaucoup de photographes. Notre amour éveillait la curiosité, une curiosité qui n'a toujours pas disparu et suscite même aujourd'hui de nombreux commentaires qui font vendre bon nombre de revues. Déjà, à l'époque, nous suscitions l'intérêt. Julio Iglesias était un jeune homme qui était passé à l'Eurovision sur le petit écran, qui avait gagné à Benidorm et elle était une jeune fille inconnue qui évoluait dans la haute société, une jeune fille au visage exotique qui tranchait de ce que l'on voit habituellement à Madrid... Je dois cependant dire que notre mariage est plein de contradictions et, aujourd'hui, de sensations qui méritent d'être étudiées. La couleur de la peau d'Isabelle, de ma femme, ma femme d'alors, aujourd'hui mon ex-femme, ensuite la couleur de la peau de mes enfants, ce qu'il y a d'oriental dans ma vie, mes longs voyages ensuite en Orient... En me mariant avec Isabelle, même sans le vouloir, je suis devenu plus universel. Je ne le dis pas à voix haute, c'est mon subconscient qui le pense, c'est mon destin qui, intérieurement, me travaille. Je ne me suis pas marié avec une jeune fille espagnole, mais avec une jeune fille qui venait du bout du monde, presque des antipodes. Je me suis installé dans le monde. J'ai commencé à être ce que je voulais être, un peu citoyen du monde sans cesser d'être ce que j'ai toujours été, un pur Espagnol. Ma femme, elle a sa famille aux Philippines, ce qui l'oblige à effectuer fréquemment de longs voyages sur un chemin qui est de plus en plus long...

Je dois avouer qu'Isabelle a eu une forte influence sur ma personnalité. Je lui dois un soutien moral dans ma vie (je suis un oiseau un peu fou qui va et qui vient, tandis qu'elle est sérieuse et très disciplinée); je parle de l'Isabelle d'alors, à ce moment très perfectionniste, peut-être trop perfectionniste, chose que j'accepte et dont je lui suis aujourd'hui reconnaissant, parce que c'est une des choses qui a le plus de prix au monde... Isabelle a un très grand sens de l'esthétique et, lorsque j'ai commencé à vivre totalement avec elle, quelque chose a changé, quelque chose qui, encore aujourd'hui, reste vivant en moi et qui m'a beaucoup servi.

Je me souviens qu'aussitôt après la noce, nous nous sommes rendus à une maison que nous avions louée, un appartement situé dans la rue Professeur-Waskman à Madrid, où nous avons vécu deux mois de bonheur intense, où il y avait deux brosses à dents côte à côte dans la salle de bains. C'était la première fois que cela m'arrivait; jamais, bien entendu, je n'avais encore vécu un amour aussi intense partagé en commun tous les jours. Vivre avec quelqu'un, avec d'autres femmes, je l'avais déjà fait, bien entendu, inutile de revenir sur ces pages de ma vie (j'avais déjà vingt-six ans), mais ce qui est certain c'est que je n'avais encore jamais vécu sous cette forme et aussi longtemps, jusqu'alors. Aujourd'hui, on vit avec la femme que l'on va épouser et on la connaît intimement depuis longtemps. Les gens vivent aujourd'hui beaucoup plus souvent ensemble avant de se marier. Nous nous marions beaucoup plus rapidement qu'autrefois. On n'arrive néanmoins au mariage en se connaissant suffisamment. J'ai toujours dit, et je le répète (et je pense ce que je dis) que le mariage est un acte émotionnel, parce que s'il n'en était pas ainsi, personne ne se marierait aujourd'hui... Et c'est de cette émotion que sont nés ma fille, tout d'abord, et ensuite mes deux fils...

Notre lune de miel? Eh bien..., elle a été merveilleuse. Et quand je le dis, ce n'est pas un vain mot. Nous sommes allés aux Canaries et sommes descendus à la plage de Maspalomas, dans le sud de la Grande Canarie, sur ce magnifique sable doré. Nous avons dormi dans la chambre de l'astronaute qui venait de redescendre de la lune. Nous étions toujours dans les étoiles. Et je me faisais à sa vie, sans peut-être qu'elle se fasse totalement à la mienne. Tout du moins je me disciplinais, je devenais plus responsable. Je gagnais plus d'argent que j'avais jamais rêvé d'en gagner; j'avais du travail et, tout d'un coup, moi qui suis si indépendant, j'ai cessé de faire ce que j'aimais pour faire ce que nous aimions... Ma femme tomba enceinte et nous eûmes Chevali; je menai une vie plus ordonnée, une vie plus responsable, je me rendis en Extrême-Orient deux ou trois fois et fis la connaissance de sa famille et connus ainsi mieux ma femme, me rendis compte de beaucoup de choses... et nous nous rendîmes compte « de ce que nous avions fait ».

Non pas « de ce que nous avions fait et que nous n'aurions pas dû faire ». Ça non. Nous avons continué avec toutes les magnifiques et terribles conséquences que cela représentait. Nous avons assumé nos responsabilités. Nous sommes, nous étions alors jeunes et heureux, et notre histoire était avant tout « une histoire d'amour », une vraie histoire d'amour, je dirais même plus presque un conte de fées.

Je commençais à ressentir en moi un désir ardent et parfois violent de succès. Il y a des jours où, revoyant ma vie, je me demande si ce désir effréné de triompher n'est pas né de la nécessité impérieuse de surprendre avant tout Isabelle et de l'intéresser plus à ma carrière. Je ne sais pas, mais ce dont je suis sûr c'est qu'elle a été la clé de ce moteur presque atomique de ma vie de chanteur, qui m'a rendu plus fort.

Je suis un homme pressé.
Je n'ai rien trouvé de plus pratique
pour me ramener
chez moi que l'hélicoptère.

J'ai eu une enfance heureuse,
choyée auprès de mon frère
Carlos qui ne m'a jamais quitté.

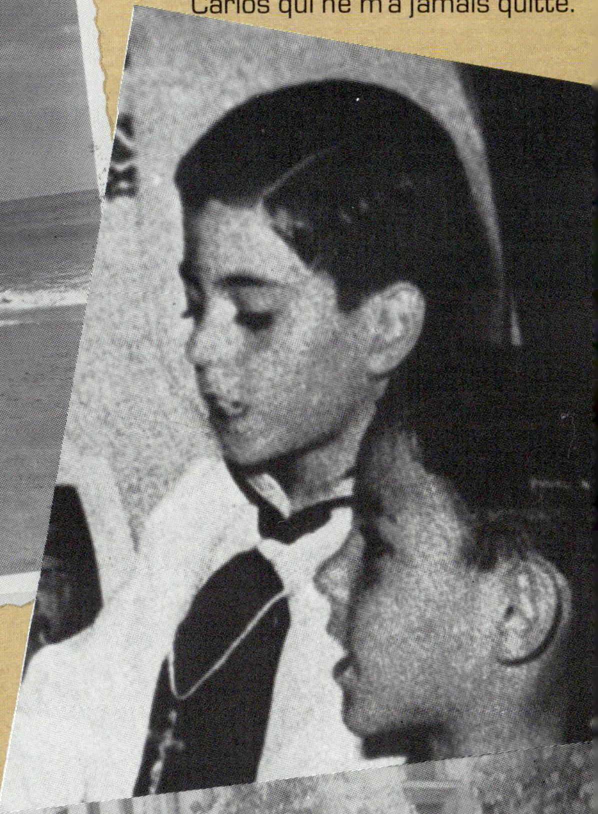

C'est lui maintenant
qui s'occupe
de mes affaires.

A l'école chez les Frères... C'est là que j'ai chanté pour la première fois :
au sein de la chorale.

Ce jour-là, ma vie a basculé : j'ai remporté le grand prix de la chanson de Benidorm.

Le jour ou j'ai chanté "Gwendoline" au Grand Concours de l'Eurovision.

J'ai toujours aimé cette photo, très "espagnole".

A mes rares instants de loisirs, j'aimais jouer au billard.

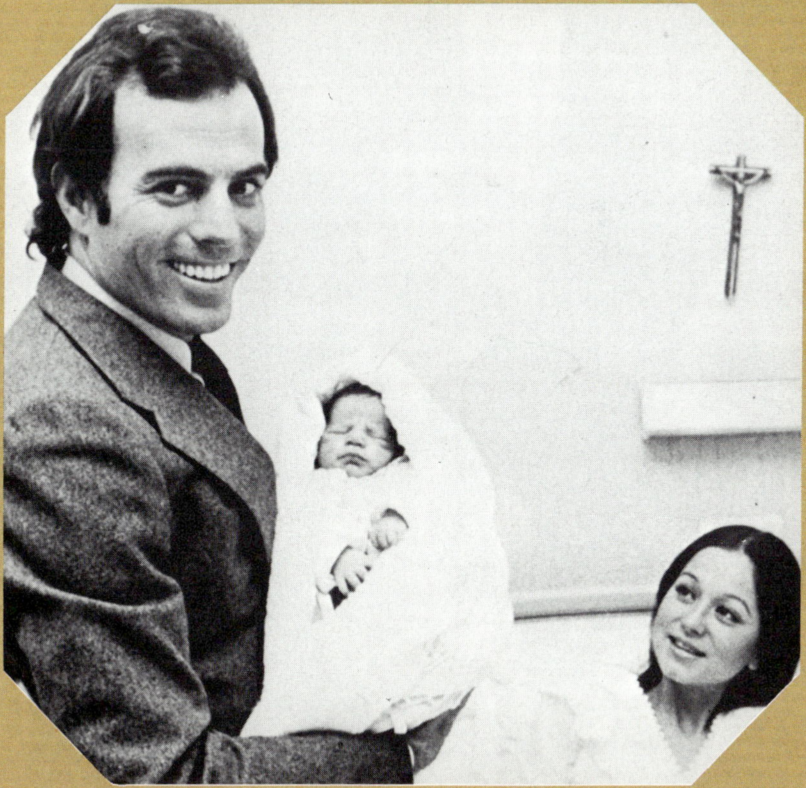

Un des plus beaux jours de ma vie : la naissance de ma fille, Chavely.

Je suis toujours très attiré par toutes les nouveautés...

El Cordobes : un mythe vivant.

J'ai la passion des voitures anciennes.

Vous les femmes...

Un grand coup de cœur : Sidney Rome.

On ne me changera pas... J'aime les femmes jusqu'au bout du monde : en Afrique du Sud.

Dans ma course après le temps, j'essaye de m'accorder parfois quelques instants de solitude.

"Hey" mon chien.
Il ne me quitte pas
et je lui ai dédié une chanson.

Séance de travail en studio avec mon fidèle Ramon Arcusa.

C'est pour vous que je chante...

Chez moi, à Miami... l'heure du petit déjeuner.

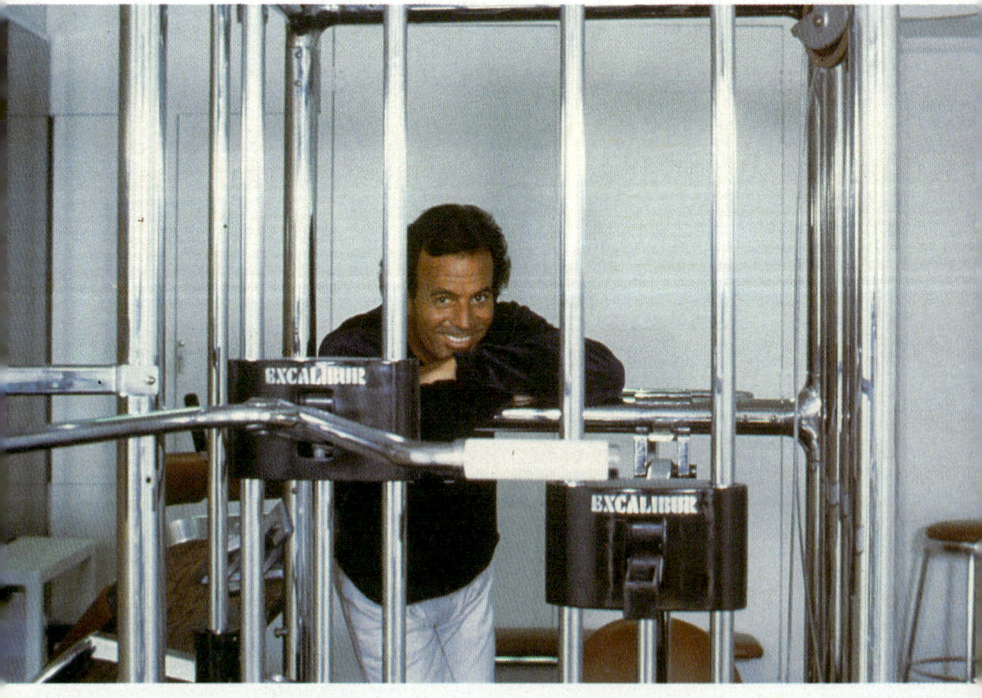

Ma salle de sports... essentielle !

L'endroit que je ne montre jamais aux photographes : ma chambre.

Je suis un fan de cinéma... Ma salle de vidéo.

Une photo qui me tient particulièrement à cœur :
celle de mon père à mes côtés
et près de l'un de ses petits fils.

Après l'angoisse, quelques jours de repos sous le soleil de Miami pour mon père et moi.

Ma mère : celle à qui je dois tout et que j'aime si tendrement.

Mon bateau cigarette. Je lui ai donné le prénom d'une femme qui a beaucoup compté pour moi : Flaca.

Dès que j'ai un moment je le réserve à ma famille... et Hey fait partie de celle-ci jusque dans la piscine.

Mes enfants (de gauche à droite :
Enrique, Chavely et Julio)
dans la voiture que j'ai achetée
pour circuler dans Indian Creek.

Les jours heureux...

Le plus fidèle ami de l'homme...

J’ai appris le back-gammon à mes enfants.

Une moto un peu spéciale, mais tellement drôle !

Ceux qui me rendent le plus fier au monde : mes enfants.

La communion de mon fils, Enrique.

Charo, ma mère bien-aimée.

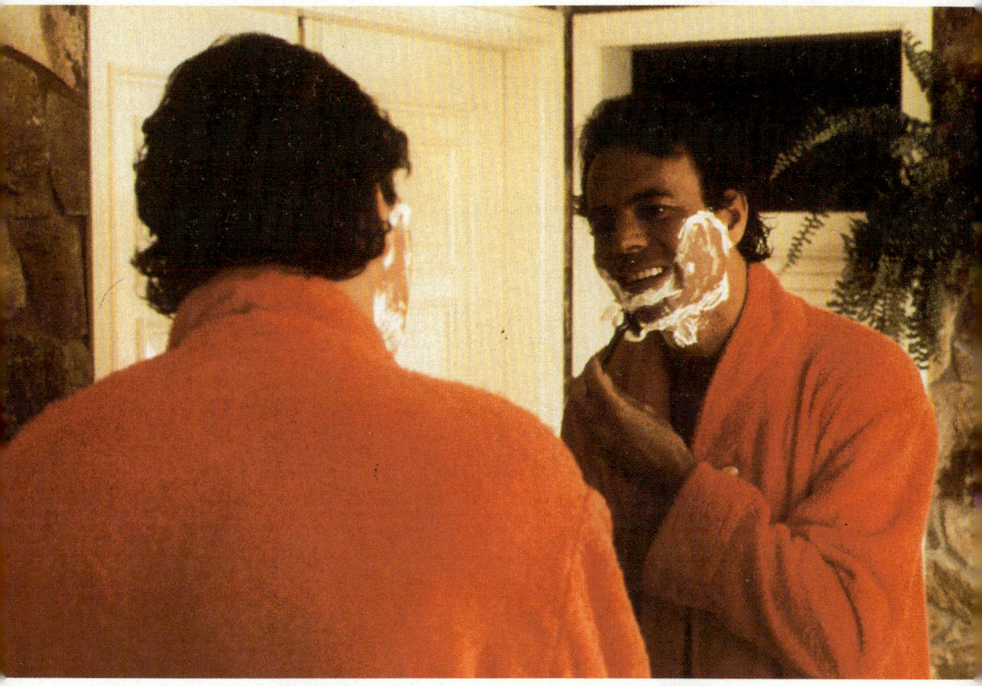

Un homme comme les autres mais qui doit se raser plusieurs fois par jour.

Réussir aussi ma vie privée... alors je serai comblé.

125
SUZUKI

J'ai choisi Miami pour le soleil, la mer, la nature... et parce que c'est une plaque tournante mondiale.

Mon couronnement: un duo avec la plus grande dame de la musique noire actuelle – Diana Ross.

Peut-être le secret de tout cela est-il dans le fait qu'elle ne m'a pas encouragé, que dans le fond ce que je faisais ne lui plaisait pas. Elle ne s'intéressait pas à ma vie de chanteur. En tant qu'asiatique, comme de porcelaine, jamais on ne devine ce qu'elle ressent. Je suis aujourd'hui en mesure d'affirmer qu'elle ressent intérieurement quelque chose, mais qu'elle ne l'extériorise pas, qu'elle ne veut pas le montrer. Cela fait partie de quelque chose de très profond qu'il y a en elle, qui tient à sa race, à son pays. C'est une femme plus introvertie qu'extrovertie, une femme qui croit beaucoup à ce qui se passe et sait ce qui va se passer, et plus encore quand Chaveli est née, ce qui a été un jour important pour nous, surtout pour elle, parce que pour moi, cela a été une chose pour ainsi dire naturelle... Un enfant après le mariage? Bien sûr. Mais n'est-ce pas une histoire simple et biologique, la plus commune, la plus banale du monde, aussi belle soit-elle? N'est-ce pas ce qui arrive toujours? J'ai pris conscience de ce qui s'était passé, du simple miracle de la naissance Chaveli après, avec le temps, de loin, à distance. J'écris des chansons. J'en avais déjà fait une pour Isabelle, pratiquement pendant le voyage de noces, entre les dunes de Maspalomas et l'appartement dans lequel nous avions emménagé depuis peu. C'était une chanson dont je me souviens encore aujourd'hui et qui me plaisait beaucoup. Elle s'appelait « Comme le peuplier au chemin » et je fais dans cette chanson une déclaration de principe sur ce que doit être un mariage. Je pense que c'est aujourd'hui, encore aujourd'hui, à tant d'années de distance, une splendide chanson, avec des paroles pleines de poésie parce qu'il arrive souvent que réapparaisse en moi cet enfant poète qui écrivait parfois un vers dans son cahier d'écolier ou qui savait par cœur en classe de littérature les vers de Becquer ou de San Juan de la Cruz.

Et c'est que ce mot de chemin est profondément ancré en moi. Je sais que je suis profondément Espagnol, que je suis un voyageur éternel, impénitent... chemin... chemin...

Cette chanson écrite, composée à la guitare sur le bord du lit, dans l'avion, pendant un rayon de soleil, en sortant de l'eau, au lever du jour, disait ceci :

– Comme le peuplier au chemin,
l'étoile à la tombée de la nuit,
comme le saule l'est à la rivière,
mon amour a été fidèle au tien.

Tu marchais en me tenant la main,
par des chemins sans fin,
sans autres traces que les miennes,
sans autres forces que ma fidélité.

Qu'est-il advenu de cet amour?
Qu'est-il advenu de cet hiver?
Je ne peux pas vivre sans toi,
Je ne peux plus vivre,
Je ne sais qui je suis,
Je ne sais ce que je sais
ni où je vais,
ni où j'irai.

Bien que je sache t'avoir perdue,
que je ne t'aurai plus jamais avec moi,
je te garde une place en mon cœur
pour le cas où tu voudrais revenir.

Cette chanson, je la chante encore aujourd'hui, très rarement; je crois que je ne me souviens plus entièrement des paroles. Je me souviens néanmoins qu'elle est née en dix minutes, et que je la lui ai lue et chantée aussitôt; bien que j'aie chanté très peu de fois mes chansons à ma femme, avant et après. A Isabelle, parce qu'elle me motivait je le redis, mais sans le vouloir. Jamais elle ne s'est intéressée à ma carrière artistique d'une manière active. Elle me remplissait d'émotions, m'aida beaucoup, mais en ce qui concerne mon travail d'artiste, elle a toujours essayé de séparer les deux et cela a été une des causes fondamentales de notre échec matrimonial. Cela me fait mal de dire cela, et je ne l'ai encore jamais dit publiquement, mais je dois le dire maintenant parce que c'est vrai et parce que je tiens à être sincère avec moi-même et avec mes lecteurs.

J'avoue maintenant publiquement que notre échec a été dû au fait que nous ne nous sommes pas rapprochés suffisamment sur ce qui devait, inexorablement, être mon avenir, ma carrière. J'ai déjà dit un grand nombre de fois que je continuerai jusqu'à la fin de mes jours à chanter, que rien ni personne ne m'empêchera de faire ce que j'aime, d'être ce que je suis. Elle le savait. Nous avions trois beaux enfants, nous paraissions avoir tout, nous étions jeunes... L'argent et le succès étaient nos alliés, mais... je dépendais totalement de ce qui était pour moi le plus important : chanter. Isabelle savait, ou ne savait pas du tout, qu'elle avait épousé un artiste. Et elle, en femme très intelligente qu'elle était, savait quels étaient mes envies, mes besoins, et les concessions qu'il fallait faire pour continuer.

Il advint, lorsque je devins en toute connaissance de cause, esclave de mon métier, de ce qui était véritablement ma vie, que d'autres concessions s'avérèrent nécesssaires. Notre séparation vient de là, de ce problème fondamental de conscience. Nos chemins se séparaient mais je devais continuer ma route, seul, puisque son chemin à elle s'arrêtait là. Il est évident que nous partageons tous deux la responsabilité de cette séparation. Nous nous en rendions compte avec le temps, car notre séparation résulte de l'accumulation, jour après jour, de mille petites choses.

Nous avons pris conscience, petit à petit, que nous avions des modes de vie différents et que cette différence serait la cause de notre rupture. J'aimais profondément ce métier que j'avais choisi et elle, ne voulait en rien modifier tout ce qui faisait sa vie. Comme pour tous les couples en perdition, il se passait tous les jours de petites choses trop personnelles, trop intimes et peut-être trop banales. Nous avons connu ainsi durant les sept ans de notre mariage des hauts et des bas, des périodes de crise, sans que toutefois tout sentiment soit exclu, car j'ai toujours, du moins à cette époque, profondément aimé Isabelle.

Mais existe-t-il une relation entre ces événements et le titre de ce livre que j'ai moi-même choisi. Cela se pourrait bien. Nous sommes en effet, passé durant ces sept années du ciel à l'enfer, sans brusqueries, du moins de la part d'Isabelle, car elle opposait à ma véhémence espagnole son pragmatisme oriental, et à mes cris le silence de sa lointaine philosophie. Je n'en devenais que plus amer et cette absence de dialogue, de discussion n'a fait qu'accélérer le processus de notre divorce et accroître les différences qui existaient entre nous. J'ai souvent oublié, et je voudrais donner à ce fait toute son importance, qu'Isabelle bien que vivant en Occident depuis dix ans, est née, a été élevée et a vécu pendant vingt ans en Asie. Cela je ne voulais pas le savoir, je ne voulais pas en entendre parler. Je voyageais également beaucoup de plus en plus, et peut-être était-ce une forme de fuite. D'une ville à l'autre, je devenais de plus en plus esclave de ce qui était ma vie, chanter. Nous nous désintéressions l'un de l'autre, le fossé se creusait entre nous. Jusqu'au jour où nous nous sommes aperçus que notre couple ne marchait plus, ou en tous cas marchait mal. Je ne sais pas si marcher est le mot qui convient, mais ce que je sais c'est que cela se passait exactement comme ça. Jusqu'au jour où brusquement... je l'appelais un jour au téléphone de très loin, d'Argentine et je lui dis qu'il valait mieux...

Elle me répondit de si loin. Tout comme nous avions décidé en deux minutes de nous marier, en deux minutes nous avions décidé de changer de vie, de nous séparer. Nous nous étions unis, puis séparés en un rien de temps. Que de souvenirs. Six mois d'émotions avant de se marier. Six mois d'émotions avant de se séparer. Les émotions ont toujours miné ma vie, notre vie. Mais je suis sûr d'une chose, nous avons fait ce qu'il fallait faire. Intelligemment. Notre amour brisé, allait à la dérive.

Il nous reste cependant beaucoup de souvenirs, la responsabilité de nos trois enfants, notre jeunesse, que nous avons brûlée et partagée tous les deux. Nous nous sommes donnés mutuellement, Isabelle et moi, notre jeunesse. Nous vivions une époque magique. L'âge d'or est pour une femme, de dix-neuf à vingt-cinq ou vingt-six ans pour Isabelle et pour un homme de vingt-cinq ou vingt-six à trente-deux ans.

Avons-nous fait quelque chose depuis notre séparation

pour nous rapprocher l'un de l'autre? Je ne sais que répondre. On dit que l'amour est le fait d'une personne. Une personne aime et l'autre se laisse aimer. Ces mots sont peut-être plus qu'une phrase toute faite, ils peuvent exprimer la réalité. Mais dans le cas de notre couple, de nous deux, Julio et Isabelle, l'amour était réciproque.

De la flamme, de la braise, du feu ou des cendres, que reste-t-il en cet instant de ces quatre symboles de l'amour? Pour la flamme, je répondrais catégoriquement non. Des braises, certes, mais elles ne se rallumeront pas. Des cendres, certainement pas, il n'y a pas de cendres, notre amour n'a pas de cendres. Jamais.

Il nous reste de tendres souvenirs. Nous nous téléphonons de temps en temps. Il y a entre nous respect et affection, mais surtout respect et silence. Nous parlons quelquefois de nos enfants. Nous y sommes obligés, c'est notre devoir. Nous nous sommes même vus, mais sans photographes. Il est probable que nous nous reverrons. Pour les grandes occasions, l'anniversaire des enfants, par exemple, Isabelle m'appelle au téléphone et je peux leur parler. Nous avons des relations de personnes civilisées. Je lis dans les journaux les articles qui parlent d'Isabelle, de son remariage, de ses voyages, de ses apparitions en public. Je lui souhaite de tout mon cœur d'être heureuse.

Le futur? Ah! le futur! Isabelle est remariée, elle mène une vie tranquille et elle a de nouveau un foyer. Mais je ne peux pas prédire l'avenir, pas plus qu'Isabelle ou que quiconque au monde.

Après notre séparation, après notre divorce, mon travail devint ma préoccupation essentielle. Je m'y réfugiais, oui je m'y réfugiais car notre divorce fut pour moi un très grand choc. J'aimais Isabelle. J'étais quasiment fou. Je faisais des disques en anglais, en français, en italien, en portugais. Je signais un contrat avec la firme CBS. Je fis de ma vie un véritable supplice. Je passais des heures à répéter une phrase, car s'il m'est aujourd'hui facile de chanter, c'était pour moi il y a trois ans une épreuve. Et puis il y avait les problèmes de langue, un « s » anglais est différent d'un « s » espagnol et un

« s » espagnol d'un « s » français. Julio devint un autre Julio et un jour dans un avion, entre deux tours de chants, je mis fin à mes souffrances. C'est vrai, je fuyais, un jour à Istambul, le lendemain à Zamora. Je reçus un soir, dans cette ville, un choc énorme, moral, un de ces coups qui ne laissent pas de traces visibles mais qui font tant de mal. Je me rendis compte qu'on spéculait sur ce que je chantais. J'entendis dire, je lus qu'on m'accusait en quelque sorte de raconter dans mes chansons ce qui m'arrivait et d'en tirer bénéfice, économiquement et professionnellement.

Ce fut terrible. Je sais que l'on continue à penser cela. Je parle bien évidemment d'Isabelle dans mes chansons, mais j'aborde aussi d'autres sujets. Entendre dire que je chante ce qui m'est arrivé pour accroître ma popularité et émouvoir les bonnes âmes, m'est toujours pénible, surtout quand cela ne correspond pas vraiment à la réalité. De même je me réjouis lorsque l'on dit et que l'on reconnaît que ce que je chante est vrai. Je me dis parfois qu'il vaut mieux cacher la vérité et dire des mensonges.

Alors pourquoi mentir si je ne sais pas, si je n'aime pas ça. Les personnes qui vivent auprès de moi savent que je ne peux cacher mes colères, ni dissimuler devant quelqu'un quelque chose qui me déplaît. C'est pour cette raison que j'aime si peu le cinéma. Je ne suis pas un comédien, je ne sais pas feindre et cela se voit tout de suite. J'ai perdu à ce qu'il paraît, beaucoup de choses très importantes, parce que je me suis montré insupportable, quand je devais dire ou faire ce que je n'aimais pas.

C'est pourquoi si je devais dire quelque chose de concret sur ces sept années de ciel et d'enfer avec Isabelle, je dirais seulement ceci :

– Je n'ai pas de repentir.

Avoir d'autres enfants? J'en ai trois et je n'en veux pas d'autres. Non pas par égoïsme, mais parce que je pense que deux garçons et une fille sont la preuve sufffisante, pour un homme, de la force vitale, égoïste de sa personnalité, et plus encore ils sont de son sang, ils portent son nom. Je ne veux pas pour le moment avoir d'autres enfants. On ne peut pas, on ne doit pas refuser la vie à quelqu'un, mais donner la vie demande du temps. Je dis aujourd'hui, j'écris et j'affirme que je ne veux pas d'autres enfants. Pourquoi est-ce que je dis cela ? Peut-être parce que je suis seul aujourd'hui et qui sait si lorsque ce livre sortira, les choses n'auront pas changé et peut-être qu'alors. Je ne suis pas une girouette mais je vais avec le vent. Je vois venir le vent, je le connais. Je ne suis plus un enfant, j'ai dépassé quarante ans et lorsque je me regarde dans une glace, je peux y voir mon père que j'aime tant et à qui je ressemble de plus en plus.

Je dois dire que ce que je viens d'écrire sur ma femme et mes enfants n'est pas une revanche. Je ne suis pas brisé par ce qui s'est passé. Il n'est pas question de revanche. Je poursuis ma route, Isabelle la sienne. Je me réfugie dans mon travail, dans la chanson, car c'est vraiment et je tiens à le dire tout ce que je possède.

Mes souvenirs étant tout ce que je possède, il m'est impossible de m'y soustraire. Ils apparaissent ainsi dans mon œuvre, dans mes chansons, par petites touches, suivant mon état d'esprit, les émotions que je ressens, lorsque j'évoque le passé, que je regarde une photographie et que je ressens un petit pincement au cœur. Je suis comme l'artiste qui peint, l'écrivain qui écrit. Je me laisse porter pendant quelques minutes par l'émotion. Je suis un être humain et cette émotion ne peut que passer dans ce que j'écris. Mais cela s'arrête là. Je peux être totalement différent quelques minutes après. Le vent m'emporte ailleurs. Tout comme le peintre, l'écrivain, le compositeur que je suis, désire, en raison de ces petites minutes de tristesse, rendre un état d'esprit, une façon de vivre, une vie tout entière.

Il est de toute façon impossible de tout oublier, de tout balayer d'un revers de main. Il n'est pas pensable de mettre ainsi un terme à une période de sa vie, surtout lorsqu'elle a été aussi intense, et n'en conserver que les photographies.

Je ne suis ni un animal, ni un être de glace. J'ai, bien entendu, été influencé, durant les trois ans qui suivirent notre séparation, par cet événement et ses conséquences. Je dois toutefois dire, que quoi que l'on en pense, je ne vis pas uniquement dans le présent, mais aussi dans le passé et dans le futur, ce futur qui m'a permis de nombreuses fois, de sortir de ce gouffre que je croyais sans fond.

Le plus dur est passé, mais non sans mal. J'ai connu de grandes périodes de dépression. Mas amis le savent, eux qui ont souffert avec moi. Je suis un homme fait de chair et de sang, j'éprouve des sentiments et je ne peux nier ces faits. Pourquoi les taire? Un homme connaît dans sa vie des triomphes et des échecs. J'ai fait des dépressions nerveuses, j'ai pensé à la mort, mais jamais au suicide, j'ai eu recours aux médecins, aux psychiatres. Plus que toute autre chose, c'est l'échec, et ce n'est pas facile à dire, qui m'a fait le plus souffrir. J'aime gagner, je ne sais pas perdre et j'en ai fait la preuve par la suite, j'ai au plus haut point le sens du ridicule. Je ne veux pas me tromper, surtout quand l'enjeu est important. Pourquoi me suis-je alors trompé? Mon métier est un métier difficile; triompher implique de gros risques. On ne peut pas, on ne doit pas se tromper. Il en va de même pour le mariage, mais cette opinion ne concerne que moi. J'ai vécu ainsi les six mois les plus pénibles de ces dernières années, des mois comparables à ceux de ma paralysie partielle.

Je souffrais d'une dépression permanente, des plus graves. A Caracas, je dus avoir recours à un psychiatre qui me fut d'un grand secours. Je faisais et je ressentais des choses qui n'avaient pas de sens. Je pouvais me mettre le doigt dans l'œil, je ne sentais rien. Je souffrais de graves problèmes psychosomatiques, je ne sentais plus mes jambes ou plus grave encore, je pouvais les toucher mais non les palper, mes bras semblant dissociés de mon corps. Aujourd'hui encore, lorsque je repense à cette période épouvantable, j'éprouve un sentiment de déchéance. Chanter sur scène représentait pour moi un effort surhumain. J'avais l'impression d'être en cage entre les projecteurs. Certains soirs, il m'était même impossible d'aller chanter. Je passais de nombreuses nuits blanches. Ma vie était un véritable désastre. Je retournai voir mon psychiatre. Il m'observa, m'écouta longuement, m'expliqua clairement et simplement ce que je devais faire pour guérir.

– Vous souffrez d'un grave problème familial, complexe. Vous seul pouvez résoudre ce problème. Votre guérison est entre vos mains et si vous ne réagissez pas, je ne réponds pas de votre état mental à venir.

– Mais que dois-je faire, docteur?

J'étais angoissé, brisé. Je ne comprenais pas que mon problème n'était pas seulement sentimental mais qu'il découlait aussi de cette entreprise d'autodestruction.

– Vous devez lutter contre vous-même. Vous êtes à l'heure actuelle, Monsieur Iglesias, votre pire ennemi. Travaillez, occupez votre esprit, suivez votre vocation. Je ne peux pas vous prescrire d'autres remèdes. Efforcez-vous, à chaque instant de ne penser qu'à ce que vous devez faire : chanter, voyager, poursuivre votre chemin. Il faut aller de l'avant Monsieur Iglesias. Aucune pilule, aucun repos, ne vous apporteront la solution et croyez bien que je le regrette. Vous seul, pouvez vous guérir, conclut-il.

J'ai suivi ses conseils, j'ai fait ce que je devais faire. Je mis fin à mon contrat avec CBS et avec tout ce qu'une société multinationale apporte comme avantages et comme inconvénients. Je me fixai des objectifs difficiles à atteindre. Je savais que je devais faire des disques pour le monde entier, et non pas pour un ou deux continents. Je fis pour cela de très nombreux voyages à New York. L'entreprise fut ardue. Durant deux ans, ma vie ne fut plus que musique, enregistrements, tournées, voyages de ci de là, études, langues étrangères.

Je ne pensais qu'à ça. Et s'il m'arrivait de penser à autre chose, je repoussais bien vite cette idée. « Non, Julio, non, tu dois continuer. » La nuit, je rêvais de ce que je devais faire le lendemain. Je n'étais jamais satisfait de mes disques. Cet état de création dans lequel je me trouvais était constant, permanent. J'enregistrais disque sur disque. Ils se vendaient bien, de mieux en mieux. Je mettais toute mon âme dans mes chansons, j'en soignais les qualités. En deux ans, je fis quatorze albums. Je sais que c'est un record, presque une aberration. En un peu moins de trente mois, je réussis à faire connaître mes chansons dans le monde entier, ce qui remplirait et assurerait la vie de tout autre artiste.

Mais ce n'était pas mon cas. Le défi subsiste, je n'ai pas encore atteint les objectifs que je m'étais fixé. Je m'efforce aujourd'hui de conquérir totalement ce monde anglo-saxon si difficile à séduire. J'aime profondément les Américains, je vis avec eux et je m'imprègne de leur façon de vivre. Chanter en anglais n'est pas chose facile, mais je dois y parvenir. Il est difficile pour un latin, de s'imposer sur cet énorme marché, dans ce pays gigantesque. Mais je dois, je peux y arriver, même si je me tue à cette tâche. Chanter en anglais ne suffit pas, il faut aussi se sentir américain, ressentir ce que sentent les Américains, être compris de ce peuple, le plus grand de la terre et le plus exigeant. Il y a toutefois des signes qui ne trompent pas. Des jeunes filles m'ont demandé des autographes dans la rue, Boby Carlson m'a invité à son émission. On m'a qualifié de Sinatra espagnol. Je parle en toute honnêteté. Pour le journal « New York Times », ma voix a une qualité et une tessiture peu courantes. Il y a quelques semaines, j'ai chanté à New York chez Stenway avec Placido Domingo. J'ai même participé à des soirées données à la Maison-Blanche par Mme Reagan. Hollywood me demande d'aller vivre sur la côte Ouest. On parle de moi comme d'un nouveau Valentino, quoique je n'ai rien fait pour susciter ce titre. Rudolph Valentino fut sans aucun doute le latin qui fut le plus adoré par le peuple américain.

Je ne veux pas attendre. Je suis prêt à faire le grand saut. Je réussirais. Je pourrais néanmoins, me contenter de mener une vie tranquille à Miami, face à la mer, regarder pousser ces roses bleues si chères à Liz Taylor, contempler ma collection de peintres américains, de promener mes chiens ou de faire chaque week-end un voyage aux Bermudes ou ailleurs. Je sais que j'y trouverais une maison ensoleillée, des palmiers, des orchidées superbes et sauvages et la beauté d'une femme.

Je poursuis ma route. Je souris et je suis flatté quand je lis dans un journal de Los Angeles que « Sinatra va chanter en espagnol, depuis qu'il sait que Julio Iglesias chante en anglais ». J'admire beaucoup Frank Sinatra. C'est un homme unique, légendaire et je sais qu'au fond de moi, j'ai le désir de lui ressembler, avec le temps. Je dois devenir aussi célèbre que lui, c'est écrit. Je n'éprouve ni honte, ni peur, à l'avouer.

Je me sens heureux à l'idée de savoir que j'ai vu brûler mes Rolls. Elles brûlèrent dans l'incendie qui se déclara dans ma maison. Garées sous une marquise en fibre de verre, elles prirent feu lorsque la marquise brûla. Il ne reste rien de ces deux merveilleuses voitures. J'aimais conduire ces voitures nu pieds ou en survêtement. Ce fut comme une grande flamme. Il n'en reste qu'une plaque d'immatriculation et une statuette d'argent, symbole de rapidité et d'élégance, ainsi que les enjoliveurs. Ces objets sont maintenant dans ma salle de billard, placés comme des trophées parmi mes disques d'or, les caricatures qu'on a fait de moi, les albums de photographies, les titres honorifiques qu'on m'a décernés et bien d'autres choses.

Si posséder une Rolls était pour moi un rêve, que représentait le fait d'en avoir deux ? Rien de bien important. Le feu les a emportées et je n'ai ressenti qu'un peu de peine. Je vais mon chemin, toujours plus haut. Je veux plus que deux Rolls, je sais néanmoins que je joue ma vie à ce jeu-là.

Je dois beaucoup à Isabelle, à cette sorte de stimulation qu'elle exerce, de loin, sur moi. Il n'y a plus d'amour entre nous. Je peux lire sans souffrir les articles qui parlent d'elle, de l'autre côté de l'Atlantique. Je n'ai plus mal quand je la vois heureuse ou quand je pense que mes enfants sont avec elle et non pas avec moi, comme je le souhaitais. Je pense cependant qu'ils sont bien avec leur mère, car elle sait s'en occuper à merveille. Mieux, bien mieux que je ne saurais le faire.

J'ai souvent pensé en me levant le matin, faire venir mes enfants, ici pour toujours. Je le ferai peut-être un jour, mais pour le moment, je pense qu'ils sont bien où ils sont, que leur place est auprès de leur mère et qu'ils ont un foyer.

Il y a quelques années, on m'a posé une question importante, lors d'une émission de la télévision espagnole destinée à l'Amérique du Sud.

– N'aimeriez-vous pas vivre près de vos enfants, les écouter, les voir grandir ?

– Si, j'aimerais beaucoup les avoir près de moi, les écouter, les voir grandir. J'aimerais qu'ils soient pour moi, plus qu'une grande vague de bonheur qui envahit la maison, qu'ils la remplissent de cris de joie et de jeux, qu'ils m'obligent à changer les rideaux et la moquette, et qu'ils n'évoquent pas uniquement le temps des vacances. Je le pense vraiment, j'aimerais qu'ils vivent avec moi, mais qui sait un jour ?

– Mais peut-être sera-t-il trop tard ? Ils se seront peut-être éloignés de vous.

– C'est possible, ma vie n'est faite que de suppositions. Je prends ce risque, on ne peut pas tout avoir. Je ne peux pas tout avoir. Je ne le souhaite d'ailleurs peut-être pas. Je sais que je n'aurai jamais tout ce que je désire. Je m'y suis résigné.

J'ai beaucoup pleuré d'être séparé d'Isabelle. Oui, je l'avoue sans honte. Oui, j'ai pleuré. J'ai ri avec Isabelle, elle m'a fait rire, mais je n'ai jamais ri d'elle. Notre histoire fut tourmentée, émouvante, pleine d'une ardente jeunesse. Isabelle est un être passionné (bien que ce trait de sa personnalité ne se soit pas manifesté tout de suite) et passionnante. Nous avons connu, comme tous les êtres qui s'aiment, qui font plus que s'aimer, qui se comprennent, des périodes de joie et de tristesse. Notre histoire fut créative. La créativité m'est restée et je m'inspirerai longtemps de cette réponse du cœur, de la raison opposée au cœur. C'est un dialogue parfait, brûlant. Quand dans un couple, un homme et une femme ont une attitude créative, ils s'opposent, s'influencent, puis un jour, jaillit l'étincelle, le feu prend, l'amour se consume. Cela est d'une très grande importance.

Si l'on me demande, alors que l'on sait que j'ai déjà mis mon âme à nu, ce qu'Isabelle m'a apporté, ce qu'elle signifiait pour moi, je répondrais que c'est ce que je lui ai donné. Ce que je représentais pour elle, je ne peux le dire, je ne sais pas ce qu'elle pense. Je ne sais vraiment pas ce qu'il subsiste en elle, de notre histoire. Je la respecte beaucoup, j'ai toujours eu pour elle beaucoup d'affection et jusqu'à présent, je n'ai pas encore rencontré de femmes qui puissent se comparer à elle. Je n'ai pas peur de le dire. Pourquoi aurais-je peur ?

Je ne souffre plus quand je parle d'Isabelle ou quand on me parle d'elle. C'est très important. Je voudrais dire une fois pour toutes que je ne l'aime plus, plus comme ma femme. Je pense à elle comme à la mère de mes enfants. J'ai de merveilleux souvenirs, mais je ne l'aime plus.

– Je pense également pouvoir affirmer qu'il en va de même pour elle. Elle ne m'aime plus. Cependant, lorsque j'y pense parfois, mais très rarement, je me dis :

– Julio mon ami, tu peux parler pour toi, mais comment peux-tu parler pour les autres ? comment peux-tu parler pour elle, parler de ce qu'elle ressent au fond d'elle-même ?

Tout est bien fini, les preuves ne manquent pas. Les caprices du destin pourraient-ils faire que nous nous retrouvions ?

– Pourquoi pas.

– Ce que vous avez vécu pourrait-il se reproduire ?

Je dis carrément non, jamais et je suis sûr de ma réponse.

Mais si l'on me demande de donner un prénom de femme, je répondrais sans hésiter.

– Isabelle.

Mais il ne s'agit pas d'Isabelle, ma femme, mon ex-femme, il s'agit de ma fille, mieux de Chaveli, la femme-enfant de ma vie.

– Et après ?

Je me pose la question et j'y réponds. Je sais que beaucoup de gens dans le monde s'intéressent à moi et se grisent de mes malheurs. J'ai d'autres choses à raconter que ce qui tourne autour d'un prénom de femme. Elle s'appelle Isabelle, mais elle est une autre Isabelle, elle est Chaveli, ma fille.

Ma fille tient de ses parents à part égale. C'est ainsi et c'est normal. Nous pouvons tous deux nous retrouver en elle. Elle ressemble physiquement à sa mère, mais elle tient de moi moralement. Nous éprouvons tous deux les mêmes émotions et j'en suis très heureux.

Mes autres enfants comptent aussi beaucoup pour moi. Je les aime tendrement, mes deux fils. Ils ne sont absolument pas traumatisés par notre séparation. Il n'y a pas de problèmes entre nous. Ils savent qui je suis et ce que je fais. Ils m'acceptent comme je suis. Je peux même dire qu'ils m'admirent et que j'en suis heureux. Je suis en cela le père le plus heureux du monde. Tous ces gens qui m'applaudissent, qui crient lors de mes tours de chant, savent que je suis seul. Ils connaissent mes problèmes, tout au moins ceux que j'ai bien voulu révéler. Je communie avec eux, j'accepte ma condition d'homme public bien que cette condition me pèse et que je sache, au fond qu'on emporte toujours avec soi des secrets dans la tombe. Personne ne dévoile jamais complètement tous les secrets de sa vie, personne ne dit jamais toute la vérité. J'emporterai cette vérité dans ma tombe. Ne pas dire toute la vérité est un droit inéluctable; je garderai pour moi ce que je suis seul à savoir.

Ne me demandez pas pourquoi. Je tiens à emporter ce mystère avec moi dans la mort. Ce secret n'apparaîtra pas non plus dans mes mémoires, ces mémoires que l'on écrit au seuil de la mort, vers quatre-vingt-dix ans, une couverture sur les genoux ou à bord d'un yacht dans les Caraïbes entouré de jolies filles. J'ai le droit de garder quelque chose pour moi, rien que pour moi. Je veux pouvoir crier au monde : « J'ai un secret que je ne révélerai jamais, à personne! » Ce secret concerne-t-il mon amour, moi-même, Isabelle? Je ne dirai rien. Cela ne regarde que moi, et moi seul. On cache toujours des secrets, même dans ses mémoires. Les gens qui prétendent avoir tout dit de leur vie, dans les moindres détails, mentent. C'est faux. Je le sais, moi qui garde pour moi certaines choses. Ces détails de ma vie n'auraient peut-être pas d'importance pour les autres, mais ils en ont pour moi. Ils m'appartiennent. Ils sont à moi. Ils me protègent, ils constituent une sorte de garde-fou symbolique, un gilet pare-balles imaginaire, un bouclier. Ce n'est pas grand chose, c'est fragile, mais c'est à moi. J'aime avoir à triompher des grandes choses mais je redoute ce qui est petit. Je ne serais pas espagnol si je ne pensais pas ainsi, si je n'avais pas cette vertu. Je n'ai pas peur des grandes choses, du moins pas vraiment peur car je peux mieux les dominer que ces petites choses qui font nettement plus mal. Je ne sais pas si je l'ai déjà dit mais dans cette lutte ouverte qu'est la vie, j'ai plus souvent été attaqué par le flanc que de front. Un petit coup d'épingle peut devenir une grande blessure qui s'infecte, se gangrène alors que dans le cas d'une blessure grave et dangereuse, on a recours à une opération pour régler le problème. Ces mots ont-ils un rapport avec notre séparation ? Je dirais que la fin de cette histoire d'amour, qui faisait partie intégrante de ma vie, a fait de moi un père, elle m'a confirmé dans ma vocation d'artiste et elle a eu plus de conséquences positives que négatives. Ce fut le début d'une nouvelle vie, même si les six derniers mois furent épouvantables.

La vie n'est cependant pas faite que d'épreuves. J'ai une autre Isabelle, ma fille, Chaveli. J'ai fait une chanson pour elle, elle la méritait, je la lui avais promis, je me l'étais promis. On me dit que parler ainsi de ma fille dans mes chansons n'est pas bon, qu'elle est trop jeune pour devenir célèbre et qu'il est mauvais de lui donner tant d'importance. A ceux qui m'accusent, je réponds qu'il vaut mieux que ma fille soit connue de tous plutôt qu'ignorée. Je suis avec ma fille le plus heureux des pères.

Les gens qui vivent auprès de moi, qui m'estiment, qui m'aiment, je le pense car pourquoi resteraient-ils avec moi si ce n'était pas le cas, moi qui ne suis pas homme facile à vivre, qui passe de la gaieté à la tristesse, disent que je parle moins de mes deux garçons. Pourquoi ? Parce qu'ils sont plus petits, parce que je les connais moins bien et qu'ils n'ont pas beaucoup vécu avec moi. La vie de mes deux fils est différente de la mienne. J'ai vécu pour ma part de très nombreuses années auprès de mon père. C'est la raison pour laquelle je répondis un jour, au plus grand étonnement de la personne qui me demandait qui je préférais, ma fille ou mon père, sans hésitation et en toute franchise : Mon père, car il lui reste moins de temps à vivre.

Connaissant mon goût pour les phrases toutes faites, les phrases qui sonnent bien, on pourrait croire que ce ne sont que des mots, mais il n'en est rien, ces mots traduisent bien ce que je pense.

L'affection que les parents portent à leurs enfants est différente de l'affection des enfants pour leurs parents. On pourrait penser qu'il s'agit du même sentiment, eh bien, c'est faux. J'aime décortiquer les choses, les analyser, y penser jusqu'à ce qu'il n'y ait plus ni question, ni réponse. L'affection des parents pour leurs enfants est exempte de tout égoïsme, mais non celle des enfants pour leurs parents. Quand un père aime son fils, il le fait sans arrière-pensée aucune, alors que parfois, certains enfants y mettent quelque intérêt. Mais en fait, ces deux formes d'affection n'en forment qu'un tout bien pesé. Je crois que si je devais un jour choisir entre ma fille et mon père, je préférerais purement et simplement qu'on me tue. Je n'insisterai pas, par pudeur, mais ceux qui me connaissent et me fréquentent savent la terreur que m'a inspiré l'enlèvement et la séquestration dont mon père a été récemment victime..

Ce fut sûrement l'un des moments les plus cruels de mon existence. L'une des périodes les plus angoissantes mais aussi les plus perturbantes de ma vie. Sans chercher à outrer mes sentiments je peux dire aujourd'hui que, depuis l'enlèvement de mon père, je ne suis plus le même homme. Je n'ai plus confiance en le monde comme avant et je doute beaucoup plus qu'auparavant. De tout. De tous.

Pourquoi ont-ils enlevé mon père? Pourquoi pas moi? C'est moi qui ai la réussite, l'argent... Je trouve cela incorrect. Anormal. Je ne comprends pas ce qui a fait agir ainsi ces gens-là...

Je n'ai pas, à cette heure, réussi à oublier ces jours passés dans la maison d'Indian Creek, sans savoir seulement si mon père était encore vivant. Toute la famille s'était regroupée là, autour de ma mère. Et cette maison qui vibre d'habitude de musiques, de soleil, de gens qui passent, n'était plus que silence. Nous étions tous à proximité du téléphone et celui-ci ne sonnait jamais pour la bonne cause.

Si je ne suis pas encore remis de cette horreur vécue, mon père, lui, a complètement changé. Il n'a pas surmonté le choc. Il ne travaille plus, il s'est détaché de sa famille, pour vivre ce qui lui reste à vivre de façon mystique...

CHAPITRE 7

MES AMOURS TUMULTUEUSES!!!

Mes quarante et un peu plus d'années de vie sont remplies d'histoires d'amour. Si je feuillette mon petit carnet rouge, je crois bien qu'il y a dans cet agenda plus de quatre cents noms de femmes, avec leur numéro de téléphone et leur adresse. J'ai beaucoup aimé. Bon, j'aime beaucoup, intensément, d'une femme à l'autre, mais je ne suis pas de ces hommes qui méprisent la femme après avoir fait l'amour. Ce qui me plaît, c'est ce qu'il y a d'érotique dans l'amour, mais aussi tout ce qui va avec l'amour, qui en fait une belle histoire. J'ai déjà dit plusieurs fois à qui voulait l'entendre, que j'aimais être entouré de personnes au physique agréable, de belles femmes qui me parlent, me racontent quelque chose et m'accompagnent d'une façon ou d'une autre.

Mais je dois dire que j'aime autant au lever du jour la femme avec laquelle j'ai fait l'amour toute la nuit que la veille au soir. De toute façon, je suis un homme qui a vu très peu de fois le lever du jour. Je sais que c'est bien et mal à la fois. Il y a quelques jours, par exemple, je me suis réveillé sur les flancs des Andes au Chili au chant du coq. C'était une sensation toute nouvelle pour moi et je fus enchanté. Mais ce que j'aime, c'est embrasser une femme sur la bouche, le matin, quand le jour se lève. J'ai lu quelque part, bien que je lise très peu, que l'on montre de cette façon que l'on s'aime plus. Je l'accepte. Le baiser de huit heures du matin, ce long baiser fatigué qui nous permet d'être des partenaires pendant tout le temps, qui est une clé ouvrant le jour me plaît particulièrement. J'accepte de cette façon, je dis que je désire être aimé et aimer pendant plus longtemps. Je n'ai jamais chassé une femme de ma maison après avoir fait l'amour avec elle. Et je n'ai jamais su et n'ai jamais voulu mépriser aucune d'entre elles, quelle qu'ait été son influence sur ma vie. J'aime me montrer respectueux envers la femme, dans tous les sens du mot, mais j'adore également déployer tout l'érotisme que l'amour nécessite et qu'il exige.

Je sais que je raconte là des choses qui me font un peu honte. Je pense néanmoins que c'est quelque chose que je dois dire et que beaucoup de gens désirent savoir. Le matin, à peine levé, je donne quelques coups de téléphone. Mon petit carnet rouge voyage toujours avec moi dans ma petite malette de cuir quand j'en emporte une. J'ai d'ailleurs pris la précaution, pour le cas où je la perdrais ou si elle se trouvait abîmée, de faire une copie de cette liste que je garde religieusement, amoureusement, dans un coin de ma maison, comme un joyau précieux. Je disais que j'appelle au téléphone quelques amies dans le monde entier, à Puerto Rico, au Venezuela ou au Brésil, à Paris ou au Costa Rica, où il y a de jolies femmes. J'aime les femmes qui ont beaucoup de personnalité, qui ont beaucoup de choses à raconter, j'aime parler avec elles longuement, les regarder dans les yeux, les aimer. Et surtout, je dois le dire tout de suite, et c'est une phrase qui revient chez moi comme un leitmotiv, « j'aime qu'elles m'aiment ». Il m'est arrivé de dire qu'à certains moments je me sentais très frivole, mais ce n'est pas vrai. Ce qui me plaît, c'est de rendre les gens heureux et si, en échange, ils me rendent heureux, alors tant mieux.

Je suis bien entendu une personne terriblement créative en amour et je crois, dans ce domaine, ne pas être un classique. Pour moi, l'amour est un acte absolu, totalement artistique. Ce qui compte avant tout, c'est l'imagination. Je sais qu'il y en a qui écrivent que Gardel et Valentino étaient comme ci, comme ça... Je ne sais pas comment ils se comportaient au-delà de la porte de leur chambre à coucher.

La mienne est là qui n'a ni miroirs ni draps de soie noirs, ni jeux de couleurs et de lumière. Mais ce qui est certain c'est que mon corps a besoin de l'amour, de faire l'amour, physiquement, tous les jours, toutes les nuits. Il me faut toujours le faire d'une manière imaginative, respectueuse et en même temps à la fois classique et révolutionnaire, mais correcte.

On dira de moi (surtout une femme) que je suis capable d'entretenir trois femmes et de les aimer toutes les trois en même temps. Bon, peut-être est-ce que je me sens parfois un peu arabe, un peu comme le sheik dont parlent quelquefois les journaux à mon sujet que je sens en moi, mais je n'ai pas de cour. Ce qui me plaît, c'est le jeu consistant à aimer, superficiellement, deux ou trois femmes en même temps. Je n'aimerais pas paraître vaniteux. Non. Ce que je veux, c'est me dénuder un peu devant mes lecteurs pour qu'ils puissent comprendre qui est Julio Iglesias, auquel ils écrivent des lettres d'amour, beaucoup, qui pénètrent parfois à la dérobée, en cachette et se cachent sous mon lit sans que je m'en aperçoive.

Comme ce jour-là dans un village des environs de Valence. Je commençais alors à être connu. Ne voyez surtout pas, surtout vous mesdames, plus de tristesse dans cette histoire qu'il n'y en a, parce qu'elle s'est passée ainsi, un point c'est tout.

Nous venions d'arriver, après avoir chanté, à notre chambre d'hôtel, comme tant d'autres fois auparavant. C'était un de ces hôtels où l'on descend par moments se reposer quelques heures avant de continuer sa route le lendemain. Je me jetai sur le lit, fatigué, me déshabillai et rapidement, très rapidement, en respirant régulièrement, j'essayai de m'endormir. Je n'ai généralement pas besoin de somnifères pour trouver le sommeil, ni d'autre chose que le « désir de dormir ». Il m'arrive parfois d'être déjà endormi avant de toucher l'oreiller, mais cette nuit-là, non. Je sentis brusquement mon dos bouger, quelque chose me courir le long de l'épine dorsale. Je retins ma respiration, ouvris les yeux et pris peur.

– Ça y est, voilà la terrible douleur de l'épaule qui recommence.

Le souvenir de cette douleur me tourmentait profondément. Jamais, sauf très rarement, elle me venait se rappeler à mon bon souvenir. Et ceci était le prologue, ce chatouillement caractéristique que l'on aurait dit provoqué par un million de pieds minuscules me remontant doucement le dos jusqu'aux dernières vertèbres de la nuque!

J'attendis néanmoins avant de décrocher le téléphone. Je pensai qu'il pourrait s'agir, par exemple, de punaises ou de poux ou certains de ces animaux volants ou grimpants que j'ai si souvent rencontrés au cours de mes nuits passées dans tous les pays du monde, et Dieu sait que je n'ai pas toujours rencontré des matelas de plumes sur mon chemin. De toute façon, je retenais ma respiration et j'attendais. Et puis, brusquement, j'allumai la lumière et je décrochai le téléphone :

– Alfredo, viens immédiatement.

Immédiatement, Alfredo Fraile, qui commençait à s'endormir, arriva dans ma chambre en pyjama, enveloppé dans une de ces robes de chambre qu'il affectionnait, alarmé, préoccupé. Il me trouva allongé sur le lit, incapable de bouger autre chose que les yeux, les mains le long du corps, complètement défait.

– Alfredo, mon dos...

– Comment, qu'est-ce que tu me racontes Julito?

– Ça y est, mon dos recommence...

– Veux-tu qu'on appelle un médecin tout de suite, Julito?

Alfredo avait déjà eu à passer quelques-unes de ces nuits de veille au cours de mes premières années de lutte à travers le monde. Il faut dire que je suis tellement sensibilisé à cela et qu'en même temps le souvenir de ces jours est encore si proche où j'étais là, allongé sur le lit, attendant que le gros orteil de mon pied gauche remue; j'avais, j'ai toujours, d'ailleurs, tellement peur de me réveiller un matin et de m'apercevoir que je ne peux plus bouger, que ce n'était ni la première ni la dernière fois que je l'avais appelé, alarmé, pour lui lancer un appel au secours :

– Alfredo, je ne peux plus bouger!

Mon « manager » qui me connaît bien, nota néanmoins mon extrême pâleur. Il attendit un peu avant d'allonger la main vers le téléphone et essaya de me calmer en me disant :

– Attendons encore quelques minutes, Julio, cela n'a peut-être été qu'un rêve.

– Non, ce n'est pas un rêve, Alfredo, mon dos bouge, et cela me terrifie.

Nous attendîmes quelques minutes, la lumière allumée. Mon cerveau envoyait des signaux à ma colonne vertébrale, ce qui est un vieil exercice que je n'avais toujours pas oublié. Je faisais bouger mes pieds, les doigts, tous mes pieds, si laids, si bronzés par le soleil, ces pieds que j'ai regardés tant de fois et qui ont été mon unique horizon pendant les mois les plus douloureux et les plus amers de ma vie.

– On dirait que mon épaule ne bouge plus, Alfredo.

– Ça doit être tes nerfs. Tu t'es encore défoncé en chantant ce soir. Tu as été très bien. Il faut te reposer, dors, essaye de dormir. Si tu remarques quelque chose de bizarre, appelle-moi, mais surtout, relaxe-toi Julio, ne pense à rien, ne te fais pas de souci...

Alfredo Fraile s'en alla. J'éteignis la lumière. Dehors, on entendait le bruit de gens qui allaient et venaient. En été, les nuits de foire et de fête sont longues dans les villages et les villes d'Espagne, comme celles de l'Amérique de langue espagnole. J'attendis un peu sans bouger; seul un rayon de lumière entrait à travers les doubles rideaux. Mon regard fit le tour de cette chambre d'hôtel qui ressemblait à une chambre de motel sur le bord de la route : la glace, dans laquelle je n'avais jamais le temps de me regarder, la table sur laquelle je n'avait jamais écrit une lettre, parce que je n'aime pas beaucoup écrire, la valise ouverte avec les chemises, dont je raffole, bien rangées au fond, les vêtements accrochés dans l'armoire...

Je commençai à m'endormir. C'est bien, Julio, ne t'en fais pas, continue comme ça; un jour tu auras ton appartement à toi quelque part, chaud, tiède, où les fleurs de Pâques ne se fanent pas. Va, Julio, dors, tu l'as bien mérité, tu es attendu demain quelque part...

Et voilà que la douleur dans le dos se réveille!

En fait ce n'était pas vraiment une douleur, on aurait dit un mille-pattes. Le lit semblait bouger. C'est ça, on aurait dit que le lit se mettait à bouger; autant en avoir la certitude. Il fallait attendre. Je retins ma respiration et pensai que dans l'obscurité de la pièce, mes yeux devaient briller comme des rayons laser. Sans plus attendre, je décrochai à nouveau le téléphone de la table de nuit et, sans allumer la lumière, dit :

– Alfredo, arrive tout de suite, appelle un médecin, ça recommence.

J'avais des sueurs froides. J'entendis Alfredo ouvrir la porte contiguë à la mienne et, brusquement, la pièce fut inondée de lumière.

– Alfredo, mon dos bouge... il bouge et je n'aime pas ça du tout...

La vérité, je m'en souviens aujourd'hui avec un sourire lointain, et je ne le raconte pas souvent, c'est que j'étais épouvanté.

– Ton lit bouge, Julio?

– Non, ce n'est pas mon lit, mais mon dos, Alfredo.

– C'est peut-être parce que c'est le lit qui bouge...

Comme un félin, Fraile bondit de l'autre côté du lit et nous aperçûmes brusquement, tout d'abord horrifiés, puis stupéfaits, un pied de femme.

– Un pied de femme!

On voyait qu'elle ne portait pas de bas. Le pied était chaussé d'un soulier blanc. Il faut dire que c'était l'été. On aurait dit un dessin de bande dessinée ou une scène d'une comédie de Claraso ou de Jardiel. Mais enfin, ce pied appartenait bien à quelqu'un. Bien sûr. Il y avait une femme sous le lit. Alfredo la tira de là comme il put. C'était une jeune fille à la chevelure dépeignée; je me souviens encore parfaitement de son visage, de ses vêtements neufs et chiffonnés à la fois. Elle était toute pâle...

– Je voulais seulement dormir avec toi, Julio!

Je me suis souvent demandé pourquoi je n'ai pas dormi avec elle cette nuit-là. Il m'est indifférent que l'héroïne de l'histoire lise cela. Maintenant, peut-être je le ferais. Je sais qu'elle était très jeune. Il y a déjà quelques années que cette histoire m'est arrivée et parfois, je dois le dire, aussi fatigué que je sois, je regarde sous mon lit, où que je me trouve, avant de me coucher. Parfois, si je suis avec une femme, je ne lui dis rien, bien sûr, je relève le couvre-lit et dis négligemment :

– Veux-tu regarder s'il n'y a pas un voleur sous le lit, ma chérie ?

– Oh non!

– Peut-être une femme chasseur d'autographes ?

– Oh, non! Moi, ce sont les cafards des tropiques qui me font peur.

Cette nuit-là, je ne réussis pas à fermer l'œil et, de temps en temps, je pense que je dois être reconnaissant de cette dévotion à ma personne. Je sais que ma mère dit parfois, dans l'intimité des amis de la famille :

– Mais toi, crois-tu que Julio, bien qu'il soit mon fils, est aussi beau que ça ?

Parce que moi je sais que s'il y a un bel homme dans la famille, c'est Carlos. C'est ainsi ; je le cache au plus profond de mon cœur, mais Carlos est vraiment le frère à montrer aux visiteuses et cela, déjà tout enfant. Aujourd'hui encore, quand je le vois près de moi, travaillant dans l'équipe, je le trouve vraiment beau. Il est formidable. Tout petit, je l'enviais et éprouvais de la jalousie envers lui, la jalousie du frère laid, du hideux petit canard (il suffit de regarder mes albums de photos de famille pour m'en rendre compte) envers le cygne de la maison, le beau-frère. Aujourd'hui, j'ai surmonté cela, mais il m'arrive encore, dans un étrange élan de sincérité, de me planter devant la glace et de me dire, en me regardant de la tête au pieds, lorsque j'ai du temps à perdre pour faire ça :

– Mais, Julio... Qu'est-ce que ça peut faire, mon vieux ?

Ce qu'il y a, c'est que je suis très timide et les femmes ont parfois l'impression que je les traite mal. Je ne veux pas être grossier, mais je suis parfois brusque. Peut-être mets-je en pratique ce vieux dicton espagnol qui dit « qu'il faut traiter une femme comme une putain et une putain comme une femme ». Je ne sais pas. C'est ma timidité et parfois un certain complexe d'infériorité, que je reconnais ici, qui font que dans le fond je ne sais pas si cette splendide femme qui m'aime tant, qui est tant amoureuse de moi, ne l'est pas du Julio Iglesias qui chante et non du Julio de quarante ans et plus qui avance dans la vie sur ses pieds affaiblis, le visage marqué et vêtu d'une bonne veste de soie coupée par le meilleur tailleur italien du moment. Ni plus ni moins.

Je ne sais pas, franchement je ne sais pas... mais j'aime aimer, et ce qui m'enchante encore plus, c'est d'être aimé. Je suis toujours aux aguets pour ne pas tomber dans le joli piège, mais en même temps, je cours toujours vers l'abîme, comme la jeune fille qui cherche toujours un premier amour formidable et merveilleux. On m'a parfois demandé :

– Ça te plaît d'être un prince arabe entouré de son harem. ... Il n'y a qu'à te regarder. Ta maison de Miami, ton appartement à l'hôtel, l'endroit où tu passes, on le sait, Julio entouré de belles femmes et parfois d'un groupe d'amis brillants et intelligents. C'est une cour comme en ont les cheikhs du Golfe Persique. Ton pétrole à toi, c'est ta voix... voilà ce que tu fais.

Je dois répondre à cela immédiatement. On dit également que, comme d'autres puissants de la terre, il y a des femmes de la haute société qui voyagent de par le monde et savent détecter pour moi « les trésors des meilleurs femmes de la terre ». Il y avait un empereur, mort maintenant, qui avait divisé le monde en régions contrôlées, régions amoureuses bien entendu, par une espèce de boy-scout du sexe. C'étaient des experts, descendant de familles impériales russes par exemple. Cette histoire m'a été racontée par une femme passionnante, qui me plaît, qui arrive parfois chez moi avec énormément de choses à raconter. Viviane, c'est son nom, une Colombienne elle vit en Angleterre et elle écrit un livre sur sa vie à Aruba; si elle raconte tout, il lui faudra ensuite aller se cacher dans un monastère au fond de l'Inde, tant elle sait de choses et tant elle a vécu d'amours. Viviane, qui a apporté par ici la mode des vêtements pour le soleil que l'on vient de lancer et qui porte mon nom, des vêtements, blancs des Caraïbes pour femme, des capelines de paille de Saint Thomas, des fleurs de soie de Saint Domingue, dit que ces personnages ont existé et qu'ils ont rempli la vie et la solitude de ce roi mort, qui à son tour remplissait la vie d'émeraudes et de rubis merveilleux.

Ce que j'ai vraiment apprécié aux États-Unis, c'est la façon qu'on a eu de me présenter au public par voie de presse. Bien sûr, j'ai tout de suite été baptisé « le latin lover ». Ou « le Valentino des années 80 »... Mais, encore une fois, c'est d'abord l'artiste dont on a parlé et qu'on a écouté. C'est vrai, j'aime les femmes! Je ne peux pas dire le contraire. Mais il n'y a pas que cela dans ma vie!

J'avoue que j'ai parfois été très blessé, en Europe, lorsque je voyais que Julio Iglesias pour les média se résumait à un homme à femmes.

J'adore leur compagnie. Mais comme d'autres aiment le vin. Pas comme des objets, car je ne suis pas collectionneur comme on a tenté de le dire. J'aime profondément les femmes et, je l'avoue, je n'aime pas dormir seul. L'amour, c'est quelque chose de vital pour moi. J'aime donner autant que recevoir et, dans mon métier, il y a un lien étroit entre l'amour et la création. Je ne pourrais pas chanter l'amour si je ne le vivais pas intensément. Car je peux tout planifier... sauf mes émotions.

Mais je ne suis qu'un homme comme les autres. Avec deux bras, deux jambes et seulement vingt-quatre heures dans une journée. C'est vrai, j'ai prêté le flanc à une certaine image... Suis-je pour autant le sex-symbol que l'on dit? Sérieusement, lorsque je me regarde dans une glace, j'ai du mal à y croire!

Bon, j'aime les filles! Ma peau aime les filles, ma tête et mon corps aussi. J'irais jusqu'à dire que les femmes dominent tous mes rêves... Pas forcément parce qu'elles sont belles.

Celles dont je me souviens le mieux ne sont en général pas les plus jolies... Mais tout est un jeu et la plupart du temps ce jeu je le joue avec la presse. Et il faut savoir que si le photographe qui me traque me voit en public avec une fille qui n'est pas aussi ravissante qu'il le souhaitait, il n'appuie pas sur le bouton de son Nikkon! Alors, pour prendre des photos, j'offre aux photographes (et par là au public) des femmes jolies, connues... même si elles me plaisent moins. Ce qui, au bout de quelques années donne une image de moi en amant insatiable. Je n'aime pas trop approfondir ce thème parce qu'à y regarder de près, c'est assez tragique!

Arrêter cela? Je ne sais pas si j'en ai le droit. Je crois, en fait, que c'est l'image que les gens aiment bien avoir de moi. Elle les fait rêver. Cet homme qui a toujours à son bras des filles, plus belles les unes que les autres...

Et puis, pourrais-je arrêter ce mouvement? Lorsque je fais une conférence de presse, je me retrouve en face d'une centaine de journalistes et savez-vous ce que, tous, ils veulent savoir? Où en sont mes relations avec Priscilla Presley, avec Brooke Shield... dans ces moments-là, je me résigne et je leur donne ce qu'ils attendent de moi.

Je ne veux pas essayer de dire ici que tout est inventé par la presse. Il n'y a jamais de fumée sans feu et, c'est de notoriété publique maintenant : j'ai une activité sexuelle très intense. Tout dans ma vie est très intense, alors pourquoi justement pas l'amour?

Je n'existe pas sans amour. J'ai besoin d'aimer et de me faire aimer. La nuit, il faut que j'ai quelqu'un à côté de moi pour que je puisse la toucher, lui parler... J'aime me réveiller, me doucher et prendre mon petit déjeuner avec quelqu'un.

Macho? Je ne sais pas ce que ce mot signifie. Si cela veut dire que j'aime les filles, alors oui, je suis macho. Mais ni crâneur, ni provocateur, ni rouleur...

Je crois sincèrement que je suis tel qu'on me voit. Je ne fais pas de différence entre Julio Iglesias sur scène et Julio Iglesias dans la vie. Je ne me crois irrésistible dans aucune des deux situations. Je suis un homme ordinaire, normal, simple.

Et qui ne se plaît pas tellement, je l'ai déjà dit, sur le plan physique.

Me remarier? Qui sait ce qui peut arriver? On me dit parfois que mon remariage mettrait soixante millions de femmes au désespoir. Cela me fait rire. J'espère que ce n'est qu'une formule! Est-ce que mes fans se fâcheront si j'épouse quelqu'un avec qui je suis heureux? Je ne le crois pas. Ce temps-là me semble révolu... Mais je pense plutôt à la mariée. C'est pour elle que ce sera difficile! Pourtant, je ne veux pas croire qu'il me soit impossible de refaire ma vie... C'est déjà extrêmement compliqué de vivre à deux... On se réveille, dix ans après, et en regardant à côté de soi on se dit : « Qui est cette personne que je ne connais pas? » Et puis, la routine s'installe dans un couple... et l'habitude tue l'amour. Lorsqu'on va sur une plage pour la première fois, cent paires d'yeux vous regardent... La deuxième fois, il n'y en a déjà plus que dix. La troisième fois, on ne vous regarde même plus. Dans le mariage, c'est la même chose.

Mais quelle femme saura me retenir? Quelle femme saura comprendre ce que je suis, ce qu'est ma vie, ce que je peux et ce que je ne peux pas offrir? Pendant mes concerts, je vois devant moi des milliers de femmes qui ne me connaissent pas mais qui rient et qui pleurent par moi... Je les sens très fort, là dans le noir... Et puis, il y a celles que je rencontre, celles qui partagent un peu de mes jours et de mes nuits... Je ne sais pas quelles femmes je préfère entre elles toutes. Les inconnus ou les accessibles?

Je ne crois pas être le seul dans ce cas : tous les hommes (toutes les femmes aussi) préfèrent l'impossible. On se bat toujours avec plus d'acharnement pour ce qui est loin que pour ce qui est près. C'est sans doute une faute énorme que l'on commet là, mais je la fais, moi aussi. Entre les gens qui demandent beaucoup et ceux qui demandent peu, allez savoir pourquoi on préfère toujours celui qui exige davantage?

Je considère que les femmes qui viennent me voir en concert me montrent de l'amour vrai. Aimer, c'est plus important que se faire aimer, et ces femmes-là le prouvent.

Mais j'aime toutes les femmes. Chacune a quelque chose qui lui est propre et qui provoque mon attirance. Ce qui est formidable pour un homme de quarante ans, c'est de pouvoir choisir entre trois générations de femmes. Les jeunes filles sont irrésistibles, les mères merveilleuses et les femmes dites « mûres » tout aussi captivantes.

Je ne crois pas parler ainsi du haut de ma « sagesse » acquise tout au long d'années de pratique... Et d'ailleurs la pratique est une chose qui ne sert à rien en amour. Chaque femme est différente, nouvelle, et l'on arrive en face d'elle comme un puceau. Tout comme elle arrive vierge en face de vous. Je suis toujours comme le premier homme lorsque je rencontre une fille. Et je pense qu'il en est ainsi pour tous les vrais hommes. Tout commence par un voyage, une découverte du corps de l'autre. C'est l'inconnu. C'est un nouveau pays, une terre vierge.

Peut-être trouverai-je un jour parmi tous ces visages tendus celle qui correspondra à l'homme que je suis aujourd'hui. Un homme de la quarantaine, de ma profession, de ma réussite, a besoin d'une femme qui représente quelque chose d'autre qu'une simple belle fille à la peau douce... La tragédie de ma vie (et c'est probablement aussi celle d'autres artistes couronnés par le succès) c'est que dans le demi-jour des salles, devant moi, il s'est certainement trouvé souvent une femme qui aurait pu être la femme de ma vie. Et je n'ai jamais pris le temps de la connaître. J'étais sous le faux soleil de mes projecteurs et je ne l'ai jamais rencontrée. Il n'y a rien que je regrette plus que cela... ces chances perdues en toute conscience.

Je suis furieux quand j'y pense. Je recueille tout : les applaudissements, l'argent, la gloire... mais je manque le bonheur de ma vie...

Il faut sans doute choisir : être une star ou être heureux.

Et pourtant c'est vrai : il y a tant de femmes qui m'aiment dans le monde! Mais qu'est-ce qu'elles aiment réellement en moi? Ma voix? Il y a des centaines de mes collègues qui chantent aussi bien que moi... Mon physique? Ce bonhomme qui perd ses cheveux?

Un artiste a-t-il besoin d'être le meilleur dans sa catégorie? Je ne crois pas. Sinatra n'était pas le meilleur chanteur du monde... Et chacune de mes choristes chante mieux que Barbara Streisand... Mais ceux qui réussissent ont, en plus, des milliers de petites choses qui, réunies, font que cela fonctionne mais qui, prises séparément, ne veulent rien dire.

Quel est le journaliste qui m'a dit un jour que je pourrais tout aussi bien aller voir des prostituées, étant donné les rapports que j'ai avec les femmes : entre deux avions, deux galas, deux hôtels... Je ne sais plus. Mais j'avais trouvé cette idée terrifiante. Aller voir une femme qui demande de l'argent pour me faire l'amour? Je l'ai fait lorsque j'étais étudiant. Et plus d'une fois. Mais une relation avec une femme sans qu'il n'y ait entre nous la moindre parcelle d'amour, cela ne m'intéresse plus. J'ai besoin d'être créatif et l'amour est une forme d'art dans laquelle on se donne de part et d'autre. Le sexe, sans l'amour, je ne peux pas comprendre ça.

J'ai eu beaucoup de filles dans mes bras au cours de ces vingt dernières années, mais, je peux le jurer, il se passait toujours quelque chose entre elle et moi... Dans nos cœurs, dans nos têtes... pas seulement dans nos sexes!

Ce que je dis dans ce livre, je ne le tiens que de mon intuition, ma compagne de toujours qui m'a rarement trahi. Et ça je veux qu'on le sache. Je n'ai pas le temps de lire, et c'est mon intuition qui me sauve. Je ne peux m'en passer. De plus je ne sais pas faire semblant et on s'en aperçoit tout de suite.

Terence Young, le réalisateur, m'a un jour demandé à Miami :

– Pourquoi ne voulez-vous pas jouer la comédie? Je peux faire de vous un acteur merveilleux en très peu de temps.

Je lui répondis :

– Parce que cela ne s'apprend pas.

On naît acteur. Je n'aime pas tellement le cinéma parce qu'il me donne une impression d'irréalité. C'est un sentiment qui est je pense partagé par d'autres. Je me sentirais ridicule si l'on m'appelait par un nom qui n'est pas le mien et si l'on faisait de moi qui suis un chanteur espagnol, un amant grec. Mon public n'y croirait pas. Je parlerai de nombreuses fois dans ce livre de mon terrible sens du ridicule qui est un sentiment espagnol. C'est pourquoi quand je me regarde dans une glace, je veux me voir tel que je suis, moi Julio Iglesias avec tous ses problèmes, toutes ses qualités, ses défauts. Sans oublier les années.

Il m'est arrivé à Caracas une histoire à la fois curieuse et dramatique. Je me regardais dans cette glace dont je me sers parfois pour me repeigner, lorsque le vent, si je chante en plein air, me décoiffe. Sans être le miroir de la belle-mère de Blanche-Neige, il me montre généralement la dure vérité.

J'y vis que le temps avait réellement passé sur moi, que je ressemblais de plus en plus à ma mère. Je ressentis la même douleur que celle que ressent un oiseau blessé à l'aile par un coup de feu. Parce que je vis que cette vieillesse n'était pas seulement une vieillesse de peau, mais qu'elle était organique. Je vis sur cette peau maltraitée, l'âge inexorable de mes poumons, de mes nerfs, de mon cœur... Et pour moi qui suis un homme actif, c'est fatal. Je me fatigue plus rapidement et c'est normal. J'ai vécu durement, tristement, mais avec beauté.

Je prends très peu soin de moi. Tous les jours à onze heures, après la première tasse de café, tasse au filet doré et à mes initiales, prise après un grand verre de jus d'orange, je prends la résolution de changer de vie, de m'occuper de moi, de ne plus penser à trente-six choses à la fois, d'être plus agréable à vivre, de ne plus me perdre dans le labyrinthe des petits détails et de ne plus me sentir ainsi indispensable car il y a une petite phrase qui dit que les cimetières sont pleins de gens indispensables... Mais à la vérité, je ne sais pas modifier ma vie. Je me fatigue plus rapidement. Les moments de dépression sont de plus en plus fréquents, ils rôdent autour de moi, s'installent en moi.

Comme je le disais à Ramon Arcusa lors d'une de nos longues séances d'enregistrement : la vérité, c'est qu'on se fatigue plus à la seule pensée qu'on va l'être.

Mais je veux donner toujours plus. Je sais que je suis un perfectionniste mais ce perfectionnisme qui semble être une bonne chose, finit par me détruire.

Ramon m'affirme chaque nuit, tandis que nous essayons de parvenir à une œuvre meilleure, dans le disque, que « ce que je fais : à cent pour cent, est imperceptible, pour quatre-vingt-dix-neuf pour cent de ceux qui auront à écouter le disque », n'empêche que je veux donner tout à qui veut tout me donner. Je serais incapable d'offrir quelque chose aux autres, au moins dans ceci, qui ne me satisfasse pas entièrement.

C'est une pensée égoïste, mais j'aime embrasser les gens qui me demandent un autographe dans la rue. Je les embrasse sur la joue. J'aime mes « fans », je crois à eux et si on me raconte comme l'autre jour que des jeunes Chiliennes sont allées de Vina del Mar à l'aéroport de Pudahuel à Santiago en autocars, et en faisant de l'auto-stop (ce qui fait quand même cent kilomètres) pour arriver seulement à me voir leur dire adieu de loin, de la porte d'un avion et qu'ensuite elles ont pleuré de tristesse parce qu'elles n'ont pas pu me voir de plus près, je ressens comme une grande amertume et mon désir le plus cher, serait de me rendre à chacune de ces maisons et de frapper à chacune de ces modestes portes, si lointaines, et de serrer dans mes bras celles qui ont tant donné en échange de rien. Je le dis chaque fois que je peux, à haute voix, sur toutes les scènes du monde. Comment ne pas me sentir si triste et si heureux à la fois devant cette fille qui, l'autre jour, vint me dire quand la police essayait de contenir dix mille personnes, qu'elle était religieuse et qu'elle n'était sortie du couvent que parce qu'elle était tombée amoureuse de moi en m'entendant chanter ?

Quel droit avais-je, moi, de changer la vie de cette femme simple qui me regardait tendrement dans les yeux et qui portait une chemisette avec mon sourire publicitaire pour dentifrice ? Quelqu'un qui était près de moi dit :

– Regarde, c'est sœur Hey!

Cela me parut un manque d'amour, de charité. Je voulais en savoir plus sur cette femme, plus que j'en savais, pour lui embrasser les mains pour tout ce qu'elle avait fait pour moi dans sa vie. Cela ne dura qu'une seconde, un court instant.

Tout cela se produit très fréquemment. J'ai des centaines d'histoires de ce genre dans ma tête. Je ne prends pas une seule note, je ne tiens pas de journal.

Peut-être les personnes qui ont été près de moi, m'ont supporté, m'ont enduré, m'ont habillé ou déshabillé, m'ont massé les pieds, m'ont soutenu la tête les jours de douleur, ont vu que c'est pout moi un supplice de ne donner qu'une accolade en l'air, ou un vers écrit pour une chanson, à quatre-vingt ou cent millions de personnes qui ont acheté mes disques, ou payé pour me voir.

S'il est nécessaire de donner des noms de femmes, si je dois en passer par là, il est bien entendu que ce sont des noms de femmes qu'il y a dans ma vie, je dois évoquer Maria.

– Maria ?

– Parfaitement. Maria est mon premier amour, elle a été mon premier amour. Je ne sais pas ce qu'elle est devenue, mais disons que Maria est cette fille de la classe pour laquelle il y en a toujours un qui soupire et qui finit par s'en aller avec un autre qui est plus grand et plus âgé. C'est une histoire qui n'est pas banale, intéressante même. Il y a partout et toujours une femme appelée Maria dans le cœur de tout garçon et encore plus dans le mien, moi qui ai toujours été disposé à aimer, plus alors à aimer qu'à être aimé. Ensuite, la vie se charge de vous changer le rythme des choses.

Comment était Maria ? C'était une jeune fille plus grande que moi, ce qui n'a rien d'extraordinaire compte tenu du fait que je n'ai jamais été un géant et qu'elle a fini par être ma fiancée bien sûr. Peut-être a-t-elle été la jeune fille à laquelle j'ai volé mon premier baiser, celle avec laquelle je me suis promené pendant les premières années où j'ai porté un pantalon long sur le Paseo de Rosales à Madrid, moment si important de ma vie, comme pour ceux qui étaient nés ou avaient vécu dans le quartier.

Ensuite il y a Carmen. Je ne sais pas ce qu'elle est devenue. Disons qu'elle a été un amour turbulent d'homme jeune avec une femme mariée qui était en quelque sorte une amie de la maison. Comme toujours... Il suffit de voir un film italien de l'époque pour comprendre l'histoire. C'est également tout à fait normal, au temps où nous vivons. Je ne sais pas, si je revoyais Maria, si je m'en souviendrais encore. Je ne sais pas non plus si ce qui s'est passé avec Carmen en raison de son caractère défendu... Mais je n'ai pas non plus cherché à en savoir plus sur elle. Pourquoi ? Pour quoi faire ? Je pense qu'elle doit maintenant avoir des petits enfants. Mieux vaut laisser dormir ce souvenir.

Gwendoline par contre fut très importante pour moi. Elle fut ce qu'il y eut peut-être de plus important dans ma vie. C'était la première fois depuis mon accident. Et mon premier amour en liberté. Gwendoline était belle, très belle. Elle était d'une famille noble d'exilés russes. Peut-être la nièce d'un prince. De type slave; pommettes saillantes, yeux gris acier, blonde. Je dois vous dire que je n'ai jamais aimé de plus belle femme. Je pense souvent à elle et j'ai envie de faire un geste pour me rapprocher d'elle. Mais je n'en fais rien. Je sais où elle est, mais je veux qu'elle reste dans mon esprit vive et fraîche comme une rose. Mais son souvenir me fait parfois très mal comme une brûlure.

Gwendoline a changé ma façon de vivre. C'est une jeune fille une femme ravissante. Je conserve rarement les photographies des gens et je n'ai aucune photo de Gwendoline. Si je voulais un jour faire un album avec les photos des gens que j'ai le plus aimés dans ma vie, il me faudrait rechercher dans les magazines d'il y a vingt ans la photo de Gwendoline que j'ai tant aimée et qui m'a tant aimé.

C'était une Française type, sympathique, ouverte, introvertie, romantique. Elle avait dix-huit ans. Et si je devais résumer en une phrase tout ce qu'elle a représenté pour moi je dirai :

– Quel dommage que le temps et l'amour n'aient pas coïncidé!

Je crois que les choses se sont passées quand elles le devaient, mais je ne sais si le moment était le bon. Qu'arriverait-il aujourd'hui si Gwendoline venait à entrer?

Rien je crois au fond. Je pense en fait seulement à elle quand on me pose des questions à son sujet. Et parfois aussi lorsque je veux ralentir un instant la course du cheval fou de mes pensées en évoquant l'époque où j'étais étudiant. J'avais choisi d'être libre, mon père m'avait donné son accord; je pouvais même aller étudier à l'étranger si je le souhaitais. Ce fut pour moi extraordinaire de partir pour un autre pays. J'en parle dans une chanson qui a été selectionnée pour l'Eurovision en Hollande. C'est la chanson qui s'est le plus vendue en Europe cette année-là.

Tout au fond de moi
je garde la chaleur
que tu m'as donnée,
Je garde ton amour
tout au fond de moi
qu'il vive encore
mourant d'amour
mourant pour toi.

comme les vagues
cherchent la plage
Comme un marin cherche
son port
j'ai cherché en mon âme
voulant te trouver
et je n'ai rencontré que ma solitude.

Tu es loin de moi
si loin de moi
mais en dépit de cela et des autres baisers
peut-être que Gwendoline
tu te souviens encore du
temps de notre amour
tu te souviens encore de moi

J'ai demandé au silence
de me parler de toi

j'ai erré dans la nuit
voulant t'écouter dans
le murmure du vent
et je l'ai entendu dire
ton nom : Gwendoline.

Je sais que cette chanson n'est pas un poème de Verlaine, les vers sont bons et je n'ai pas à en avoir honte. Je l'ai écrite avec mon cœur, mon âme. Je voulais me souvenir de Gwendoline, mais ne garder d'elle que son image le jour où nous nous sommes dit adieu. Je l'ai revue, par la suite à Paris. Mais nous n'avons pas voulu jouer avec le feu. Adieu Gwendoline. Adieu.

Si je ne peux pas oublier Benidorm, je ne veux pas oublier Gwendoline.

C'est vrai. Il y a dans ce livre un chapitre entièrement consacré à Isabelle. Car elle a rempli ma vie pendant de nombreuses années. Isabelle, c'est autre chose. Quant à Sidney Rome, je l'ai vue, pour la première fois, il y a dix ans, comme tous ceux de mon âge sur des photographies. Elle était pour moi le type même de la femme séduisante. Elle me fascinait, elle me fascine encore. Je fis sa connaissance il y a un an et demi à Paris. La réalisatrice de l'émission de télé à laquelle je participais m'avait demandé si je voulais faire sa connaissance ? J'avais répondu que j'en serais enchanté.

Nous nous sommes ensuite revus, en Italie dans un restaurant. Je fis tout pour me trouver à côté d'elle. Sidney avait eu une vie sentimentale assez agitée. Sa vie amoureuse fut complexe. Elle a de si beaux yeux ! Elle est pleine de vie. Elle sème la joie partout où elle passe. Quand je fis sa connaissance, son mariage était à la dérive, et je ne voulais en aucun cas lui faire de mal. Tout le monde connaissait la situation. Je ne suis pas responsable de cette rupture. J'entrais pourtant dans sa vie. Dès le premier instant, nous nous sommes bien entendus, nous avions les mêmes goûts et en dépit de nos occupations respectives, nous nous sommes efforcés de nous voir le plus souvent possible. Nous avions chacun notre vie absurde ou belle, mais bien distincte. Ce n'était pas facile pour nous de nous rencontrer, mais nous le faisions dès que nous en avions la possibilité. C'était merveilleux. Nous nous aimions. Je sais de quelle façon elle a traversé le Liban sous les bombes, pour venir me rejoindre à Baalbek. Je sais qu'elle a mis sa vie en danger; – elle est juive; – en venant me rejoindre, cachée dans un camion et habillée en mécanicien. Elle ne sait pas que je suis au courant de tout cela, mais ce fait seul suffirait pour que j'éprouve pour elle des sentiments. Nous avons connu de longues heures de bonheur. Nous nous téléphonions souvent. A Baalbek, nous fîmes dans les ruines de magnifiques photos. J'étais devenu le fils du désert et elle était la plus belle bédouine qu'on ait jamais vue. Ces photos firent le tour du monde.

Nous avons ensuite beaucoup voyagé ensemble à travers le monde et joué à cette occasion quelques tours pendables dont je ris encore. Nous avons par exemple transporté de France en Amérique le chien « Hey », qui est aujourd'hui un fidèle compagnon de mes solitudes en Floride, et qui fait tout ce qu'il veut dans ma maison. C'est le chien qui a franchi le mur du son en « Concorde », le premier à voyager ainsi dans l'histoire de l'aéronautique. Dire que le commandant de bord était emballé serait exagéré, mais c'était un cadeau de Sidney et je n'avais pas d'autre solution que de l'emmener avec moi, bien que ce soit au bout du monde.

Je ne sais pas si cela plaira à Sidney mais chaque fois que je vois « Hey » si affectueux, bien qu'il me salisse le tapis, qu'il ne fasse que ce qui lui plaît et traîne mes chaussures dans tout le salon devant mes visiteurs, je la revois. C'est comme si Sidney avait mis ce chien dans ma vie pour que je ne l'oublie pas facilement. La vérité, c'est que je ne désire pas l'oublier non plus. Il me revient parfois, de Dieu sait où, des souvenirs d'elle, où je la voix apparaître dans une revue, souriante et vivante. Je me réjouis de la voir heureuse. Je suis parfois tenté de l'appeler au téléphone, mais je ne le fais pas. Cela a été une belle histoire d'amour que tous les « paparazzi » du monde ont mal interprétée. C'était néanmoins, et c'est toujours, une belle histoire qui a plu aux gens et m'a laissé dans la bouche une douce saveur. Peut-être, un jour, si nous le désirons, nous reverrons-nous, mais actuellement, la distance est ce qui m'unit le plus à Sidney. En outre, ce chien à la pelure blanche parsemée de taches noires, qui est toujours avec moi, qui m'accompagne lorsque je vais me promener et me connaît comme peu de gens au monde, est un fidèle et loyal compagnon. Ce pointer a eu une enfance merveilleuse. Il a grandi en mangeant des croissants de l'hôtel Hilton à Paris. Maintenant il batifole dans le jardin de la maison de son maître, un bas de femme dans la gueule. A vrai dire, je ne sais pas s'il le fait exprès pour m'embêter...

Je dois également dire très franchement que cette histoire s'est terminée parce qu'elle devait se terminer. C'est aussi simple que ça. Roman Polansky m'a parlé de Sidney au Brésil. Au milieu de tout ce bruit, des maracas, des sambas magiques, je dois avouer qu'entendre son nom m'attrista un peu. Je ressentis le désir de l'appeler par l'interurbain en Europe, mais si elle n'était pas dans sa maison de Rome ? Où pouvait bien se trouver Sidney en ce moment ? En définitive, je me laissai emporter par la musique, les filles à la peau brune, Régine qui était à côté de moi, et Pelé, qui me souriait joyeusement, et par Polansky, toujours accompagné par une fille beaucoup plus jeune que lui, beaucoup plus grande et bien entendu beaucoup plus jolie... J'ouvris les fenêtres qui donnaient sur la baie, respirai fortement et n'allai pas chercher le petit calepin rouge sur lequel j'inscris mes numéros de téléphone.

De toute façon, je dois avouer que le numéro de téléphone de Sidney à Rome, tout du moins son ancien numéro à Rome, je le connais par cœur.

Mais tout a une fin. C'est, une fois de plus, dû aux circonstances, à ce destin à la fois maudit et béni qui unit tout et sépare tout. Sidney et moi avons été séparés par la distance et par la différence de travail. Les compromis et les kilomètres ont peut-être tué une magnifique histoire d'amour qui s'est terminée d'une façon heureuse.

Il y a un vieux proverbe qui dit « loin des yeux, loin du cœur » et aussi cette chanson qui dit que « l'oubli est dans la distance », ce qui fait que chacun dépeint sa vie comme ça lui chante, mais je m'en souviens très bien parfaitement même. Elle parle comme les Italiens et pense comme les Américains. Ses mouvements ont quelque chose de latin et elle pense comme les Anglo-Saxons, ce qui donne un mélange formidable...

Après, il y a Maria, une autre Maria et Rina, Rina, oui, et Jeannette et Sheral, qui est un modèle américain merveilleux et Davi et Potamo, une ravissante miss Univers, grâce à laquelle j'ai gardé un souvenir inoubliable d'un voyage en Australie, où nous avons fait partie du jury qui élisait Miss Monde et où nous avons vu les étoiles les plus froides et les plus proches, à l'endroit où le skylab est tombé. Je dois mentionner sur la plage de sable de ce livre le nom de Monique, qui a été un être cher dans ma vie... Monique a écrit une page vivante et émouvante dans mes amours. Comment pourrais-je l'oublier ?

Tous ces noms de femmes ne sont, bien entendu, que des pointes brûlantes sur le volcan que semble être mon cœur. Je ne veux pas parler ici de pointes d'iceberg, loin de là, parce que mon cœur n'est pas glacé, mais brûlant. Je les ai toutes aimées entièrement et totalement, même quand cela n'a été qu'un instant, respectueusement, sachant qui j'aimais et comment j'aimais.

Je sais qu'il y a beaucoup d'autres noms et je sais que certaines se sentiront peut-être plus tranquilles de ne pas être citées et que d'autres se sentiront frustrées de ne pas figurer dans ce journal dans lequel j'ouvre tout grand les portes de mon cœur. J'ai beaucoup aimé et je sais que je vais aimer encore plus.

Comment, par exemple, oublier « La Flaca » ? (la maigrichonne). Elle a traversé ma vie dans les moments les plus difficiles avec son corps impressionnant. D'origine autrichienne, elle est née au Venezuela, mélange de la race et de la caste européenne avec la fleur sauvage américaine. Elle m'adorait et passait beaucoup de temps auprès de moi. Elle est d'ailleurs aimée de tout de monde. Elle est attentive à mes moindres désirs. Peu nombreux, très peu nombreux sont ceux qui l'ont photographiée à mes côtés et pourtant elle est restée avec moi longtemps. Elle s'appelait Virginia et avait un nom impossible à prononcer du nord de l'Europe, mais elle vivait au Venezuela. Elle s'occupa de mes plantes, s'habilla comme une gamine et il n'y a pas une miss Univers qui ait un aussi beau corps qu'elle. Je l'ai appelée « La Flaca » et c'est ainsi que j'ai baptisé le bateau de huit cents chevaux qui est y a sur mon petit quai.

« La Flaca » m'aima d'une manière totalement désintéressée. Parfois, je pense que l'on doit se fatiguer d'aimer tant et en échange de si peu, recevoir. Quand un ami me demande :

– Mais toi, est-ce que tu l'aimes vraiment ?

– Oui, je peux dire que je l'aime bien.

Et je mets dans cette réponse l'essence même de ce qui est l'amour à l'espagnole, en disant : « je l'aime bien ». Je ne dois cependant pas oublier que c'est Isabelle qui a rempli ma vie le plus longtemps, qui m'a donné trois enfants et que jusqu'à présent, c'est elle qui est mon histoire la plus importante, mon amour le plus total. « La Flaca », c'est autre chose. C'est comme Monique... Monique, l'hôtesse de la KLM, la Hollandaise si jolie, si... Comment oublier Monique ?

Je sais que « la Flaca » souffre beaucoup, qu'il y a beaucoup de choses me concernant qu'elle ne comprend pas, qu'elle épie parfois en silence mes mouvements comme la femme amoureuse son Don Juan, ce que je ne suis pas. Je sais que physiquement, c'est une femme splendide, très jeune, qui consume sa magnifique jeunesse à mes côtés, qui se consume comme un papillon autour de la tulipe ardente de ma vie, toujours de-ci, de-là... qui m'attend éveillée, qui... Mais un jour, peut-être, qui sait...

On a parlé, aussi et beaucoup de Priscila Presley. Pour moi, elle signifie beaucoup, beaucoup plus que la veuve d'Elvis. Quelqu'un a écrit à son sujet, et cela m'a plu qu'on le dise : « la femme qui a dormi avec un Dieu ». Elvis a été un dieu de notre époque. J'ai peu dansé le rock, mais il a été, pendant ma jeunesse, comme un astre lointain. J'ai fait la connaissance de Priscila par une belle nuit, fascinante, peut-être arrangée par mes collaborateurs, dans ce salon avec un piano à queue, face au Pacifique, très proche de la maison où Pablo Neruda a écrit ses plus belles chansons d'amour. Il y avait des bougies allumées et des roses fraîches. Je jouais une musique qui n'était pas une musique de festival. Je l'avais invitée à être l'une des participantes de l'un des spectacles que je présentais chaque soir à Viña del Mar, de la maison d'un vieil ami, pour la chaîne nationale de télévision, celui qui est bien connu pour parcourir constamment la terre en tous sens des hauts déserts d'Afrique au froid constant du pôle Sud. Je connaissais un petit peu Priscila; je l'avais vue dans un programme de télévision qu'elle réalisait tous les dimanches après-midi, tard dans l'après-midi, et qui était diffusé de Los Angeles à New York, qui l'a rendue si populaire. Je sais en outre certaines choses sur elle grâce à un dossier complet que l'on m'avait remis d'urgence. Je dois dire qu'elle me plut immédiatement. Je l'attirai contre moi et l'embrassai sur les joues, qui étaient fermes et tièdes. Elle était accompagnée par son impresario, son manager et l'épouse de celui-ci, une blonde Américaine qui ressemblait beaucoup à la femme d'Alain Delon. Ce fut une belle nuit, une nuit magnifique. La conversation avait lieu en anglais. Elle m'apparut tout de suite fascinante, tout simplement fascinante. Je la vis comme il fallait la voir, comme je devais le faire, sans le fantôme vêtu de paillettes d'Elvis, qu'il repose en paix. Je vis Priscila tout simplement comme la fille d'un colonel américain qui vivait dans une maison confortable à Berlin, l'épouse d'une des plus grandes idoles de son temps. J'essayai, ce jour-là et les jours suivants, de me glisser dans son cœur. Nous avons dansé ensemble un rock endiablé et il s'est bien sûr trouvé un journal européen pour écrire immédiatement en gros titres : « Priscila apprend à Julio Iglesias à danser le rock. » C'était normal. Priscila est un symbole pour les jeunes Américains, pour ceux d'alors et ceux de maintenant, car le rock redevient actuellement à la mode. Ce qui me plut chez Elvis, ce fut par exemple sa voix envoûtante, son tremblement galactique, sa façon de frapper d'étonnement un pays aussi grand, aussi immense, aussi méthodique et aussi conservateur que les

États-Unis d'un simple mouvement de hanche. Je me souviens que quand Elvis est mort, je fus étonné d'entendre qu'on l'appelait « Penis Presley » parce qu'il dansait comme personne, avec le sexe, à une époque et en un lieu où des gens âgés s'accrochaient à un passé et à une forme de vivre.

Tout cela, j'ai voulu me l'ôter de la tête tandis que je parlais avec Priscila, et j'y suis parvenu. Ce n'était pas seulement une veuve merveilleuse, mais aussi une femme qui savait lutter, qui voulait aller de l'avant et s'en tirer. Le lendemain de la mort du père de sa fille, elle qui s'était séparée d'Elvis depuis plusieurs années, s'en alla à la porte d'une église prier pour je ne sais quelle cause bienfaisante et pour la paix. Ce qui me plaît en outre chez elle, c'est qu'elle aime les animaux, et que je n'ai jamais tué un animal de ma vie. Je l'aime parce qu'elle adore la nature, son indépendance; elle ne cherche peut-être pour le lendemain qu'une place au soleil à Bora Bora et elle envoie sa fille, pendant six mois en Israël pour qu'elle y étudie et travaille comme les filles des soldats et des paysans juifs. J'aime qu'elle veuille rompre avec son passé et qu'elle veuille avoir le droit de vivre son présent et d'être maître de son avenir.

J'ai beaucoup apprécié qu'elle soit près de moi pendant ces jours magnifiques et épuisants que j'ai passés au Chili. J'allais faire du cheval avec elle, mais je dois dire que je monte mal à cheval; j'avais revêtu un poncho de paysan chilien et lui demandai de m'accompagner à un rodéo qui avait lieu au pied des Andes; je l'invitai à ma table plusieurs jours, la pris par la ceinture plusieurs nuits et l'embrassai quelques fois. Elle s'en alla et nous nous séparâmes avec une certaine tristesse. Une fois de plus, nos chemins se séparaient. Il y a des gens, dans son entourage, qui ne veulent pas qu'elle parle avec « l'Espagnol », avec Julio. Peut-être craignent-ils qu'il « puisse se passer quelque chose ». Bien. Il est fréquent que je reçoive à la maison des roses avec une carte d'elle. Je lui envoie également des fleurs à Los Angeles où elle habite. Nous savons bien tous les deux, chère Priscila, toi qui a les plus beaux cernes sous les yeux que j'aie jamais vus, Américaine pure au cœur vaillant, que si cette histoire que nous sommes en train de vivre, nous voulons la vivre en duo, nous devons la vivre ensemble, tous les deux. Et je le dis sans jeu de mots. Pour vivre une histoire d'amour, il faut être deux, on dit même parfois qu'il faut être trois, n'est-ce pas? Eh bien, nous deux Priscila, toi et moi, nous savons ce que nous voulons, nous ne sommes plus des enfants, nous avons vécu d'autres histoires d'amour et si, un jour, les circonstances viennent à nous rapprocher à nouveau, comme elles semblent vouloir le faire... pourquoi ne connaîtrais-je pas, pourquoi ne connaîtrais-tu pas, pourquoi ne connaîtrions-nous pas cet amour dans notre vie?

Il suffirait que nous puissions nous parler seuls, en tête à tête pendant une petite heure, ce que, bizarrement, nous n'avons pas encore pu faire; il suffirait d'une fin de semaine dans cette île dont nous avons plusieurs fois parlé et où je peux m'acheter une maison en bois blanc comme celle des romans de Tennessee Williams, où ont déjà grandi les palmiers et les cocotiers, parce que je n'ai pas le temps de les voir pousser et que j'en ai besoin maintenant, d'urgence, à l'instant même, pour que toi et moi nous puissions entreprendre ce que nous voulons entreprendre... N'est-ce pas ainsi, Priscila? N'est-ce pas ainsi?

Je sais que cette idylle est là. C'est un fruit que nous pouvons prendre en même temps. Je sens, j'ai la sensation, et je sais que mon intuition me fait très rarement défaut, que nous nous tendons la main en même temps. Rien ne me fait agir, dans ce conte, qui ne soit biologique et humain.

Je ne recherche aucune publicité, je n'ai pas besoin d'inventer quoi que ce soit, cela n'est nécessaire ni à moi ni à elle. Si, en dehors de nous deux, il y en a qui le désirent, qui le recherchent, rien n'est plus éloigné de nous. On nous a fait jouer avec le feu, mais nous sommes en âge de prendre nos propres décisions. Nous avons tous les deux le cœur brisé et un peu ouvert à la fois. Qui peut arrêter ce qui est écrit dans le vent?

Ce ne sont pas des paroles en l'air. J'ai écrit ce que je ressens, juste au moment où venait d'éclater dans les journaux ce que l'on appelait déjà l'idylle de l'année. Mais n'ont-ils pas déjà dit la même chose le jour où je me suis laissé photographier à côté de la fille de Sadate en Égypte ? N'ont-ils pas dit la même chose quand, j'ai chanté « Minuetto » à l'oreille, par exemple, de Caroline de Monaco, la nuit du « Grand Gala de la Croix-Rouge » ? Le monde est rempli de cœurs connus et brisés et il n'y a pas d'histoire plus grande que la vie elle-même.

Si Priscila le veut, et moi je le désire, personne ne va essayer de nous empêcher d'atteindre ce fruit, de mordre dedans ensemble. Ce serait autre chose si cette pomme mourait rapidement, si nous dévorions immédiatement sa couleur et sa saveur, si son jus était acide ou doux et si nous ne tardions pas à lancer son cadavre sur le dépotoir quotidien de la vie, de l'oubli. Ce ne sera pas comme ça, Priscila, toi qui m'ouvre, sans que je te l'aie demandé, les portes des États-Unis, ces portes difficiles à franchir du marché du disque américain. La clé est à portée de ma main, et c'est ce que je désire le plus au monde et si je devais pour ça sacrifier ma vie et la plus belle page de ma vie pour y arriver, je le ferais sans que ma main tremble. Ce qu'il y a, c'est que Priscila est jolie, magnifique et que moi, une femme laide peut me plaire, pas entièrement laide, à vrai dire, un peu laide seulement, pas totalement, belle en un certain sens, d'une beauté intérieure, cette beauté qui parfois vient du plus profond de l'âme. Je dirai ce que disent les vieux Espagnols : « Il n'y a pas de femme laide ». C'est la vérité, je n'ai pas besoin qu'elle ait une plastique splendide, mais il faut qu'elle ait de la personnalité, qu'elle ait ce qu'il faut aux bons endroits, à l'intérieur comme à l'extérieur, ce qui se voit et ce qui ne se voit pas, et je ne parle pas seulement des attributs physiques. Je sais que beaucoup de gens seraient surpris d'apprendre quel est le type de femme qui me plaît, parce que certains se sentiraient déçus par mes goûts. Je dirais plutôt qu'elles me plaisent toutes, et c'est la stricte vérité.

Une journaliste qui, ces derniers temps, m'a accompagné pendant longtemps au cours de mes déplacements et qui voulait raconter dans sa revue comment j'étais dans mes relations avec les femmes, me posait des questions de ce genre :

– Pourquoi aimes-tu les femmes, Julio ? Les aimes-tu seulement pour qu'elles t'accompagnent ?

Et je lui répondais invariablement :

– Pour les serrer dans mes bras, pour partager leur vie, pour ne pas être seul.

– Uniquement pour ne pas être seul ?

– Non, ce serait très égoïste, d'un égoïsme insupportable de ma part si c'était la seule chose que je recherchais dans la compagnie d'une femme. Je désire de tout cœur partager ma solitude, mais également tenir compagnie à la sienne. Une des choses qui me plaisent en ce bas monde, c'est tenir compagnie à quelqu'un.

Ce que je lui avouai, surprit beaucoup la journaliste, et elle en fit les gros titres de sa revue. Je dois d'ailleurs avouer que je reçus aussitôt des centaines de lettres dans lesquelles des femmes me criaient des cinq continents : « je suis seule, je suis ta compagne idéale, viens me chercher. » J'aime lire toutes les lettres qu'on m'écrit et, si je peux, répondre à certaines et, parfois, lorsque cela m'est possible, mû par une sorte d'instinct, j'utilise mon compagnon, mon confident permanent, celui qui me fait très rarement défaut, le téléphone.

Ce téléphone qui me rapproche de mes amours noires, blanches, jaunes, rouges, de toutes les couleurs. J'avoue à nouveau que je suis un homme qui a connu beaucoup d'amours dans sa vie et que, parfois, cela me donne le vertige d'y penser, mais je ne les collectionne pas. Et je dois ajouter tout de suite que j'aime, même si cela ne dure qu'une seconde, mais que j'aime et que quand je dis : « je t'aime », aussi éphémère que cela soit, je le pense de tout cœur et je suis sincère. Je suis comme ça, je n'y peux rien.

Il y a des fois où les comparaisons me préoccupent. On me met, par exemple, depuis peu, avec une certaine insistance, sur le même pied que Rudolf Valentino. Quand je le lis, je ressens comme un frisson bizarre. Je ne le mérite pas, mais je me sens flatté, parce que je sais ce qu'a représenté Valentino au cours des années trente pour beaucoup de gens. Je n'ai jamais rien lu sur sa vie et je ne veux rien savoir de lui. J'ai peut-être vu une fois une photo de lui couleur lilas, à cheval, une de ces photos que l'on voit dans la presse du cœur. D'un autre côté, on dit que Valentino, bien que grand amoureux, n'a jamais été véritablement aimé. Peut-être ai-je quelque chose à voir avec cela ? On m'a également dit qu'il était homosexuel. Ce n'est pas mon cas... Comment, alors, accepter le défi d'être le nouveau Valentino, l'étiquette que l'on veut me coller à tout prix ? La seule chose que je sais, c'est que le jour où, à Balbeek, Castellvi me demanda de m'habiller en « fils de sheik » pour me photographier ainsi à côté de Sidney, je ressentis une certaine honte, comme un malaise et chaque fois que je me vois sur les diapositives en couleurs qui ont été prises alors, j'ai l'impression d'avoir usurpé quelque chose à celui qui fut « le plus grand mythe de son temps ».

La légende ? C'est comme un puits sans fond dans lequel on n'arrête pas de puiser sans qu'on le désire. C'est un cancer merveilleux qui me mine, qui est en train de me ronger. Je le regrette. J'aime beaucoup faire la couverture d'une revue, énormément, mais maintenant j'aime mieux, beaucoup mieux que l'on écrive sur moi quelque chose qui me donne le frisson ou la fièvre. On n'est pas maître de son destin. Pourquoi est-ce que je viens de refuser, aujourd'hui même, un contrat de sept jours à Las Vegas ? Pourquoi ne suis-je pas allé, l'autre jour, jouer au tennis avec Barbara Sinatra, à cette fête à laquelle sont venus les plus grands noms de l'Amérique du Nord ? Pourquoi ne suis-je pas allé au rendez-vous avec les Oscars avec Pavarotti, que j'admire tant, bien qu'il s'agisse seulement de remettre le prix de la meilleure musique ? Pourquoi, lorsque le téléphone a sonné et qu'à l'autre bout du fil la femme du président Sadate m'a invité à la représentation de l'œuvre théâtrale de Liz Taylor à Washington, à laquelle les Reagan assisteraient, ne suis-je pas allé à ce rendez-vous auquel des milliers de personnes auraient été folles de joie de se rendre ? Pourquoi y a-t-il une main qui m'encourage et qui me pousse à aller vivre définitivement à Malibu ou à Beverly Hills où les meilleurs agents de relations publiques et les meilleurs détecteurs de talents de l'époque me cherchent une maison ?

Je sais qu'il suffit de dire non à la légende pour qu'elle vienne. Madrid vient de m'offrir de chanter pendant trente jours au mois d'août en échange de cent millions de pesetas, en gros un million et quelques de dollars. Pas question. Je préfère aller en Espagne six jours, incognito si possible, manger des fruits de mer dans un paysage de pierre et de brouillard, en Galice, où j'ai mes lointaines origines celtiques, où j'écoute de la cornemuse, ce qui, des jours durant, me rend nostalgique.

Je suis incapable de résister à un sourire, aussi modeste soit-il. J'ai signé des autographes sur la peau de nombreuses femmes et j'en ai signé un, un jour, sur la paume de la main d'une jeune fille atteinte d'une maladie incurable qui agonisait, mais je veux être fort. J'insiste sur ce point, je ne veux pas être une légende. je veux vivre, je veux rayonner, partager cet étrange éclat que j'aurais, selon certains, ce qui ne manque jamais de m'étonner. Mais c'est la même chose, peut-être que je ne le mérite pas. J'ai dans le dos une horrible cicatrice, des pieds décharnés, je perds facilement l'équilibre, il m'arrive parfois de me mettre à crier quand je suis seul pour essayer d'entendre ma propre voix et si j'ouvre tout grand la bouche, je sais que l'on aperçoit mes dents en argent. J'essaie cependant d'apparaître aux gens comme ils attendent que je me montre à eux. Je ne veux pas les décevoir. Que Dieu me vienne en aide... Ils ont le droit de me voir comme ils veulent que je sois, non comme je suis réellement. C'est ce qui me vaut cet énorme sentiment de ridicule. Le mythe s'amplifie autour de moi, je le vois grandir comme un lierre géant, comme une plante carnivore qui voudrait en finir avec moi, ou faire de moi beaucoup plus que je ne suis.

Ce que je voudrais, c'est faire rehausser les murs de ma maison de Miami. Il y a des jours où je ressens une sorte de phobie. Les murs d'Indian Creek, où je vis, sont hauts, personne ne peut les franchir. Les volets électroniques des grandes baies vitrées qui donnent sur la mer sont presque toujours fermés. Il y a des gens qui surveillent ma maison. Je veux préserver mon intimité. Le jour où l'on a tué John Lennon, j'ai senti un grand froid m'envahir et j'ai été parcouru par un frisson de la tête aux pieds, non pas parce que j'ai pensé qu'il pourrait très bien m'arriver quelque chose un autre jour, une autre nuit, en sortant ou en entrant de chez moi, entouré ou non de gardes du corps, mais parce qu'il y a des gens qui sont capables de vous tuer le sourire aux lèvres, pour un autographe, pour ce seul et unique motif et pour rien d'autre.

Il y a quelques jours, une revue espagnole a parlé de mon enlèvement possible. J'ai ressenti plus de peur pour les miens que pour moi-même. Je sais que quelque part, à cette heure, il y a des gens qui pensent à moi je ne dirai pas de façon négative, mais un peu plus forte que cela. Une main que je n'ai pas vue et qui se tend vers moi, désespérée, un autographe non envoyé à un admirateur lointain, un collectionneur de sourires qui se croit traité en quantité négligeable sans que je le sache, ce fétichiste auquel je n'ai pas donné un bouton de ma chemise, que sais-je! Peut-être est-il en train de penser à me tuer, que je l'ai trahi... La femme qui m'écrit cette demi-douzaine de lettres d'amour impubliables, et dramatiques, le vieil admirateur passionné qui vit seul dans une mansarde et qui, sous son lit, garde jalousement dans une valise tout ce qui a été publié sur moi, celui qui me regarde tous les soirs avant d'aller « au lit » rêver les yeux ouverts, celui qui se sent dépité pour quelque chose que je ne lui ai pas fait, ou le regard éperdu de sa femme, suspendue à mes lèvres pendant mon tour de chant, le fiancé qui sait que sa fiancée cherche, en pleine nuit, à parvenir jusqu'à moi et essaye de franchir le cordon de policiers en faction devant mon hôtel...

Fous et sages, merveilleux admirateurs qui m'aiment et me réclament chaque jour. Ils sont constamment avec moi, je sais qu'ils sont là, dans l'ombre et que jusqu'à présent, je me suis toujours déplacé entouré de gens au cœur chaud et aux sentiments de feu. Ceux qui s'accrochent à la manche de mon costume, que je viens à peine d'étrenner, qui me tirent les cheveux, parmi les clameurs de la foule, celles qui veulent m'étoffer de baisers sur-le-champ... ou celles qui, dans l'intimité de leur chambre, enfoncent dans leur poupée en chiffon des épingles et des aiguilles, des dagues et des poignards, ou des ciseaux ouverts, et je le sais, parce que je le ressens parfois dans ma propre chair qui me fait mal lorsque, dans la solitude de leur maison, elles s'adonnent à ces pratiques parce qu'elles veulent que je n'aime que ce qu'elles aiment.

Comment aurais-je pu me refuser à cette femme qui, une nuit, m'attendit dans la pénombre, dans la chambre de la suite que j'avais louée à l'hôtel de Paris, et qui, lorsque tout le monde fut parti, se montra à moi entièrement nue? Elle n'était plus tout à fait de première jeunesse et sa chair portait les traces implacables de l'âge, mais elle pleurait et me demanda quelque chose que je pouvais lui donner. Je me déshabillai, et lui fis l'amour. Je sais que cela peut paraître incroyable, mais cela me plut; c'est la vérité. Elle a dû partir le matin comme une de ces collégiennes que chante Serrat, mon compagnon. Peut-être était-elle déjà grand-mère... Je me regardai dans la glace, plus tranquille, plus détendu, plus content de moi.

Je ne me souviens même pas du prénom de cette femme à la fois sensuelle et maternelle qui attendit mon retour au milieu de la nuit. Je n'ai pas non plus voulu m'en souvenir, mais si je devais évoquer, comme je le fais en ce moment, un moment d'amour inégalable, presque unique, c'est à ce souvenir que je ferais appel et, je dois dire, avec une certaine joie. Pourquoi pas?

Il y a des histoires d'amour avec des gens que tout le monde connaît, sur lesquelles on peut mettre des prénoms et des noms. Peut-être n'ont-elles cependant pas laissé d'autres traces que celle-là, le scandale intérieur, qui se limite pour les deux, peut-être plus pour moi que pour elle. En tout cas, je n'ai jamais trahi personne. Je leur préfère ces autres femmes qui ont laissé en moi un souvenir pur, de choses vécues en commun, bonnes ou mauvaises, mais toujours profondément humaines. Au cours de ma vie, j'ai connu un grand nombre de femmes auxquelles j'aurais pu dire sincèrement « marions-nous » sans que ma voix tremble, mais cela ne s'est pas fait pour des raisons dues aux circonstances du moment. Il est évident que si les circonstances n'avaient pas favorisé le « oui » d'Isabelle, j'aurais peut-être épousé Jeanne ou, qui sait, Monique! Mais comme je pense beaucoup, peut-être trop, je suis également conscient du fait que le mieux aurait pu être le pire. Toutes les chansons, ou presque toutes celles que j'ai écrites sont imprégnées de cette philosophie qui est profondément mienne.

Ce que je désire peut-être en premier chez une femme, c'est sa beauté parce que c'est ce que demande, entre autres, mon signe de zodiaque. On sait que je suis Vierge, bien que je ne sois qu'à un pas de la Balance. Mes rapports avec les femmes ont été nombreux et étendus. J'ai aimé intensément. Ce qui est certain, c'est que je leur ai découvert au fur et à mesure des aspects nouveaux au milieu ou à la fin de chaque liaison. Il y en a d'autres, en revanche, auxquelles j'ai découvert peu à peu des aspects nouveaux qui, par la suite, m'ont profondément déçu. Il en a été de même pour elles avec moi. C'est ainsi que des femmes qui ont joué un rôle très important dans ma vie plus tard ne m'ont absolument rien dit au début de notre liaison.

Heureusement que j'ai une vie sexuelle sinon, à force de penser, à force de philosopher... Je me sens totalement, terriblement sensible au sexe. Je suis terriblement érotique. Ce n'est pas la première fois que je le dis, mais je ne me sens pas du tout un don Juan, qui me paraît être un personnage ridicule. J'oppose un démenti formel à ceux qui me comparent à lui. Je n'en suis pas un, loin de là. Je n'aime pas la femme pour l'utiliser.

Ce qui me préoccupe dans tout cela, c'est la vieillesse, le jour où mes batteries seront à plat, le jour où je m'apercevrai que je ne peux plus donner de l'amour qu'en parole, ne plus offrir que des sentiments d'amour, un amour avec un peu d'amour, un amour psychique avec seulement quelques gouttes d'amour physique. Les années passent pour tout le monde; on n'arrête pas de me le crier constamment. Mais je ne veux pas donner l'impression que je désire presser cette orange de la vie précipitamment, comme celui qui loupe le train, comme celui qui s'aperçoit que ses racines se dessèchent. Je sais qu'il y a un autre type d'amour qui naît de la compréhension, de l'âge et de beaucoup d'autres choses, mais ce n'est pas cet amour que je chante, tout du moins actuellement. Je viens d'avoir quarante ans, je n'ai pas peur dans les avions qui sont pour moi comme une seconde maison et je dors d'une seule traite si je ne compose pas d'aéroport en aéroport. Je sais que l'amour n'est pas un péché, pourvu que ce soit de l'amour. En outre, mon métier, ma profession pour lesquels je suis né me plaisent. J'aurais peut-être été un gardien de but de football médiocre; certains disent que je suis un footballeur qui chante, je l'accepte. Je ne suis en tout cas pas ici parce que c'est comme ça, parce que c'est écrit dans les étoiles. Quelqu'un, quelque chose a disposé, l'un après l'autre, tous les chapitres de ma vie. Je sais que j'aurai une vieillesse inquiète, nerveuse et qu'il est possible qu'elle se passe mal. Je sais que je constituerai un formidable et intolérable mythe, beau et inépuisable. Je sais que quand je m'apercevrai que ma voix est en train de s'éteindre pour toujours, je chercherai quelqu'un pour lui enseigner ce que j'ai appris en chantant dans des lieux et dans des endroits merveilleux et inoubliables, difficiles et durs. Mais qu'est-ce que je suis en train de raconter? Il n'est pas bon de se laisser emporter par le courant. Je déteste les mots écrits comme ça, ceux qui viennent l'un derrière l'autre. Non, je ne donnerai de leçons à personne! sur rien! Je ne formerai personne. Je ne saurais d'ailleurs pas le faire. L'orgueil est un de mes plus grands défauts; j'emporterai avec moi dans la tombe le secret de mon succès ou de mon échec, je ne produirai musicalement personne, je ne ferai rien d'autre que d'attendre en silence, la tête levée et avec cette énorme cicatrice sur l'épaule, la peau tirée, me laissant photographier du côté droit uniquement par des photographes compréhensifs, autorisant le téléobjectif amical et prudent d'un reporter dont je veux qu'il saisisse un geste imperceptible comme couper une rose ou caresser une joue de femme.

CHAPITRE 8

MA VIE POUR LA MUSIQUE

La musique a toujours été vitale pour moi. Comment pourrait-il en être autrement? Cette passion date de ma première guitare. On me l'avait offerte après mon accident, quand j'étais immobilisé sur mon lit, sans savoir si j'allais un jour pouvoir me lever.

J'ai toujours près de mon fauteuil en osier, celui qui fait face à la piscine intérieure, sous le tableau du joueur de flûte indienne, des disques. Des disques d'Aznavour, des disques de flamenco. J'adore le flamenco, c'est une musique que je comprends, qui me touche, plus encore que le classique. J'ai aussi des disques de Demis Roussos. Mais ma préférence va sans conteste, en ce qui concerne les chanteurs européens à Charles Aznavour qui exprime les mêmes émotions que moi. J'aime également Mina, cette superbe chanteuse, mais j'écoute ses chansons différemment, doucement, en étant parfaitement décontracté et de préférence en compagnie d'une femme. J'ai toujours aimé partager avec quelqu'un mon goût pour la musique. Je dois d'ailleurs bientôt faire un disque en duo avec Barbara Streisand. Otis Reding faisait aussi, dans ma jeunesse partie de mes chanteurs favoris. Mais je vous parle des artistes d'il y a vingt ou vingt-cinq ans. J'aime également l'Italie et sa musique. Ses mélodies sont très belles.

J'ai aussi une passion pour Brel, Bécaud et Hallyday, ces interprètes connus dans le monde entier. Les Beatles me plaisent également beaucoup, eux qui ont révolutionné le monde et la musique.

Mes plus belles voix

Soyons sincère, j'ai un faible pour les chanteurs européens. Si je devais choisir entre un récital de Tom Jones et un tour de chant de Mireille Mathieu, je choisirai Mireille. J'admire néanmoins la voix puissante de Tom Jones. Je n'oublie pas non plus Paul Anka et Elvis Presley dont j'achetais, étant jeune, tous les disques. On m'a demandé il n'y a pas si longtemps, si je pensais avoir quelque chose en commun avec Elvis. Je crois qu'ils pensaient à une femme en me posant cette question. Ma réponse fut non, carrément non. Si Elvis Presley s'est servi du rock pour parvenir à la gloire, il n'en reste pas moins un très grand artiste. Dire cela peut paraître injurieux pour sa mémoire, mais je le pense et je le dis.

Mais le plus grand, la légende vivante, c'est pour moi Frank Sinatra. Une voix particulière, très personnelle, avec des imperfections qui en font tout le charme, qui vous touchent.

Il y a des voix qu'on reconnaît comme ça à l'oreille. Frank Sinatra et Tony Benett, son maître, font partie de ces chanteurs. Frank Sinatra a d'ailleurs dans sa chambre, à portée de la main, tous les enregistrements de Tony Benett, même ceux de Las Vegas. Mais ils sont tous deux cependant bien différents, même si les thèmes de leurs chansons se ressemblent.

Une question de style

Il en va de même pour moi. Je ne chante ni mieux, ni plus mal que les autres, mais ma voix et ma façon de chanter sont bien reconnaissables. J'ai un style qui m'est personnel, je ne le dois à personne, et je ne cherche pas à imiter qui que ce soit. Ce n'est qu'à vingt ans que je me suis ouvert à la musique. Je suis un autodidacte, j'ai tout appris par moi-même, je compose les musiques que je ressens. J'ai ensuite appris à mieux utiliser cette force que j'avais en moi, je me suis perfectionné. Ma personnalité joue en cela un rôle très important et je crois que c'est tout le secret de ma voix.

Je pense, en outre, que ma voix ne changera jamais. Elle sera éternelle, et ne me demande aucun effort. De nombreux chanteurs comme Sinatra ou Vargas, peuvent chanter toute leur vie, car leur voix a un registre naturel et n'est pas très haut placée. Si leur timbre peut évoluer avec l'âge, le ton reste le même. Je pense qu'il doit être très difficile pour Tom Jones de chanter, ainsi maintenant, dans les aigus. Surtout quand cette voix et cette force sont précisément celles qui plaisent au public.

J'ai parfois cru que j'allais perdre ma voix, mais il n'en était rien. J'étais simplement aphone. On peut compter sur les doigts de la main les soirs où j'ai dû renoncer à chanter. J'ai, de plus, la particularité de pouvoir chanter pendant plusieurs heures.

J'ai souvent pensé si je venais à perdre ma voix, que je me consacrerai à enseigner tout ce que je sais à un jeune chanteur, mais j'ai bien vite repoussé cette idée. Je crois en fait que je choisirai de vivre tranquillement et de composer. Heureusement, j'ai la sensation que ça ne se produira jamais, sauf accident grave.

Perdre ma voix. Je ne veux pas y penser. Ce serait un drame. Que ferais-je alors de ma vie ? Il me faut conserver cette voix jusqu'à ma mort.

En tout cas, je n'ai pas peur de parler de la mort, elle a toujours fait partie de ma vie. Je vous dis la vérité. Je n'ai pas peur d'entendre prononcer ce mot, j'y pense souvent. Je l'ai frôlée si souvent qu'il ne peut pas en être autrement. Je ne suis pas superstitieux, mais je m'accroche à la vie comme un naufragé à sa planche. Quand je monte dans une voiture, par exemple, je vérifie toujours que les portières sont bien fermées. C'est un détail, mais un détail qui peut être fatal. Et c'est ce que je m'efforce d'éviter.

Une serviette en papier dans la poche

C'est une manie, je le sais bien, je conserve toujours les serviettes en papier qu'on me donne au restaurant. C'est une sorte de cleptomanie, qui pourrait peut-être intéresser un psychiatre, tout comme ces gens qui aiment voler dans les grands magasins. Moi, je ne prends que les serviettes en papier. Je les garde ainsi dans mes poches, pendant quelques heures. Il faut aussi que je vous dise que je ne transporte jamais rien, mis à part ces serviettes, dans mes poches, ni argent, ni papiers, rien. Je ne porte qu'une montre, parce que je ne peux pas faire autrement, mais je n'ai aucune médaille. Je suis une des rares personnes au monde, à me promener ainsi sans rien dans les poches. Je n'aime ni les bijoux, ni les porte-bonheur et autres « grigris ». Je n'en ai pas besoin. J'en ai peut-être quelques-uns, toutefois oubliés dans un coin de tiroir.

Quand on me demande pourquoi je ne crois pas en ces petits objets, je réponds, en empruntant à un torero espagnol, la phrase qu'on m'avait rapportée :

– Les autres sont les autres, moi, je suis moi.

Je pense que c'est vrai. D'ailleurs, le pape Jean Paul II, l'a dit également, mais d'une autre manière : « L'homme est indivisible. » Cela veut bien dire la même chose.

L'argent

Je suis ce que je suis. Si pour beaucoup de gens, pour la grande majorité, deux et deux font quatre, pour moi, ils peuvent faire soixante-quinze ou deux cents. C'est comme pour l'argent. Tout le monde se plonge avec délice dans la lecture des articles qui parlent de ce que je gagne. L'argent ne me préoccupe plus. J'aime savoir que j'en ai, mais je ne suis pas intéressé. J'aime en faire partager les autres, je ne suis pas un grippe-sou.

Je n'écris pas ce livre pour de l'argent, mais pour vous raconter, par ma propre bouche, ce que d'autres pourraient vouloir vous dire. Je n'ai aucun sens, ni goût pour les affaires. Je me rends compte que cette lacune a parfois donné lieu à de graves problèmes. Mais qu'y puis-je?

Je suis toujours surpris de l'agressivité qui se glisse dans les questions de ceux qui veulent tout savoir sur ce que je gagne. Que leur répondre? Que je gagne très bien ma vie? Ce n'est un secret pour personne...

Est-ce tellement agaçant de savoir que des contrats mirifiques me sont proposés? Ainsi un journaliste allemand m'a demandé l'autre jour si mon contrat avec CBS (il citait le chiffre de 45 millions de dollars de garantie minimum pour cinq années) était le fruit d'un management exceptionnel ou plus simplement de ma voix divine... Je lui ai répondu ce que je crois être la vérité : aucun contrat de show-business ne garantit plus que ce qu'un artiste ne peut produire. Mon contrat est donc le résultat de toute une carrière menée pied à pied, au fil de ces quatorze années. Bien sûr, c'est un énorme contrat... C'est même le meilleur qu'un artiste ait jamais obtenu. Mais je l'ai gagné à la sueur de mon front. On ne m'a rien donné. Ce n'est pas un cadeau. Le plus grand des managers ne peut que profiter d'une situation, mais chanter et vendre... ça, il faut que vous le fassiez vous-même! Et je n'ai obtenu ce contrat que parce que j'ai vendu à ce jour près de cent vingt millions d'albums! Lorsque je chantais à vingt ans, je ne pensais pas à l'argent. C'était un jeu. L'argent est venu par la suite, presque par hasard.

Je n'ai pas touché un billet de banque depuis dix ans, mais je sais très bien ce qu'il advient de mon argent. C'est mon frère Carlos qui s'occupe de tout.

Lorsqu'on a beaucoup d'argent, il me semble qu'on ne ressent plus aucun sentiment à ce sujet. C'est une constatation surprenante, je le sais. Oh! bien sûr il offre une certaine sécurité. Mais je ne vois pas en lui un facteur de pouvoir. Je pense qu'aucun artiste d'ailleurs ne le ressent ainsi. L'argent, c'est le résultat de la réussite, mais je ne compte pas mes sous. Les gens qui gèrent ma fortune me donnent ce que je veux, c'est là l'essentiel pour moi. A vrai dire, je n'en ai guère besoin car je suis entouré des miens qui veillent à mon bien-être. Carlos achète pour moi les choses importantes et ma secrétaire, le quotidien.

Évidemment, je suis un peu prisonnier de ce sytème, mais ne croyez pas pour autant que je ne pourrais pas aller faire mes courses si je le souhaitais. Je pourrais sortir me promener avec vous dans la rue sans aucun problème. Non, la seule raison qui me pousse à laisser faire les autres, c'est que j'ai perdu l'envie de faire des courses. Cela m'ennuie prodigieusement. Peut-être parce que je peux tout acheter. Où est le plaisir dans ce cas?

Je ne voudrais pas pourtant qu'on assimile ma vie à celle du pauvre homme d'une fable bien connue. Il est si riche, qu'il en devient malheureux. Je ne suis pas malheureux. Je suis moins libre qu'avant, c'est tout. Ce que je fais de mon argent? Je l'investis. Dans l'immobilier le plus souvent. J'ai acheté des terrains ici et là, beaucoup en Espagne... Je serais incapable d'en faire le détail car c'est Carlos qui s'occupe de tout cela en mon nom. Mais j'ai tout de même une bonne idée de la valeur que je représente. Je sais très bien où se trouve ma limite. Je ne suis tout de même pas Rockfeller!

Je ne suis pas prisonnier de l'argent que je gagne. Il y a dix ans que je possède assez pour manger, boire et vivre en toute tranquillité et sans plus travailler. Maintenant, en plus, j'ai suffisamment d'argent pour dormir sur mes deux oreilles. Mais je n'ai plus le temps de dormir! Alors l'argent je m'en moque... Ce n'est pas une drogue pour moi. Ma drogue, c'est le succès auprès du public.

Rentrer chez soi

J'aime visiter, acheter des maisons. Je me dis : investis, achète donc cette maison, mais dans le fond, ce que j'aime c'est visiter, faire des plans, regarder la vue qu'on a des fenêtres, voir s'il y a un jardin, chercher une chambre pour mes fils ou pour mes amis quand je les invite. A ce propos, je dois vous dire que ma maison de Miami ressemble un peu à un hôtel. J'ai de nombreuses fois essayé de ne laisser entrer, ni d'inviter personne, ou de mettre à la porte les équipes de télévision venues de loin pour m'interviewer. Je ne supporte pas qu'on photographie ma maison d'Indian Creek. Je pense que le mieux serait de faire construire dans le jardin une sorte de bungalow où mes invités pourraient se sentir comme chez eux. Il comporterait quatre ou cinq chambres, avec toutes un nom et un style différents, français, italien, espagnol ou polynésien. Un jour, j'ai envoyé mon frère se renseigner sur une maison prodigieuse de Miami qui était en vente, un véritable bijou. On me conseilla, pour ne pas faire monter les prix, de laisser venir à moi les vendeurs. J'acceptais. Mais le jour où mon frère et Alfredo Fraile avaient rendez-vous avec le propriétaire pour visiter la maison, je n'ai pas pu m'empêcher d'aller la voir, de loin, avec des amis. Je n'y peux rien. J'aime beaucoup ça.

Je reçois donc d'un peu partout dans le monde des photos de châteaux, de manoirs, qui jonchent ma table de travail dans mon bureau. Un bureau que je n'ai pas fini d'aménager, où je ne vais pratiquement jamais et qui n'a pas de fenêtre sur la rue. Pourquoi ai-je donc voulu avoir un bureau? On me propose, entre autres choses, d'acheter le Quejigal en Espagne, une maison que l'on pourrait comparer à un tableau de Velazquez. C'est une maison unique au milieu d'un parc magnifique. On y a écrit une grande partie de l'histoire de l'Espagne et même de l'histoire du monde. Elle fut conçue par Herrera, l'architecte de l'Escorial, sous Philippe II. Tout cela m'attire et certains jours, lorsque je suis seul, j'ouvre les enveloppes qui contiennent toutes les merveilles que l'on me propose. Cette attitude serait peut-être à soumettre à un psychiatre. Elle implique vraisemblablement le désir de posséder une maison bien à moi; sensation que je ne ressens pas puisque la maison où je vis, pourrait très bien un jour, ne plus m'appartenir. A ce propos, le prince arabe qui voulait m'acheter la maison est venu cet après-midi.

Il a sonné, présenté un chèque en blanc et a demandé :

– Monsieur Iglesias est-il là ?

Il lui fut répondu que Monsieur Iglesias était absent. Je voulais que, tout au moins pour aujourd'hui, cette maison soit ma maison. Hemingway a dit un jour une très jolie phrase que j'aime et que je cite souvent : « Un homme doit toujours avoir une maison, non pour y vivre, mais pour pouvoir rentrer chez lui. »

Cette phrase s'applique très bien à ma vie. Je ne vis pas dans cette maison, mais je rentre chez moi. Ma maison, pardon, pour cette phrase pompeuse, c'est le monde. Pour en juger, il suffit de regarder mon passeport et mon agenda. Je suis pris jusqu'en 1990. C'est effrayant. J'aimerais posséder une hutte en Polynésie, sans télévision de préférence, mais immense. L'Ile de Pâques me tenterait également assez. Mais pourquoi puisque je n'irai jamais ou pratiquement jamais.

Tandis que ma mère, au salon, joue du piano

J'aime avoir une maison, surtout pour y inviter des amis. Je ne veux pas être le seul à en profiter. Ces jours-ci mes meubles doivent arriver d'Espagne, par bateau. Je les avais achetés à Madrid, dans une boutique de décoration, entre deux séances d'enregistrement. Je voudrais pouvoir accrocher mon Goya, si représentatif de l'Espagne, au-dessus de cette cheminée de pierre noire où l'on n'allume jamais de feu. Il serait près du piano sur lequel ma mère joue parfois, dans ses longs moments de solitude, de vieux airs espagnols en m'attendant. Un piano dont joue aussi mon chef d'orchestre, Rafael Ferro, un excellent musicien qui prétend que je dois avoir conclu un pacte avec le diable, lorsqu'il vient travailler avec moi. Je ne lui laisse jamais le temps de finir ce qu'il avait entrepris, étant toujours pressé.

J'aime avant tout les maisons pour y recevoir des amis. Je ne connais pas mes voisins. L'un d'eux est, je crois, un magnat du papier. Face à moi, il y a un club de golf des plus privés. J'en suis membre mais je ne joue jamais. Je suis très respectueux de la vie privée. J'aime les bons repas et j'exige avoir une cuisinière qui sache faire de la cuisine espagnole. Ma mère, assez âgée, ne peut plus maintenant me préparer ces bons petits plats, comme elle avait coutume de le faire. Elle qui fut une fort jolie femme, et j'en suis fier, est restée très séduisante. Outre la cuisine espagnole, j'aime aussi d'autres plats, les coquillages, et les crabes géants qu'on pêche par ici. Pourtant, rien ne remplace la bonne odeur de cette cuisine espagnole qui parfume toute la maison et me rappelle mon pays.

Tous les jours une omelette espagnole

A l'époque où je vivais à Miami, ma mère avait l'habitude de me préparer, lorsque je rentrais de mes longues séances d'enregistrement, une bonne omelette espagnole aux pommes de terre. Ramon Arcusa et La Flaca, ou quelques amis, m'accompagnaient parfois pour ce repas pris dans la cuisine, entre deux téléphones fort heureusement muets. Ces omelettes ont un secret que ma mère ne veut pas dévoiler. Elle passait beaucoup de temps à les préparer. D'après elle, pour obtenir une bonne omelette, il faut savoir faire frire séparément les pommes de terre et les oignons. Tout le secret est là, mais il faut de la patience. Mais le résultat en vaut la peine, croyez-moi. Je possède aussi une petite cave que je désire agrandir. Sa température est de 14 degrés. Je n'appréciais pas beaucoup le vin, mais j'appris à l'aimer comme quelque chose de profondément espagnol, qui n'a rien à envier à la culture et à la littérature. Il est fréquent que je reçoive, de certains producteurs, de bonnes bouteilles. J'aime offrir de bons vins à mes invités. J'essaie d'apprendre le plus de détails possible sur le vin, mais le savoir vient lentement et je ne sais encore que peu de choses. Ce qui fait que j'ai bu un jour où l'on fêtait l'anniversaire d'un de mes neveux, le fils de Carlos, un grand verre de Vega, ce vin sicilien comme s'il s'agissait de limonade. Il faut dire que ce jour-là, j'avais envie de m'enivrer et d'oublier.

Je sais cependant si un vin va déposer dans le verre ou dans la bouteille, s'il a souffert pendant la traversée. J'aime les vins blancs chiliens et les rouges espagnols si généreux. Je me dis parfois avec fierté, quand je reçois à ma table des amis américains que j'en sais beaucoup plus long qu'eux sur les vins et qu'ils sont bien ignorants.

– Savez-vous mes enfants que ce vin est bien plus vieux que vous? Toi quel âge as-tu?

– Vingt-cinq ans.

– Ce vin, lui est de 1950. N'oublie pas ça petit.

J'aime le vin et les livres qui s'y rapportent. Je ne m'enivre jamais. Je n'en vois pas la raison. J'aime boire un peu de vin quand j'ai devant moi une longue soirée, ou qu'une séance d'enregistrement me guette.

Par contre, j'aime de moins en moins lire. Je ne lis même plus aujourd'hui les livres qui parlent de moi.

C'est viscéral. Si je lis, je n'ai plus le temps de vivre. On dit que lire, c'est vivre, je suis d'accord, mais lorsque j'ai le temps, je préfère dormir. C'est vital.

J'ai un peu l'impression d'être devant un psychanalyste. Je me souviens d'un psychiatre argentin qui m'avait posé tant de questions que je me sentais soudain libéré, rajeuni. Le pauvre homme fut complètement atterré de m'entendre parler de tant de problèmes. Épuisé, il me dit :

– C'est assez pour aujourd'hui, Monsieur Iglesias.

Seul avec moi-même

C'est l'impression que je ressens. Je crois que je suis arrivé à l'essentiel, plus loin peut-être que je ne l'aurais voulu. Ma vie n'est pas une aventure comme celle d'Errol Flynn. Son livre publié après sa mort, m'a littéralement captivé. J'ai aimé, de même, le livre d'Anthony Quinn avec ses deux personnages-clés, sa mère et son psychiatre.

Je suis seul, seul avec moi-même. Il ne pleut plus, Dieu soit loué. Je n'aime pas la pluie. Elle me remplit de tristesse, me mouille l'âme, et mon parapluie n'est pas assez grand pour l'abriter. Dans le couloir de marbre blanc, les lumières sont allumées. J'y mettrais un jour de grandes plantes, comme je les aimes, humides, frémissantes, presque carnivores, ressemblant à des lèvres de femmes.

J'ai également été captivé par le livre sur Montgomery Clift, paru après sa mort. J'en ai lu les premières pages et bien sûr la fin, la mort de Monty, du pauvre, du grand Monty portant son lourd secret. Ni les circonstances de sa mort auprès de cet enfant de couleur qu'il aimait tant, ni sa mort elle-même ne m'ont vraiment attristé, mais j'ai été touché par le fait qu'il soit mort à son heure. C'est Rainer Maria Rilke qui dit je crois :

– Il faut donner à chaque homme la mort qu'il désire.

Je veux mourir vieux, mais après avoir accompli ma tâche et intact. Je voudrais mourir, seul, apeuré, surpris. C'est un peu ce que j'éprouve ce soir. Ce doit être la pluie ou bien alors la fatigue. Je me découvre de nouvelles rides, bien qu'on me dise que c'est faux, et je ne m'intéresse plus à moi. Je n'ai plus vingt ans, j'en ai un peu plus du double, et je mène ma vie à cent à l'heure.

C'est l'heure, je dois aller enregister au studio. Par la grande porte de chêne ouverte, au fond du couloir, je peux voir ma Rolls, bleu métallisé, brillante de pluie sous les étoiles. C'est bon! Un vent chaud me caresse le visage. La Flaca m'apporte mes chaussures de tennis que je mets pour aller au studio.

– Mets-les-moi, Flaca.

Je ne sais pas pourquoi je dis cela, puisqu'elle le fait toujours. Je caresse ses cheveux blonds et je me demande ce qui la fait m'aimer autant.

– Allez Flaca, au travail. J'ai une chanson à terminer...

CHAPITRE 9

AINSI SE FAIT UNE CHANSON

Le studio d'enregistrement est depuis longtemps devenu pour moi une seconde maison. Je m'y sens bien. Me sentir à mon aise dans un studio a une grande importance pour moi. C'est pourquoi j'ai choisi de vivre à Miami, dans cette ville que j'aime.

En fait, je ne saurais vous dire avec précision où se trouve le studio. Je branche en quelque sorte le « pilote automatique ». La voiture connaît le chemin. Je conduis le plus souvent, mais il m'arrive de passer le volant à Carlos, mon chauffeur chilien.

J'aime aller au studio en Rolls. Je ne sais pas pourquoi. Je n'écoute jamais la radio. Les seules musiques qu'on puisse y entendre sont les miennes et celles de Ramon. Ramon qui, depuis huit ans, attend que je veuille bien arriver à nos rendez-vous.

Mon ami Ramon

Ramon Arcusa compte beaucoup dans ma vie, professionnelle ou privée. Je crois que c'est la personne avec qui je passe le plus de temps chaque jour. Nous avons vécu longtemps ensemble et lorsque je porte ce T-shirt sur lequel est écrit « Le duo dynamique », il me semble pouvoir lire la joie dans ses yeux.

Ramon et Manolo furent mes premiers maîtres. Bien qu'ils soient très jeunes, je leur dois ma carrière. Ramon fait partie de la famille. Nos discussions sont parfois vives. A Miami, nous vivions non loin l'un de l'autre. Il a je crois, quatre ou cinq ans de plus que moi, mais peu importe. Notre mariage musical n'est pas des plus paisibles, les discussions sont fréquentes. Ramon est toujours là, grand, portant sa serviette avec ses crayons de couleur, ses gommes, ses feuilles de papier à musique si claires. Il est ordonné, différent de moi, plongé dans sa musique comme moi dans la mienne, toujours vêtu de blanc et portant de curieuses chaussures qu'il a lui-même dessinées et qui pour être plus confortables, n'ont pas de contrefort.

J'aime beaucoup Ramon. Certains jours, il vient me voir chez moi pour que nous travaillions à une chanson laissée en plan la veille. Nous nous asseyons au piano ou plus simplement, nous nous mettons dans un coin, près de cette piscine où j'ai dû me baigner en tout et pour tout, une ou deux fois. Mais travailler à la maison est impossible. Ramon le sait; il sait que nous perdons du temps mais il vient quand même. Nous nous voyons ainsi en plein jour, au soleil, et c'est bien différent de l'ambiance qui règne la nuit, dans le studio, nous travaillons et que nous manipulons tous ces boutons, ces touches, ces bandes magnétiques.

Notre collaboration est intense, explosive. Certains soirs, il m'arrive de venir au studio plongé dans mes problèmes. Ramon se convertit alors en grand frère, il me console. Il doit bien lui aussi, avoir parfois des problèmes, mais il ne l'a jamais montré. C'est là une grande qualité. Quand nous avons faim, nous allons nous chercher quelque chose. Il y a dans les couloirs des distributeurs. Nous rencontrons quelquefois les Bee Gees, venus travailler. Ils habitent également Miami et sont, comme nous, attachés à cette ville. Ils sont simples, amicaux. Nous nous entendons bien.

Derrière la console magique

Il est pratiquement impossible de ne pas bien s'entendre avec Ramon. Comme je l'ai déjà dit, mais je le répète, Ramon est le personnage clé de ma carrière. De plus, il est indispensable. Pourquoi? Parce qu'il a du talent, qu'il connaît tous les secrets de la musique et qu'il est un vrai professionnel. Il sait aussi supporter mon caractère difficile et ce n'est pas rien. Je lui dois mon succès. Nous avons partagé la gloire, les heures d'amertume venant surtout de moi. Il sait supporter mon imperfectionnisme, mes sautes d'humeur, ma manie de toujours vouloir avoir raison. A tous ces défauts, Ramon répond par un sourire. Je sais qu'il est irremplaçable. Que Dieu le garde.

Je ne sais plus combien de hot-dogs il est allé nous chercher avec la Rolls, alors que nous nous battions avec une chanson qui ne donnait rien de bon à l'enregistrement. Je ne compte pas non plus tous les Coca-Cola qu'il a pris devant cette console magique aux multiples voyants et touches.

Un studio d'enregistrement est, certes, un lieu magique mais les disques ne s'y font pas comme par enchantement. Ce mot qui me plaît tant, magique, revient encore. C'est inquiétant, cette obsession. Il semble appartenir à une autre époque. Je crois que les disques sont à la musique d'aujourd'hui, ce que le bateau et l'avion sont pour le marin et le pilote. C'est pourquoi les studios d'enregistrement sont si importants. Le disque permet au chanteur moderne de se faire connaître. Dans le temps, les chanteurs devaient aller de salle de spectacle en salle de spectacle. Il n'y avait que ce moyen-là pour se faire connaître du public. Un disque qui de nos jours sort le vendredi, peut très bien être diffusé le lundi, par les radios du monde entier. Je prends des notes, assis sur ce divan que je connais si bien; Ramon s'occupe de ses chœurs, résultat d'un voyage éclair à Paris et sur lesquels nous sommes parfaitement d'accord. Autre avantage du disque, il donne la possibilité au chanteur d'apprendre très rapidement son métier. Ce studio ressemble à une chapelle byzantine, bois clair sur les murs, vitres colorées, console ressemblant au tableau de bord du Concorde, forêt de micros. On y capture la voix pour l'enregistrer sur de larges bandes magnétiques qui tournent, surveillées électroniquement par un rayon laser. On se croirait en pleine science-fiction. Cela me fascine, même si parfois j'ai envie de voir le soleil ou de respirer l'air de la mer.

Enregistrer est une tâche fatigante, qui met les nerfs à rude épreuve. Il faut en effet répéter cent fois la même chose, c'est épuisant. On se demande sans cesse si c'est bon, si on ne s'est pas trompé. C'est fatigant. Pour ma part, tout ce qui sort de ce studio doit être parfait. Même si bien des fois, Ramon et moi sommes les seuls à nous en rendre compte.

Enregistrement, ne pas déranger!

Un disque, c'est la technique au service de l'art, mais c'est aussi le secret de la réussite des chanteurs qui, comme moi, en font vendre des millions. Je n'aime pas, en principe, qu'on vienne me voir lorsque j'enregistre. Toutefois, j'aime bien, après de longues heures de travail, voir un visage ami ou entendre au téléphone une voix affectueuse et lointaine, qu'elle soit ou non de femme. Cela me détend. J'aime alors leur faire écouter la chanson dont je suis le plus satisfait et guetter leurs réactions. J'en éprouve toujours à la fois de la joie et une certaine angoisse.

Un disque doit plaire à tout le monde. Je chante pour des millions de gens. Il faut alors faire en sorte que ce petit disque noir transmette à des millions de personnes toutes différentes le même message d'amour ou de tristesse. Je pense y parvenir. Le public me donne beaucoup, mais je le lui rends bien. Il faut en plus, tenir compte du pays pour lequel on fait le disque, de sa langue, de ses particularités. Un Italien est un Italien et non pas un Français, un Belge n'est pas un Chilien et un Chilien n'est pas un Mexicain. C'est un travail tout en nuances qu'il faut faire avec soin, sans toutefois en faire trop. Il faut savoir produire le même effet, évoquer le même sentiment.

Ramon et moi le savons bien. J'aime sa rigueur et je suis ravi de l'avoir pour ami, et pour producteur. J'apprécie aussi sa présence auprès de moi, pendant mes tournées. Je voudrais aussi souligner que Ramon et Manolo sont encore en Espagne, de véritables vedettes et qu'ils vendent des milliers de disques en été.

Un studio d'enregistrement est un endroit impersonnel. Nous n'y apportons que notre présence. Tous les techniciens sont américains. Ils portent de longues barbes, fument des cigarettes interminables, mais ils sont les meilleurs. Ils semblent venir d'une autre planète. Pourtant, je suis heureux quand je les vois sourire, battre la mesure du bout de leurs tennis ou de leurs bottes texanes ou lever le pouce en signe de victoire et me dire : « OK Julio! »

On recommence

Faire un disque est une tâche délicate. C'est dans le studio, lieu digne de la technique spatiale, que naît le disque. Il doit connaître un succès immédiat. Il ne faut pas faire d'erreurs. J'en fais très très rarement. J'aime travailler avec ce qui se fait de mieux et je sais que ce studio est le meilleur. Je n'aime pas qu'on me dise que j'ai failli en quoi que se soit. Il se peut que je rentre ce soir, chez moi, avec la sensation d'avoir réussi et que je dise demain à Ramon.

– Ça ne va pas. On recommence.

Je sais que si c'est vraiment mauvais Ramon voudra lui aussi que l'on refasse la prise. Nous nous disputons parfois à ce sujet. Nous restons des heures sans nous parler, assis devant la console électronique. Je rentre et je sors du studio voisin, enlève mon casque, le remets et répète des dizaines de fois les mêmes paroles. Et quand c'est parfait, nous le savons. Nous arrêtons.

On ne doit pas oublier que la bande ainsi enregistrée deviendra un disque qui sera vendu dans le monde entier. Le disque doit plaire. C'est l'essentiel.

Je suis très attaché à ce studio. Parfois, je me dis que je

devrais en acheter un. L'idéal serait d'en trouver un près de l'endroit où je vis dans cette ville, mais j'ai de la peine à l'idée de quitter cet endroit qui me rappelle tant de merveilleux instants.

Deux, trois chansons

J'ai connu la joie dans ce studio, le casque sur les oreilles et buvant du jus d'orange. Pendant des heures, qu'il pleuve ou qu'il fasse beau, j'ai travaillé, laissant à la porte du studio mes joies et mes peines, alors que dans le monde, des gens s'aimaient ou se battaient.

Au studio, nous n'avons entre nous qu'un sujet de conversation : la musique. Nous en parlons même pendant les pauses. Nous savons ce qu'il nous en coûte et nous sommes conscients qu'au bout de ces six ou neuf mois de travail, sortira un disque parfait. D'autres chanteurs ne mettent que trois ou quatre mois pour faire un disque, ils considèrent ainsi avoir battu tous leurs records.

Je ne pense pas changer ma façon de travailler. Mes chansons doivent être les meilleures, mon public les mérite. J'ai dû lutter pour faire des succès qui soient aussi populaires que « La vie continue », « Minuetto » ou « J'ai oublié de vivre » qui comptent parmi mes préférées et qui parlent de ma carrière. De bonnes chansons qui pourtant, ne sont pas nées dans ce studio.

« La vie continue » est ma première chanson, la première à passer à la radio. « Un chant à la Galice » parle de mes origines. « Minuetto » considérée comme la meilleure chanson de ces vingt dernières années, est un retour en arrière, sur le passé. Elle est belle, utopique, idéaliste.

Willie Nelson et Diana Ross

J'ai eu la chance d'enregistrer deux duos aux États-Unis et cela avec des stars qui font rêver la terre entière. La première d'entre elles, c'est Willie Nelson.

L'Amérique a ceci d'extraordinaire, c'est que tout peut y arriver... Je travaillais en studio depuis plusieurs mois lorsque j'ai rencontré Willie Nelson. On ne se rend pas très bien compte en Europe de sa personnalité dans le monde de la country music. C'est un formidable vendeur de disques et une vraie vedette populaire. Il se déplace à bord de son propre avion, il possède un ranch plus grand qu'une ville, avec un lac, une forêt...

Lorsqu'il a accepté de faire un duo avec moi, je savais que cela allait surprendre beaucoup de gens. Et, c'est vrai qu'il y a, à première vue, un certain décalage entre sa silhouette de cow-boy aux cheveux longs nattés et mes airs de matador... Mais je sentais que nos deux voix se conjugueraient bien et le succès de « For all the girls I've loved before » m'a donné raison. Avec ce quarante-cinq tours nous sommes devenus numéro un dans les chants en quelques semaines et les américains ont commencé à mettre un visage sur mon nom.

A partir de là, il fallait que je sorte un album en anglais car on n'avait jamais vu personne devenir numéro un en Amérique sans avoir quoi que ce soit d'autre à offrir au public.

Lorsque Diana Ross a accepté de chanter un autre duo avec moi « All of you » j'ai été fou de joie. Pour moi, elle est la plus grande dame de la musique noire américaine actuelle. Mais je ne m'attendais pas à avoir autant de difficultés à être digne d'elle. Diana ne chante pas, elle jongle avec la musique. Mieux, elle joue avec elle! Jamais, je n'ai eu autant de mal avec ce fameux « beat » que lors de nos séances d'enregistrement... Mais tout s'est bien passé parce que Diana, est non seulement une très grande chanteuse, mais aussi une fort jolie femme, ce qui ne gâche rien.

Pour accompagner notre chanson nous avons tourné une vidéo ensemble. La vidéo se faisait le jour à Los Angeles et moi, à la même époque, je chantais le soir à Las Vegas. J'ai donc pris l'avion matin et soir pour rejoindre la belle Diana et jouer avec elle cette rencontre-passion entre deux êtres au cours d'une party.

Il y a des centaines de chansons que je ne chante pas

« J'ai oublié de vivre » est à sa place dans le temps. Toutes mes chansons expriment la vérité, qu'elles soient frivoles ou tristes. Je ne pense pas qu'il soit utile d'insister sur le sens de chaque mot ou de chaque chanson. J'ai écrit mes chansons avec mon cœur. Battement après battement, j'ai peut-être tout perdu, sur ce chemin jonché de roses et d'épines. Je verrai bien. L'avenir me le dira.

J'ai écrit des centaines de chansons. La plupart ne sont que des mots dans un tiroir. J'ai, dans un vieux sous-main, des papiers griffonnés, des notes sur des feuillets. J'ai aussi des cassettes, pleines d'idées et de sentiments. Je pense qu'on doit aussi pouvoir trouver d'autres papiers, dans la chambre de mes parents, dans une commode.

Je me suis souvent demandé si l'on pouvait prévoir le succès d'une chanson. Je ne sais pas. En tous cas, comme je l'ai déjà dit, je ne me trompe pas souvent, mais il m'arrive d'avoir des surprises. Une chanson peut ne pas me plaire en français, alors que je l'aime en espagnol, et le contraire. Certaines de mes chansons sont populaires en France alors que je ne les aime pas beaucoup. Il entre alors en jeu, tout un monde complexe de sentiments et de sensations. « Minuetto » et la « La vie continue » sont similaires, elles n'ont que quelques années de différence. J'ai écrit quatre ans plus tard « Un chant à la Galice ». « J'ai oublié de vivre » par contre, a été écrit dix ans après ma première chanson. Je crois que le temps ne fait rien au succès d'une chanson. Elles se vendent ou ne se vendent pas. C'est une question d'émotions, de sentiments.

Il y a toujours un toujours

Il est important pour moi que mes chansons disent quelque chose. Même s'il s'agit de choses simples, de tous les jours. C'est dans cette simplicité, que je respecte et que je sublime, que réside la raison de bien des choses.

Une phrase comme : « On a toujours une raison de vivre, de lutter », est une phrase courante, qui s'adresse à tout le monde. C'est un hymne à la vie, à l'espoir. Il y a tant de gens dans ce monde qui ne veulent pas se battre, qui n'ont pas de raison de vivre. Ils errent. Une raison d'exister, d'aller plus loin, voilà ce qu'il nous faut. « Toujours un toujours » n'est peut-être pas une phrase géniale, mais mise en musique, c'est un chant à la vie. C'est un cri de vie, quotidien, de chaque instant. Elle m'a beaucoup aidé pendant mes périodes de dépression, elle m'a donné le courage d'espérer.

Elle m'a permis également de mieux supporter les critiques, qui d'ailleurs étaient plus liées à ma vie privée qu'à ma vie professionnelle. A mon bureau, Alfredo, mon frère Carlos et tout le monde, faisaient leur possible pour que je ne m'aperçoive de rien. Si toutefois, je m'en rendais compte, j'en éprouvais une grande souffrance. Je souffre encore un peu aujourd'hui des remarques sans fondements, mais plus de la critique. Les « gardes du corps de la multinationale Julio Iglesias », comme on appelle les personnes du bureau, le savent bien. Je veux tout lire, tout connaître de ce que l'on dit de moi. Les critiques ou les articles désagréables me rendent plus sûr de moi, plus fort, même si j'éprouve parfois un petit choc en les lisant.

Je sais que je ne peux pas plaire à tout le monde. Il y a trop d'intérêts de toutes sortes qui sont en jeu. J'ai accepté ces conditions. Je ne suis pas seul pour lutter. Mes admirateurs sont là pour m'épauler. Tous ces gens que je ne connais pas et qui aiment ce que je fais, sont pour moi comme des millions de boucliers dressés devant les critiques.

Pour elle, ma porte et toujours ouverte

Je vais aborder le sujet des fans. Il y a, ici, à Miami, une jeune femme paralysée pour qui ma porte est toujours grande ouverte. Elle est la présidente du club qui porte mon nom. J'ai donné l'ordre de toujours la laisser entrer. J'écoute le bruit de son fauteuil roulant et je la vois s'avancer vers la petite table sur laquelle je prends tous les matins mon petit déjeuner. Là, nous discutons tous les deux, un peu comme le ferait un Président et son Premier ministre.

Ce club est devenu sa raison de vivre. Son travail est purement bénévole, précieux pour moi. J'ai aussi des milliers d'admirateurs que je ne connais pas, mais qui eux savent tout sur moi. Je fais partie, sans le savoir, de leur vie. Ce phénomène est particulièrement extraordinaire en Amérique du Sud, où les gens sont prêts à donner leur vie pour leur idole. Ils n'ont pas les mêmes conceptions que nous sur la vie, la même philosophie. Leur générosité est sans bornes. Leur foi en leur idole est solide. C'est dans ces pays d'Amérique du Sud, de langue espagnole, que j'ai retrouvé mes racines et où j'ai le plus reçu de la part du public. Je n'étais plus un Européen, j'étais de leur pays.

Si je suis devenu un des chanteurs les plus populaires, c'est que j'ai appris à connaître ces gens. J'ai appris à comprendre tous leurs problèmes grands et petits, à vivre en quelque sorte leur vie. Je les aime sincèrement. Je me plais en leur compagnie et j'accepte pour cette raison certains aspects de leur caractère, comme ce goût pour les miracles, ce fétichisme. Cela me fait peur. Je ne peux rien pour ces gens qui me demandent d'exaucer leurs vœux.

Je me souviens de cette petite Mexicaine paralysée qu'on m'avait présentée un soir. Mon ami Raul Veslasco, de la télévision, m'avait demandé si je voulais bien exaucer son souhait. Elle était paralysée à vie et tout ce qu'elle souhaitait c'était me voir et m'entendre chanter avant de mourir. Je n'aime pas ces manifestations de ferveur, elles touchent à de trop graves aspects de la vie.

J'acceptais. Elle devait avoir dix-sept ou dix-huit ans. Nous avons donc fait en direct cette émission de télévision, tous les deux. Je chantais pour elle. J'ai éprouvé ce soir-là, un mélange d'émotions assez étranges, de peur et de surprise.

La jeune fille qui remarche

La jeune Mexicaine guérit, remarcha. Nous nous occupions d'elle aussi souvent que possible, de loin, un peu comme d'une filleule. Je sais que notre aide lui a fait du bien, mais je n'aime pas jouer avec les sentiments des gens simples. Elle est maintenant mariée. Je l'ai revue, elle m'a présenté son mari. Elle pleurait de joie et je peux vous dire que j'en ai ressenti une joie extraordinaire.

– Julio, je vous présente mon mari.

Il y eut aussi ce petit garçon de deux ans, qui ne me connaissait même pas et que ses parents avaient amené d'un petit village. Sa mère me criait en le soulevant au-dessus de la foule qui aurait pu le tuer :

– Touche-le Julio, touche-le, c'est mon fils.

De telles scènes, je le jure devant Dieu, me rendent misérable. Je me sens petit, incapable. Pourtant, de telles soirées, qui ne se reproduiront vraisemblablement pas, me donnent l'occasion de voir ce que je représente pour ces gens et l'aide morale que je leur apporte. Je suis une idole, une espèce de Dieu.

Rien n'est jamais gagné d'avance

Rien n'est jamais gagné à l'avance et c'est ce que j'aime dans ce métier. Ainsi, il y a à peine quelques semaines, au cours de ma tournée européenne, je devais aller en Suède pour chanter et faire des télévisions. Dans l'ensemble des Pays-Bas, j'ai la chance d'être considéré comme un enfant du cru et depuis un an je connais de très gros succès avec mes titres en anglais. Mais ce qui est plus drôle, ces chansons anglo-saxonnes entraînent un regain de curiosité sur le reste de mon catalogue et l'on vend maintenant tous mes anciens disques en espagnol!

C'est vous dire que j'y allais confiant et que je fus très surpris de me trouver en face de piquets de grève lorsque je voulus enregistrer ma télévision.

J'ai appris alors qu'un préavis avait été déposé à cause de moi parce que les Suédois étaient très choqués que je sois allé chanter en Afrique du Sud, pays de l'Apartheid. De ce fait, les Suédois ne voulaient pas de moi sur leurs antennes.

Je n'irais pas jusqu'à dire que cela m'a fait plaisir, mais je crois que cette altercation m'a stimulé. Elle m'a donné une combativité que je n'ai pas toujours, et surtout pas lorsque j'ai le sentiment que tout roule sur du velours. Je ne déteste pas être remis en question. Au contraire, c'est la facilité qui me fait horreur.

J'ai donc fait face à ces hommes dont je comprenais la colère. Je leur ai donné la réplique en trois points. D'abord, je n'ai pas chanté en Afrique du Sud mais au Brubuswana, république dont le Président est noir. Ensuite, il me semble difficile de me taxer de raciste alors que j'ai été marié pendant des années à une Philippine. Enfin, – et j'ai sorti de ma poche sa photo –, mon second fils est très foncé de peau. Pas Noir, certes, mais nettement plus foncé qu'un Blanc. Ce qui est normal puisque sa mère est Philippine. Et puis j'ai été plus loin. Je leur ai fait remarquer que dans leur pays – que je trouve superbe – tout le monde était beau, blond aux yeux bleus... mais que je ne voyais pas un seul Noir dans tout le pays. Pas un Jaune non plus. Rien que des Blancs!

Moi, je viens d'un pays où tous les sangs sont mêlés. En Espagne, on voit partout, à tous les postes clé, des noirs, des jaunes, des métis... des gens de toutes les couleurs. Raciste, moi?

Le préavis de grève a été levé et mes déclarations sont passées sur toutes les chaînes de télévision. Je crois pouvoir dire que j'ai fait un triomphe. Et CBS Suède m'a fait savoir qu'à la suite de cette intervention, on n'a plus trouvé un seul de mes disques dans les rayons des magasins. On se les arrachait... en français, en espagnol, en anglais, en allemand...

CHAPITRE 10

MAGIE ET VÉRITÉ

Je veux toujours en faire plus que mes capacités ne me le permettent. J'ai comme on dit « les yeux plus grands que le ventre ». J'aime par exemple me réjouir d'un grand plateau de fruits de mer, le voir sur ma table, mais très vite je m'en lasse. Je crois que j'agis de la même manière avec les femmes. Je brûle les étapes. Je veux toujours plus. Je n'aime pas attendre, c'est un luxe que je ne peux pas me permettre. C'est pourquoi j'ai fait planter des palmiers de vingt mètres dans mon jardin, pourquoi je n'écris presque plus jamais de lettres. Le téléphone a remplacé le papier et le stylo. Je crois même qu'un jour, j'en arriverai à utiliser cet appareil pour composer mes chansons.

Je crois que Gwendoline est la personne qui a reçu de ma part le plus grand nombre de lettres. J'ai dû, dans ma vie, écrire au plus dix ou douze lettres. Signer un autographe, dédicacer une photo est presque pour moi une corvée. Et puis, écrire une lettre, c'est long. Alors comme je suis toujours pressé, je décroche le téléphone. C'est plus rapide, et puis c'est devenu une habitude. Comme l'habitude que j'ai prise de faire tous les matins au bord de la piscine un peu de gymnastique. J'en ai besoin pour garder la forme.

Mais que d'efforts cela représente. Lever, baisser les jambes, un, deux, un deux... Je dois veiller à ma souplesse.

C'est une des conséquences de cet accident qui a failli me coûter la vie, et auquel je dois la vie de chanteur qu'il me faut supporter jour après jour.

Je n'oublie jamais de faire ces exercices, quoi qu'il arrive; où que je sois.

Je n'ai jamais assez de temps devant moi. Quand on me demande contre quoi j'accepterais de renoncer à tout ce que je possède, je réponds :

– Contre un peu de temps.

Les années, les mois, les jours ne sont jamais assez longs pour moi. Je me reproche toujours d'avoir gâché de précieuses minutes. Je suis pressé. Je sais parfaitement que je vis trop vite, mais je ne peux rien y faire. Je dis toujours que je n'ai pas le temps de faire tout ce que j'ai à faire, et pourtant, je m'accorde de longues nuits de sommeil. Je dors en effet huit heures par nuit. Je fais aussi une bonne sieste dans l'après-midi, pour être en forme et pouvoir passer la nuit à travailler. On dit que faire une sieste permet de vivre deux jours en un seul. C'est peut-être pour cette raison que je la fais dès que cela m'est possible. Je sais qu'en dormant ainsi, je me prive de ce temps qui m'est si précieux, mais c'est le seul moyen que j'ai de survivre dans cette vie effrénée que je mène. J'ai peu de temps, mais il me faut du temps, que j'emploie à dormir, pour pouvoir continuer à vivre. Je crois que c'est Onasis qui disait qu'un homme qui dort beaucoup, vit peu. C'est possible. Mais en tout cas, en ce qui me concerne, je ne peux pas vivre sans mon compte de sommeil. Je n'aime pas m'attarder à regarder les choses. Si on me montre un arbre vieux de dizaines d'années, je ne fais qu'y jeter un coup d'œil, avant d'aller m'installer à l'ombre de son feuillage. Son histoire ne m'intéresse pas. D'ailleurs, en ce qui concerne les arbres, je n'aime que les arbres utiles, ceux qui donnent des fruits. J'aime profiter de ce qui est à ma disposition. Je suis en quelque sorte un consommateur, mais un consommateur bien particulier.

Je n'ai heureusement aucun problème pour m'endormir. Je m'endors comme une masse dès que je m'allonge dans mon lit, et plus encore si je viens de faire l'amour. Mais inévitable, je repense toujours un peu, avant de me coucher à ce que j'ai fait dans la journée. Et ce que je n'ai pas fait. La journée défile ainsi pendant quelques instants, mais je m'endors très vite. Je réfléchis ainsi sur tout ce qui a été fait et sur tout ce qui me reste à faire. Je crois qu'il y a certaines choses qu'on ne peut faire qu'à des moments bien précis de la vie. Il faut savoir attendre ces instants. C'est ce que je fais, j'attends que la proie que je guette passe à ma portée, pour m'en saisir. Je me sers de mon intuition. Je me sens chasseur. Il faut savoir saisir une occasion juste à l'instant où elle passe.

Ces proies-là sont bien les seules que je chasse. Je ne pourrais pas tuer. Je n'en vois ni l'utilité, ni le plaisir qu'on peut en tirer. J'aime trop les animaux. Exception faite des reptiles qui me font horreur.

Je sais que ce que je dis n'a rien de bien original et que je ne fais que parler de choses parfaitement naturelles.

Je n'aime pas les animaux qui griffent, et je n'aime pas les chats pour cette raison. J'aime par contre d'autres félins comme le lion, le tigre ou le puma. J'aime les chiens. Et les chevaux bien que je ne sache pas les monter. De tous les oiseaux, la perdrix est ma préférée. Je ne saurais trop dire pourquoi, peut-être à cause de son côté espagnol et aristocratique, de sa beauté, de sa résistance, de son aspect campagnard.

Certaines personnes, à la recherche d'une vérité, qu'elles cachent ou qu'elles dévoilent, dans leurs écrits et dans leurs propos, se sont souvent étonnées de m'entendre dire que je préférais un fruit à l'allure bien modeste mais à la saveur exquise à un fruit magnifique et insipide. J'ai le goût des belles choses, mais aussi celui des saveurs corsées. J'aime les grands plats, les saveurs puissantes, les émotions fortes. J'aime les odeurs généreuses de l'olivier, du peuplier, du chêne. J'aime aussi les arbres qui bordent les routes. Ils sont pour moi, le symbole du voyage en voiture, ils m'ouvrent la porte du souvenir de mes nombreux voyages.

Aujourd'hui, je suis devenu une espèce de locataire des aéroports. J'y passe la moitié de ma vie. J'en suis arrivé à penser qu'il n'existe pas de monuments modernes qui soient plus fascinants. Ils sont pratiques, modernes, beaux, l'antichambre de cette maison volante qu'est l'avion.

Pourtant la voiture évoque dans mon esprit bien des souvenirs. Il y a longtemps, au début de ma carrière, je voyageais de ville en ville, suivant le calendrier des fêtes traditionnelles de l'été, au cours desquelles je devais chanter. Notre voiture ressemblait un peu à celles des toreros, qui comme nous parcouraient l'Espagne. Il y a, je crois, une grande similitude entre l'habit de lumière des toreros et le complet blanc ou noir que je porte pour chanter, pour entrer dans l'arène du spectacle. L'avion m'offre la sensation immédiate, physique de liberté, mais les trajets en voiture, sur ces routes poussiéreuses de l'été sont inoubliables et pleins d'une grande émotion.

Le dernier avion

Ah, l'avion! J'aime l'avion. Je crois en l'érotisme de l'avion, car j'y ai connu certaines histoires d'amour. Je me souviens en particulier d'une hôtesse de l'air scandinave que j'ai beaucoup aimée. Je m'intéresse toujours beaucoup aux hôtesses, j'aime les regarder, leur parler, connaître leur numéro de téléphone. Mon intérêt pour ces jeunes femmes n'est pas récent, il date de mes premiers voyages en avion, en classe touriste. Maintenant je voyage en première, avec champagne et caviar. Il m'arrive parfois de boire une coupe de champagne avant de sombrer dans le sommeil, car j'ai peur en avion et je dors beaucoup pour combattre cette peur. Par contre, je ne profite jamais du caviar, je n'aime pas ça. J'aime mieux les bonnes sardines à l'huile.

J'ai aussi beaucoup de souvenirs liés à ces vieux avions qui sont encore en service sur certaines lignes de l'Amérique du Sud.

Ce sont d'inoubliables petits avions qui vous emportent de ville en ville. Je crois que je les ai tous pris et que j'ai connu à leur bord tout ce qui peut se passer comme incidents, trou d'air de mille cinq cents mètres ou moteurs en panne dans une tempête de sable. Je fais alors un signe de croix en cachette et je me dis :

– C'est la dernière fois que je prends l'avion.

Mais je remonte toujours en avion. Comment faire autrement ? Miami et son aéroport sont pourtant très importants. Je peux en effet en partant de cette ville être dans un temps record dans tous les pays du monde.

La vie que nous menons n'est pas facile, elle implique de très nombreux déplacements. Mais j'aurais tort de me plaindre. Nous voyageons certes beaucoup pour notre travail, mais aussi pour notre plaisir. Je me souviens, par exemple, de cette promenade que nous avions faite tous ensemble, les musiciens, Alfredo Fraile et moi, autour de l'île de Contadora et au cours de laquelle le moteur du bateau était tombé en panne. Contadora est une île que j'aime beaucoup. J'aime d'ailleurs toutes les îles bien qu'elles me donnent quelquefois la sensation d'y être prisonnier.

Contadora est une île ravissante, à vingt minutes de Panama. J'y ai de bons et de mauvais souvenirs, mais je l'aime, tout comme le parfum d'aventure qui y demeure. Son histoire remonte à l'époque des naufrages des galions espagnols chargés d'or et des pirates anglais. Son nom lui vient du verbe espagnol « contar », qui signifie compter. On s'y partageait très certainement le butin des naufrages. Mais elle a aussi sa place dans l'histoire moderne, puisque grâce au général Torrijos qui est un de mes amis, on y parle beaucoup des traités du Canal de Panama, et que le Chah d'Iran y a séjourné pour un temps.

Mais revenons à notre histoire de panne. Nous étions donc partis nous promener d'île en île. Comme le dit un de mes amis, capitaine de bateau, avec qui je vais parfois pêcher l'espadon, la mer était d'un calme plat, le soleil brillait et nous nous faisions bronzer sous ce soleil qui vous donne de graves insolations et brûlures si l'on n'y prend pas garde. Nous étions partis depuis deux heures quand le moteur tomba en panne. Il était deux heures de l'après-midi et la température était torride. Et pour comble de malheur, le capitaine du bateau nous dit :

– Nous sommes dans une zone où il y a beaucoup de requins, ne cherchez pas à plonger dans l'eau pour vous rafraîchir.

C'était vrai et nous le savions puisque quelqu'un avait failli, un jour, se faire dévorer sous nos yeux. La panne était irréparable. Il n'y avait qu'une seule chose à faire, attendre qu'un bateau passe et vienne à notre aide. C'était du moins l'avis du capitaine.

Et toujours ce maudit soleil! Nous n'étions qu'à deux kilomètres à la nage des autres îles, mais personne ne voulait se risquer dans de telles eaux.

Contadora n'était qu'à environ douze kilomètres, mais personne ne passait, c'était vraiment le calme plat, dans tous les sens du mot. Nous n'avions rien pour nous protéger du soleil et nous étions rouges comme des écrevisses.

J'ai encore aujourd'hui la peau qui me brûle en vous racontant cette histoire.

Les heures passaient. Le bateau était toujours immobile. Pas une voile, pas un bruit de moteur à l'horizon. Vers cinq heures, nous fûmes poussés par la marée vers une île où vivaient des pêcheurs et un spécialiste de la pêche aux requins. Nous y arrivâmes vers sept heures.

Allongés sur le sable, dévorés par les moustiques, nous pensions qu'il n'était vraiment pas facile de vivre comme Robinson Crusoé. Nous n'avions pas la chance, nous, d'avoir pour compagne Brooke Shields, l'héroïne du film « Le lagon bleu ». Heureusement, tard dans la nuit, un bateau passa. Et tout comme dans les films, nous avons bondi sur nos pieds, crié et fait de grands signes avec nos chemises pour qu'il nous repère.

Au petit matin, nous étions de retour à Contadora. Il faisait un froid glacial et nous étions complètement gelés. Je sais que ce n'est pas une histoire extraordinaire, mais j'y repense, étendu au soleil.

Avec les filles de la nuit

Je n'aime pas rapporter par écrit les divers moments de ma vie, mais je sais qu'Alfredo le fait, dans des livres rouges qu'il emporte toujours avec lui. Il a sûrement rapporté dans ce journal qu'il tient au jour le jour, ces nuits où pour nous procurer de l'argent, nous chantions dans le bar un peu louche de Madame Lola, en compagnie de deux joyeuses « créatures accueillantes », pour les appeler de façon imagée. Nous chantions à tour de rôle, les filles et moi, en nous accompagnant à la gitare. Le tout dans une ambiance de bar à matelots. Une des filles, la brune, finissait généralement la soirée dans les bras d'un marin, ou d'un touriste courageux, car croyez-moi, du courage, il ne fallait pas en manquer.

Cette aventure se passait dans une île des Caraïbes. Je n'en conserve pas vraiment de mauvais souvenirs, même si ma dignité a bien un peu souffert. Il nous fallait bien manger et c'était pour nous le seul moyen de nous faire de l'argent.

Je ne vous raconte pas cette histoire pour que vous vous attendrissiez sur mon sort, mais pour que vous sachiez qu'avant de chanter dans les lieux les plus célèbres du monde, ma vie n'a pas toujours été facile. J'ai chanté au Colisée à Rome, au pied des pyramides d'Égypte, au Philarmonique de Tel Aviv, au Madison Square Garden de New York, au Casino de Beyrouth, et au pied du Mont Olympe en Grèce. Mais avant d'en arriver là...

Ma vie ne fut pas toujours rose. J'ai connu des hôtels pleins de puces, des matelas remplis de punaises énormes. J'ai dormi plus d'une fois, sur un banc dans un jardin, serrant ma guitare contre moi. J'ai passé de nombreuses nuits dans ma voiture et j'ai chanté dans de misérables villages.

La cigale et la fourmi

Je le répète, mes débuts furent difficiles. J'ai connu des moments de découragement, l'envie de tout laisser tomber, de faire autre chose. Mais je reprenais toujours la route pour aller chanter où l'on voulait bien de moi. Je n'ai pas toujours été payé, j'ai parfois dû prendre la fuite, mais toutes ces années ont fait de moi ce que je suis aujourd'hui, un homme fort sous une apparence un peu fragile, à la fois romantique et réaliste.

Je ne regrette rien. Si un jour on me demandait, se référant à la célèbre fable, si en tant que chanteur, je me sens plus près de la cigale que de la fourmi, je répondrai en toute franchise :

– Ma vie est la vie d'une fourni, pas d'une cigale.

Comme les fourmis, je ne m'arrête jamais. Je sais qu'en un instant, je peux perdre ce que j'ai durement gagné. Je ne dois ma réussite qu'à mon travail acharné et en de très rares occasions à ce pouvoir magique qui m'habite, comme une sorte de don. On dit souvent en parlant du torero El Cordobes, qu'il a été choisi par la providence. Je veux bien l'admettre, mais je dis qu'il possède également un pouvoir magique, et qu'il doit, avant tout, son génie à son travail. Il en va de même pour moi. Que serais-je sans cette auto-discipline...

Je suis un perfectionniste, mais ce perfectionnisme n'est pas destiné à compenser une certaine forme de faiblesse physique. J'ai conscience de mon succès, je connais les raisons de mon triomphe. C'est pourquoi je ne chante que mes propres chansons, celles que j'ai composées. D'autres chansons aussi bonnes soient-elles, n'auraient pas ce caractère de vérité qui est présent dans toutes mes chansons. Je ne pourrais pas les chanter, n'y croyant pas. J'en reçois pourtant des centaines, chez moi ou à mon bureau, et je peux vous dire qu'il en vient du monde entier, et même de la fille du président Eisenhower.

Il n'y a que les chansons de Belfiore et de Tony Renis que je pourrais peut-être interpréter, car nous avons un peu le même état d'esprit. Mes chansons ne sont composées que pour moi. Mais je suis aussi conscient que mon succès réside dans cette chanson de Machado, ce poème qui dit :

Nous avons tous chanté
Un soir de fête
Des mots qui ont fait notre ruine.

D'où, toute ma prudence dans le choix de mes chansons.

Chaque disque doit être un best-seller

De cette crédibilité de mes chansons naît ma vérité. Je ne choisis donc que des chansons qui possèdent cette magie. Les Andalous diraient que mes chansons ont un charme, au sens magique du terme. Je pense que je sais reconnaître les chansons qui ont ce pouvoir. Mais je sais aussi que je me dois également beaucoup. C'est pourquoi je me dis souvent : « Tu es capable de faire ça Julio. Fais-le! »

Je suis obsédé par ce que je dois faire, j'en deviens comme fou. Je ne connais pas de repos avant d'avoir accompli ma tâche. J'ai dans mes disques une confiance illimitée. Je sais que je ne fais pratiquement jamais d'erreur. C'est ça la magie. Je sens, je devine ce que je peux tirer d'une chanson et j'y travaille jusqu'à m'épuiser. A chaque disque, je remets tout en question. Faire des disques qui soient des best-sellers, qui passent par exemple dans certaines discothèques privées, n'est donc pas chose facile.

Mais c'est mon destin et je l'accepte comme tel. Je connais tous les avantages que procure le succès : limousine avec chauffeur, appartement au Waldorf-Astoria à New York, fleurs, champagne français. Je sais aussi que ma maison de disques, CBS, ne m'offre ces cadeaux que parce que mes disques se vendent bien. Et si un jour, pour une raison ou pour une autre, la vente de mes disques déclinait fâcheusement, je redeviendrai un simple chanteur et je n'aurai plus droit à ce traitement de faveur.

Je dois donc une partie de mon succès à ces facultés de discernement dans le choix de mes chansons, à ce travail constant. Je ne sais pas ce que le destin me réserve, mais je n'ai pas peur. Je sais que l'album que je suis en train de faire connaîtra le même succès que les autres. J'ai confiance en ce que j'ai fait, le charme est toujours vivant, et j'ai bien fait mon travail de fourmi, mon travail de cigale.

Je le redis : je fais rarement d'erreur dans mon métier. Les seules erreurs que je puisse me permettre concernent ma vie privée. Ramon Arcusa dit que je sais à l'avance choisir pour mon public les chansons que celui-ci aimera. Mais en fait, je ne sais jamais vraiment si un disque qui sort ou un spectacle connaîtront le succès de ceux qui les ont précédés. Toutes ces questions que je me pose ainsi chaque fois, ont le pouvoir de m'effrayer.

Je vais l'admettre pour la première fois : il m'est arrivé de chanter des chansons que je n'aimais pas beaucoup, simplement parce que je sentais qu'elles allaient plaire au public. Comment expliquer cela ? C'est sans doute ce qu'on appelle « conduire sa carrière ». Je ne fais pas ces chansons à succès pour l'argent qu'elles me rapportent, mais plus simplement pour ne pas être oublié de vous.

Lorsque j'ai remporté plusieurs gros succès à la suite je peux alors me permettre de temps en temps d'en enregistrer qui risquent de marcher moins bien, et que j'aime tout de même énormément. Mais si je ne chantais que des chansons qui me plaisent et que le public aime moins, alors là je serais oublié en quelques mois, je le sais.

Le drame c'est qu'un compositeur ne sait jamais lorsqu'il est en train de poser les notes sur la feuille blanche si ce qu'il écrit est bien ou pas. C'est un peu comme une maman : pour elle, son bébé est toujours le plus beau, le plus fort... Il est extrêmement difficile de savoir si ce qu'on a composé est mauvais ou génial.

Je crois par contre qu'il est très important de se trouver à l'endroit qu'il faut au moment où il le faut. C'est là tout le secret de mon succès. Car au fond qu'est-ce que je suis ? Un chanteur espagnol, obscur, banal, qui n'a pas apporté grand-chose à la chanson, à la musique populaire. Je suis sérieux ! La musique pop est anglo-saxonne. Et il y a des gens qui chantent cent fois mieux que moi. Je considère sincèrement que ma contribution à la musique populaire moderne est très, très, modeste.

La seule chose que j'aurai faite – je l'espère de tout mon cœur – c'est ouvrir la porte des États-Unis à tous les autres chanteurs européens. Et je souhaite vraiment, sans fausse modestie, que ces chanteurs vont s'accrocher à moi. Je voudrais être leur poisson-pilote. Être celui qui a entamé la citadelle que l'on disait imprenable.

Je me considère comme un « entertainer » un homme de spectacles, qui mélange les sentiments avec de la bonne musique et qui a un timbre de voix agréable. Mais je suis quelqu'un qui a travaillé à ce résultat : j'ai appris à lire les partitions et à poser ma voix. J'essaie de raconter de petites histoires et de les placer sur des musiques. Mon style est à la fois traditionnel et moderne grâce à mes orchestrations. Les gens reconnaissent ma voix sans difficulté, comprennent ce que je raconte et parviennent alors à un état d'âme qui leur convient... que demander de plus ?

J'ai sûrement du talent mais je ne crois pas avoir inventé quoi que ce soit. Ce qui est sûr c'est que j'essaie de faire pour le mieux à partir des éléments dont je dispose.

Mais qu'est-ce que cette magie ?

J'ai fait certaines de mes chansons dans une sorte d'état de grâce, je sais qu'elles seront connues dans le monde entier et qu'elles resteront longtemps des succès. Mais je sais aussi que d'autres connaîtront plus de popularité. Je suis certain que la chanson que je viens de faire « De la petite fille à la femme » sera bien moins populaire que d'autres chansons. Pourtant cette chanson dédiée à Chaveli et adaptée d'une idée de Tony Renis possède un charme inégalable.

La magie est en moi, comme un don.

Mon compagnon et ami Camillo Sesto a écrit que je suis parfois dans un état de perpétuelle griserie, provoquée par la gloire. Je ne le pense pas. J'ai les pieds sur terre. Je sais que ce qui m'arrive est unique mais je ne m'en sens pas plus supérieur aux autres pour ça. La gloire ne m'apporte que ce dont j'ai besoin pour continuer ma tâche. Je sais que cette magie n'est pas toujours en moi.

Elle apparaît et disparaît. On peut la retrouver dans « Un chant à la Galice » et j'en reconnais la splendeur. On la reconnaît également dans des vers de Machado. Certains appellent cela génie, mais pour moi cela reste de la magie.

J'ai souvent dit, ces derniers temps qu'il y avait de la magie dans ma chanson « De l'enfant à la femme ». Cela est très compréhensible puisque cette chanson est une grande chanson. J'ai déclaré un jour qu'elle vaudra de l'or.

Et je ne m'étais pas trompé. J'étais même en dessous de la vérité. Pourtant, elle ne fut pas facile à composer. Nous avions décidé Manolo Diaz et moi, d'écrire ses paroles sur une musique que nous possédions déjà. Faire correspondre un sentiment à une musique déjà toute écrite, n'est pas chose aisée. Mais nous y sommes parvenus et j'ai pu chanter :

Entre-temps je t'imaginais,
Passant de l'enfant à la femme

Qu'ils ressentent ce que je ressens

La magie avait fait son œuvre, elle imprégnait cette chanson. Mais il fallait faire plus encore. Je me rendais compte que j'avais écrit cette chanson pour Chaveli, ma fille, et je me suis rendu compte que beaucoup de gens penseraient qu'il y avait, dans ses paroles, quelque chose de freudien, comme une sorte de complexe d'Œdipe. Je devais cependant continuer. Je me replongeais dans mon travail, avec une certaine peur comme celle qu'on éprouve, penché au-dessus d'un gouffre. Je réécrivis les paroles dans un avion. Tout d'un coup, ce que j'avais écrit sur une fille de vingt ans, se transforma. J'écrivais de nouveau sur ma petite fille Chaveli. Tout devint facile.

Le secret, la magie de cette chanson se trouvent dans sa vérité. Je sais qu'elle sera précieuse pour ma fille, même si certaines personnes pensent qu'elle ne lui apportera rien de bon. Je suis convaincu d'autre part que d'autres pères, qui comme moi « voient grandir leur enfant », seront touchés par cette chanson. On pensera également que je l'ai composée en pensant à mon ex-femme, à Isabelle. Mais Chaveli est notre fille, le fruit de notre amour qui n'est plus. J'espère en tout cas qu'Isabelle réagira bien en voyant la photo de Chaveli sur la pochette du disque. Je l'ai choisie parmi mes préférées et je peux la voir de mon lit, agrandie, dans un cadre d'or et de bambou.

Chaveli m'avait un jour demandé :

– Dis papa, pourquoi tu ne m'écris pas une chanson, mais une chanson rien que pour moi ?

« De l'enfant à la femme » possède le charme, toujours au sens ancien du mot de la vérité. J'ai dit dans cette chanson ce que je ressentais et j'ai prouvé que c'était vrai. Je sais que les portes de la popularité s'ouvriront ainsi pour Chaveli. Et j'en ai un peu peur pour elle. Mais j'ai fait cette chanson parce que j'aime ma fille. Elle est l'être que j'aime le plus au monde. Je ne pense pas avoir mal agi en lui faisant ainsi accéder à cette gloire éphémère qui est la mienne. C'est simplement une part de son héritage que je lui laisse de mon vivant.

Beaucoup pourront penser et vont penser que j'ai eu tort de faire cette chanson. Une enfant pour eux doit mener une vie d'enfant. On ne doit pas lui créer de complexes en lui donnant la célébrité et l'obliger à subir la présence constante et parfois cachée des photographes... mais il faut dire que cette vie, c'est aussi la mienne. J'ajouterai, d'autre part et en le souglinant, qu'elle a toujours connu cet aspect de la célébrité, puisqu'elle est la fille du chanteur que je suis.

Une émotion pour Chaveli

Je serai très heureux que Chaveli aime cette chanson. Je lui téléphone souvent. Elle m'écrit régulièrent de son collège, en cachette de sa mère. Son caractère est difficile. Elle a la couleur de peau de sa mère et mes yeux. Elle est belle, brillante. Elle tient, de nous deux, du meilleur et du pire. Elle est à la fois rebelle et rêveuse. Elle veut, en ce moment, que je lui envoie des cartes postales de tous les pays où je passe pour la collection qu'elle fait avec des amies de collège.

C'est toi ma chanson

Je prendrai le dessin de tes lèvres
Qui chante sans dire un mot,
Ton regard qui défie ou qui rêve,
Où danser les oiseaux.

Je prendrai tes cheveux où s'allument,
Les mille soleils d'été.
Et ce rien d'injustice ou de brume,
Ces mots qui te font pleurer.

Je prendrai ta lumière,
Car tu es la première
Qui a su éclairer ma maison.
Puis j'irai le crier à la terre
C'est toi ma chanson.

Je prendrai tous tes gestes qui volent,
Qui sont si légers, légers.
Et tes mains, dont les lignes un peu folles,
M'ont fait longtemps voyager.

Je prendrai ta pudeur, ta tendresse
Le mal que tu fais souvent.
Je prendrai tout de toi : la tigresse,
La louve et surtout l'enfant.

Je prendrai tes colères,
Tes espoirs, tes misères.
Ce que tu m'as donné de passion
Et j'irai le crier à la terre,
C'est toi ma chanson.

Je prendrai ta lumière,
Car tu es la première
Qui a su éclairer ma maison.
Puis j'irai le crier à la terre
C'est toi ma chanson.

J'ai une passion pour cette chanson. Elle est très émouvante. Je pense toujours à Chaveli en la chantant. Ses paroles sont belles, parce que vraies. Il y a de la magie dans ses couplets. Elle fera partie des chansons qui marqueront la musique d'aujourd'hui. De plus, si elle exerce sur les êtres, un charme aussi puissant, c'est parce que Chaveli me l'a inspirée.

CHAPITRE 11

POURQUOI JE M'HABILLE COMME LES TOREROS, DE NOIR ET D'OR

J'arrive de bonne heure dans ma loge. Je n'aime pas, je le fais pour prendre l'avion, arriver juste à l'heure pour me préparer. J'aime prendre le temps de m'habiller dans ma loge. Me vêtir est une cérémonie particulière. Les personnes qui assistent à cette cérémonie (elles sont le moins nombreuses possible et choisies) disent qu'il y a beaucoup de similitude entre ma façon de passer mon costume de scène et le cérémonial si important de l'habillement des toreros. J'obéis, en agissant ainsi, à mes intuitions. Je répète une nouvelle fois ce mot, mais il fait partie de mes préférés.

Je crois que je n'ai vu que deux ou trois fois s'habiller des toreros. Comme eux, je ne m'habille jamais seul. C'est une opération solennelle, protocolaire. J'ai toujours l'impression en le faisant, d'entendre au fond de moi, une sorte de musique particulière, un son de trompette.

Qu'il s'agisse d'une chambre d'hôtel, d'une pièce aux murs de béton dans un stade, d'une loge élégante avec divan et miroir de star dans un théâtre célèbre, ou toute autre pièce, je dispose toujours de très peu d'espace; et si la pièce est grande, je me charge d'en réduire les dimensions en y faisant entrer quelqu'un d'autre.

On m'a souvent dit que je mettais moins de temps pour me déshabiller que pour m'habiller. Et principalement une femme que je connais bien. Ce n'est pas seulement un bon mot. J'ai lu que les gladiateurs, puis les boxeurs procédaient de même. Bien que ces derniers n'aient pas grand-chose sur eux. M'habiller pour entrer en scène doit être entouré de mystère et se faire dans le silence. Parce que je sors toréer, lutter.

J'ai besoin à cet instant-là, d'une demi-heure de silence autour de moi. Peu importe pour quel public je vais chanter, qu'il s'agisse d'un gala de bienfaisance ou d'un soir comme les autres.

Silence s'il vous plaît

Il me faut du silence et quelqu'un pour m'aider. Je crois que les personnes qui m'ont aidé à m'habiller sont beaucoup moins nombreuses que celles qui m'ont aidé à me déshabiller. J'ai tous mes vêtements en double exemplaire. Je suis toujours vêtu de la même façon. Mais mes armoires sont remplies, grâce à Caraceni mon tailleur actuel, de complets d'alpaga ou de soie, blancs, noirs et bleu marine. Le bleu marine est d'ailleurs ma couleur préférée. C'est la même chose pour les chemises, je dois en avoir plus d'une centaine. Ma garde-robe me coûte cher, mais je veux porter ce qui se fait de mieux, non pas pour moi, mais pour mon public. J'aime les complets trois-pièces et les vestes croisées. J'aime les gilets et les vestons croisés parce qu'ils maintiennent la partie de mon corps qui travaille le plus quand je chante : mon estomac. Placido Domingo me l'avait un jour confirmé en me disant :

– Oui, c'est bien de là, d'où sort la voix.

Il me montrait une zone située sous le diaphragme, à peu près à la hauteur du nombril. C'est une zone où je ressens également quand je chante, une sorte de pression exercée par une grande main. Je m'écrie parfois :

– On dirait que ma voix sort de mon cœur, d'une région située à la hauteur de l'estomac, au milieu du thorax. J'ai besoin également d'être bien soutenu au niveau des côtes. Le costume que je porte doit être si serré, qu'il doit, la première fois que je le mets, me couper quasiment la respiration. On a très souvent écrit dans ce qu'on pourrait appeler la théorie du succès de Julio Iglesias que le gilet était fondamental. Je sais qu'il est de nouveau à la mode chez certains chanteurs, mais je le porte par nécessité et non pas à cause d'une certaine superstition. Mes chemises quant à elles sont toujours en soie ivoire et les manches doivent avoir impérativement la bonne longueur. Simplement parce qu'au Festival de Vina del Mar, on m'avait volé toutes mes chemises et que j'ai dû chanter avec une chemise prêtée dont les manches n'étaient pas à ma taille, c'était affreux. Je ne porte pas de boutons de manchettes. Mes poignets sont fermés par un simple bouton et j'aime qu'ils soient bien serrés. Je n'ai jamais porté de boutons de manchettes, même dans des circonstances particulières, et je ne sais même pas si j'en portais le jour de mon mariage. Je conserve toujours dans mon vestiaire, la chemise qui me porta bonheur au Festival de Vina del Mar. Et Fernando Plaza le sait bien.

Je ne porte que des chaussures noires, italiennes, très légères et très souples comme si elles avaient déjà été portées. J'aime qu'on les assouplisse devant moi, de l'extérieur et non pas de l'intérieur. J'ai besoin d'avoir des chaussures agréables à porter. Elles doivent me donner l'impression d'être nu pieds, ce qui serait l'idéal, mais je ne veux pas créer de précédent. Comme ce fut le cas, une fois...

Le pan de ma chemise qui dépassait

Je m'habille sans me regarder dans la glace, je ne le fais qu'à la fin. Je passe d'abord ma chemise que je boutonne de haut en bas, puis mon pantalon. Rien ne vaut les chaussettes blanches de tennis, mais je ne peux tout de même pas les porter en scène, alors je mets des chausettes en soie noire. Je ne porte pas de ceinture, je n'en ai pas besoin. J'ajuste mon pantalon avec ma chemise par-dessus. C'est alors que je me peigne. Je sais que je ne dois pas tout de suite rentrer ma chemise dans mon pantalon, c'est pourquoi je la laisse dépasser le temps de mettre ma cravate. Je porte des cravates toutes simples, de couleur sombre, unies, en soie. Mon pantalon est une sorte de seconde peau que je dois enfiler. C'est là le point commun avec les toreros. J'ai comme eux besoin d'aide. Il faut en effet que je tortille, qu'on tire sur le pantalon jusqu'à ce qu'il colle à moi comme une seconde peau. Je mets également mon gilet en le boutonnant lentement et j'ai besoin qu'il me fasse un peu mal et qu'il me serre. Toutes ces petites choses sont importantes pour moi. Elles me rendent plus fort, me soutiennent sur scène. On dit que je dois une partie de mon succès à mes gilets. Je crois que c'est tout simplement parce que j'ai porté des gilets à Une époque et où les jeunes portaient les cheveux longs et des jeans.

Je m'habille ainsi depuis l'âge de vingt ans. Il n'y a pas d'affectation dans ma tenue vestimentaire. Lorsque habillé, je me regarde dans la glace, généralement de profil, il m'arrive de pousser un grand cri de satisfaction :

– Ahhhhhhhhh!

Est-ce que je suis vraiment l'homme le plus élégant d'Espagne?

Quand je suis entouré de gens, je me mets toujours dans un coin, comme un enfant puni, et j'essaie de me « dégager ». Je souffre. Je n'aime pas les chaussures cirées et je ne porte de smoking que lorsque j'y suis obligé. Comme je suis très mince, mon tailleur n'a aucun mal à m'habiller. J'aime les longues séances d'essayage et il m'est arrivé de supporter d'une traite les essayages de vingt-cinq costumes différents qui, en fin de compte, étaient tous coupés de la même façon, à mes mesures.

Je n'aime pas me donner en spectacle, avoir une pose érotique. J'essaie d'être digne et élégant. Je ne veux pas qu'un pantalon ajusté puisse donner une impression d'exhibitionnisme. Vous me comprenez, je pense. Si je soigne les détails de mon habillement, je n'aime pas attirer l'attention. Pourquoi le ferais-je? Mon image doit correspondre aux titres qu'on me donne et que j'accepte. Ils flattent ma vanité, on n'a jamais vu un chien refuser un os, mais je ne fais rien pour les gagner. Fernand, un de mes amis et grand journaliste colombien (j'ai des amis et des ennemis journalistes) a écrit un jour :

– Cet homme qui passe, selon les critiques, pour un des hommes les plus élégants de la terre, aime vivre en combinaison de jogging et chaussé de chaussures de toile.

C'est ainsi que je m'habille. Et peut-être qu'alors, à l'heure des banderilles, j'essaie de me souhaiter bonne chance, silencieusement. Je sens de l'autre côté de la porte, gronder la foule, les journalistes du monde entier, les photographes, ces prétendus amis de toujours, les jeunes filles qui ont pu réussir à passer malgré la vigilance de ceux qui me protègent...

Ils entrent les uns après les autres. J'attends sagement qu'il soit l'heure de partir. Je voudrais pouvoir être seul avec moi, mais ce n'est pas facile. Je demande toujours un peu d'eau. Je ne mange jamais avant de sortir faire ce que j'ai à faire. Je sais déjà comment se passera la soirée ou la nuit pour moi, parce que tous les jours sont différents les uns des autres. Heureusement car la vie serait ainsi désespérante. Il y a dans ma vie professionnelle des échecs et des succès, mais j'aime cette alternance qui me prouve que je suis un être humain et non pas une machine. C'est ce que je veux prouver à ceux qui vivent auprès de moi, et à ceux qui veulent me connaître. C'est la seule chose qui m'ait poussé à écrire ce livre.

Un vrai désastre.

Je ne suis pas un être parfait. Cela serait effrayant. Je suis complètement et totalement imparfait. Mon triomphe, si tant est qu'il s'agisse d'un triomphe, réside dans mes imperfections, mes contradictions. Je suis changeant, émotionnel, un vrai désastre. C'est ce qui fait tout l'attrait de ma vie, qui m'emplit tout entier. Lorsque après mon tour de chant, quand je reviens dans ma loge, tout en sueur, je demande des yeux et de la voix :

– Comment était-ce ?

Les gens qui me connaissent bien me répondent parfois :

– Tu as été fabuleux, monstrueux!

Je les remercie, tout comme ceux qui, un soir, me prennent par le bras et me disent à l'oreille :

– Tu n'as jamais été aussi mauvais, Julio.

Je le savais déjà, mais le fait qu'on me le dise me fait me sentir vivant. Je n'en serai pas moins invivable toute la soirée, mais je m'en excuserai le lendemain. De telles choses, lorsque j'y réfléchis me remplissent de joie.

En ce sens, je ne suis pas comme certains toreros, qui savent dès le matin, qu'ils ne seront pas bons, grâce à une intuition, une certitude intérieure. Je ne comprends que j'ai été mauvais, que lorsque le mal est fait, et que je me couche, en faisant le point de la journée avant de sombrer dans le sommeil.

Il en va tout autrement pour les disques. Je ne veux pas me tromper. Pour tout le reste, je suis un être de chair et de sang, et j'ai le droit de faire des erreurs, mais dans ce domaine cela m'est impossible. Certains jours, je pense que je devrais me reposer et attendre l'instant propice. Je me dois à mon public, à ces gens qui se sont parfois privés pour pouvoir venir me voir. Je dois leur donner ce que j'ai à leur donner, que ce soit beaucoup ou bien très peu. Je le fais toujours. Parfois, avant de chanter, mon cœur se serre, parfois, je suis aveugle, parfois je sens trembler mes jambes, parfois j'ai mal au cœur, mais aussi faible que je puisse être, j'apparais comme fort, comme je le suis en fait.

Je ne veux en rien priver mon public, je ne veux pas le tromper. Il me faut donc dire en toute franchise, que je n'ai jamais sérieusement pensé à me suicider.

– Sérieusement ?

– Sérieusement. Peu importe que les bains de soleil que je prends m'abîment la peau et me donnent le cancer. Mon frère Carlos, qui est un excellent, un des meilleurs chirurgiens spécialisés dans le cancer du sein et qui a tout quitté, pour venir auprès de moi, m'a souvent mis en garde contre les effets nocifs du soleil. Il sait cependant que le soleil et les bains de soleil font partie de ma vie et que quoi qu'il puisse m'arriver, je ne changerai pas mes habitudes.

Je n'use ni n'abuse de la lampe à bronzer. Je ne sais pas ce que c'est. Le soleil, oui, le soleil au-dessus de moi, me grille en entier. J'ai toujours cru que je buvais, que je suçais de ce soleil, comme un vampire, que je rechargeais à ce soleil mes batteries.

Oh Soleil, mon dieu!

Soleil, Soleil. Je mets toujours une majuscule à ce nom quand je le prononce, jamais quand je l'écris. Quand je pense qu'il me fait du mal! Je n'aime pas, comme on le pense, prendre le soleil vautré comme un lézard. Ce n'est pas ce dont j'ai besoin. Il y a quinze ans que je m'en sers comme d'un instrument de travail essentiel. Il a sur moi un effet énergétique. La seule idée que je vais pouvoir me dorer au soleil dans les pays où je vais chanter me fait paraître le voyage moins long. Il est dommage qu'on n'ait pas encore inventé, dans les avions qui sont si près du soleil, des solariums. Je vais même jusqu'à penser que si je possède un avion, je me renseignerai sur les possibiliés, s'il y en a, de faire installer un solarium à bord.

De plus, je réfléchis mieux au soleil qu'à l'ombre.

Pourquoi j'aime le soleil? Parce qu'il me donne sa chaleur. J'aime être bronzé, cela me convient bien. Je peux ainsi passer à la télévision sans maquillage. Je n'utilise jamais de crèmes de protection, ma peau aime le soleil, qu'il la caresse ou qu'il la brûle, elle ne souffre pas, du moins en apparence. Je veux être comme je le suis. Dans ma trousse, il y a toujours un peigne pour ces cheveux qui ne tombent pas ainsi que le prétendent certains coiffeurs qui passent leur temps à m'envoyer des brochures sur des produits miracles qui m'empêcheront de ressembler à Yul Brunner. On y trouve aussi un miroir rond, un rasoir mécanique car j'ai la barbe dure et je conserve de mon enfance quelques traces, qui ne sont pas des cicatrices mais qui se voient de près. Je crois que mon visage supporte néanmoins les gros plans, les photographes américains ne disent-ils pas tout le temps que j'ai un bon « look ».

Je préfère l'ombre

Le fait de se dorer au soleil comme cela n'est pas un plaisir. Je ne suis pas non plus bête. Prendre le soleil sans raison particulière m'ennuie profondément. Je n'ai pas toujours envie de m'allonger sur une serviette, si possible en un lieu privé, où ce n'est pas la foire, simplement pour le plaisir. Ce n'est pas bon parce que cela fatigue beaucoup, parce que cela brûle, parce que cela pique de « prendre le soleil » comme un crabe, mais je le fais quand même en faisant un grand effort de volonté, parce que je veux être ainsi et que je dois le faire. Je peux même dire que pour moi, cette exposition au soleil représente un sacrifice constant. Je ne suis pas un être insensible et je n'ai pas une peau d'éléphant, mais cela fait partie de mon métier et je dois tout au soleil; je lui ferais des offrandes rituelles comme le faisaient les anciens Aztèques. Le soleil m'incite à toute une série d'activités; ce mot clair et lumineux figure dans bon nombre de mes chansons. Je viens d'en écrire une qui s'appelle « Ile au soleil »; je déjeune à midi au soleil, je prends mon petit déjeuner au soleil si je peux, et si les invités que j'ai à la maison me le permettent. Je mange à côté de la piscine, torse nu, face au soleil, en l'endurant. Je pense plus à lui qu'à l'ombre, j'installe mon bureau pour quelques heures au soleil : « Fais de la gymnastique, reçois des visites », je me sens totalement différent au soleil.

Il est également vrai qu'il y a soleil et soleil, le soleil d'un endroit et le soleil d'un autre, le soleil d'une heure et le soleil d'une autre. Je commence toujours par m'incliner devant mon soleil, celui de la Méditerranée qui m'a vu venir au monde et grandir. C'est un soleil que je tutoie, un vieil ami; je le connais bien. Ensuite, il y a cet autre soleil, celui des Caraïbes ou soleil des Antilles. Il y a aussi le soleil polaire blanc de tant de jours ou celui du Pacifique qui vous projette en plus l'ombre de la personne qui est avec vous et cela est très important... Un verre de vin; une bière allemande avec beaucoup de mousse; une orangeade au soleil au soleil mais l'amour à l'ombre... Le meilleur est de le prendre seul. Là, je veux être seul, qu'on ne me surveille pas. Il existe peu de photos de moi prenant le soleil à son aise et s'il en existe, elles ont été faites à mon insu.

Et nous arrivons une nouvelle fois du soleil à la solitude; ce sont d'ailleurs deux mots qui, étymologiquement, ont des racines parallèles et se ressemblent beaucoup.

Je me dore en effet au soleil tout seul. J'aime être seul pendant plusieurs heures de la journée. Je désire être seul, j'ai besoin d'être seul. Ma vie est remplie d'heures solitaires et j'imagine que tout le monde est comme moi. Cela n'a rien de nouveau de se sentir seul au milieu d'une foule, n'est-ce pas? Cela m'arrive souvent, quand je me demande en mon for intérieur :

– Mais qu'est-ce que tu fais ici Julio? Pourquoi es-tu là?

Et c'est alors que la fuite recommence à nouveau. Ceux qui m'entourent savent quand il m'arrive quelque chose de semblable, quand j'ai besoin de solitude. Il y a des moments où je sais que je suis grossier; je me lève de table et je m'en vais tout simplement. Je pourrais également dire d'une façon plus directe :

– Quand je n'y tiens plus, je me tire. Je déteste de plus en plus les attitudes formalistes. Je ne sais pas encore combien de temps je pourrai me retenir; je m'en excuse et me retire. Courtoisement, mais je m'en vais.

Comment m'échapper de moi-même

C'est pourquoi bien que le soleil soit devenu l'axe autour duquel tourne ma vie quotidienne, je veux au moins en jouir seul, en silence, en pensant à quatre choses à la fois et il y a des moments où j'ai la tête en ébullition. C'est pourquoi je me sens également un habitant des îles, des îles au soleil bien entendu. Le soleil d'une île m'attire beaucoup plus que celui d'une région rattachée à un continent, d'une péninsule. Ne me demandez pas pourquoi. Je préfère que l'île soit bien desservie afin, quand cela m'est possible ou quand j'en ai besoin, de pouvoir m'enfuir, pouvoir m'échapper.

Je ne sais pas si c'était une pensée de Sœur Juana Inès de la Cruz, la religieuse de « lettres mexicaines » qui disait : « Il y a si longtemps, Seigneur, que j'essaie de m'enfuir de moi-même, sans savoir que chaque fois que j'essaie de m'échapper, je vais toujours avec moi. »

On dirait une pensée chinoise, de Confucius, mais c'est très espagnol, très mexicain et cela me plaît. Mais je me retiens, chaque jour un peu moins. Je me supporte, je me fais à ma peau. Je me permets le luxe de prendre le soleil. C'est mon uranium, ce qui épuise mon équipe et me maintient en forme, crispé, debout, prêt à attaquer, prêt à me défendre. Je m'adapte à tous les types de soleil et, je dois également le dire, à tous les genres d'ombre, la bonne ou la mauvaise, ce qui est un sentiment très personnel. Ce qui est vrai, c'est qu'il y a des gens qui ont une autre aura positive et d'autres qui dégagent un caractère négatif constant. Je ne sais pas pourquoi, mais cela se produit et je le note tout autour de moi. Je sais où il y a un oiseau de malheur, ou quelqu'un qui dit toujours non, ou celui qui ne te permet pas de rêver un peu ou celui qui ne t'apporte que de gros nuages noirs et de tristesse. Je suis vitaliste et j'ai besoin que l'on m'abreuve d'illusions. Il y a des gens qui ont une influence positive et d'autres qui ont une influence négative. Moi, par exemple, je sais que je porte chance. Depuis un certain temps, il est fréquent de lire dans les journaux que « tout ce que je touche, comme le roi Midas de la légende, je le transforme en or ». Je ne sais pas si c'est vrai, mais je suis enchanté de l'entendre dire. Mais ce qu'il ne faut pas oublier c'est que la chance passe. Il arrive un jour où elle claque la porte et s'en va.

Parlons de la chance

La chance est une succession de petites chances qui constituent le fait formidable. C'est moi qui ais choisi la chance et non la chance qui m'a choisi. Comment choisit-on la chance ? En travaillant, parce que des constellations, des planètes se sont réunies, parce que j'ai voulu l'avoir en moi et en faire ma fiancée éternelle. Il y a évidemment chance et chance et il n'y a pas de chance totale. On peut avoir de la chance dans une chose et ne pas en avoir dans une autre. N'est-ce pas ? On m'a lu les lignes de la main plusieurs fois. Je dois dire que je n'y crois pas vraiment, mais que je suis envahi par le doute et surtout, que j'écoute attentivement ce que l'on me dit. Pourquoi pas ?... On obtient toujours les mêmes réponses.

Je suis conscient du fait (on me l'a dit plusieurs fois) que je possède une rare force intérieure, qui émane de moi. Il paraît que je respire cette force intérieure qui se dégage de moi. A peine ai-je fait la connaissance d'une personne, j'en ai fait l'expérience et cela me donne des sueurs froides, que je sais déjà ce qu'elle va me dire avant qu'elle ouvre la bouche. J'ai enfoncé des portes sachant ce qu'il y avait derrière ces murailles symboliques. On dit que je suis différent de beaucoup d'autres êtres humains. Cela ma fait peur de le croire. Je connais mon magnétisme. La clé se trouve dans le fait que je repousse immédiatement tout ce qui est négatif, aussi fort qu'il soit, et que je mets en marche le dispositif. Ce qui ne va pas de l'avant me fait mal, parce qu'il faut dire que ce qui m'entoure m'influence profondément. Les gens qui m'entourent ont pour moi une importance capitale. C'est pourquoi je dois les choisir soigneusement. Ils peuvent faire de moi quelqu'un d'important et peuvent aussi me détruire.

Si je vois que c'est la seconde possibilité qui se produit, je m'en sépare comme on se débarrasse d'un pardessus ou d'un imperméable. Ce n'est ni la première ni la dernière fois que j'ai dit :

– Que cette personne ne remette plus jamais les pieds

dans cette maison, qu'elle ne franchisse plus jamais le seuil de ma porte.

Et jamais je ne me suis trompé. Ils venaient me casser les pieds et me faire perdre mon temps. Ce n'est pas, loin de là, un sentiment arbitraire; il peut paraître cruel, mais il a été sûr parce que le temps, par la suite, m'a toujours donné raison. Il n'y a pas de juge plus inexorable que le temps.

J'aime la solitude, comme quelqu'un a dit, du triomphateur de Kondo. Pendant ces moments de solitude, je me revois enfant, et je revois cette femme qui sondait le secret de la vie des gens dans les cartes (comme il y en a d'autres qui les découvrent dans le marc de café) en un endroit où les artistes célèbres du monde entier se rendent souvent pour connaître, leur avenir, et cette femme me dit :

– Toi, mon garçon, tu te marieras avec une femme orientale, tu auras trois enfants et tu voyageras beaucoup...

A l'époque, je n'étais qu'un pauvre gosse qui faisait son entrée dans la vie. Je ne connaissais bien sûr pas Isabelle et c'est à Malaga, où l'on m'assura que je vivrais longtemps, ce qui me console fréquemment...

Je suis égoïste et superstitieux...

Presque tout le monde me l'a dit, mais je ne me sens pas profondément superstitieux. En fait, je suis si égoïste que je ne suis superstitieux qu'avec ce qui me convient. Je suis terriblement superstitieux dans les choses fondamentales. De toute façon, je me signe avant d'entrer en scène, rapidement, c'est de la tradition ou de la dévotion bien sûr, et je touche du bois avant de monter à bord d'un yacht que je connais pas...

Je n'ose pas croire au diable, bien que l'on m'ait fourni des preuves de son existence, de la présence ici, là, peut-être à l'intérieur de nous-mêmes. Je crois bien plus au « diable boiteux » de notre littérature. Je crois à la conscience plus qu'à toute autre chose et à ce qui se passe plus qu'à ce qui est écrit. Les légendes vivantes m'intéressent plus que les légendes mortes, autrement dit ce qui arrive dans l'histoire sans qu'il y ait besoin que quelqu'un meure. La légende est ce qui échappe à la réalité, ce qui est au-dessus du reste, ce qui devient un mythe, ce qui devient de l'histoire, ce qui a (je ne me lasse pas de le dire) de l'éclat.

Vivianne Ventura affirme avec insistance que j'ai de l'éclat, beaucoup d'autres gens intelligents l'affirment également, certains l'ont écrit. Dans les livres de parapsychologie, il est dit que le fantôme de l'au-delà a vingt-quatre atomes de krypton qui le rendent visible. Je ne sais pas si c'est vrai, mais ce dont je suis sûr c'est que je ne sais pas si je l'ai, mais que je connais des gens qui ont eu, qui ont cet éclat, et en de nombreuses occasions, c'est chez les gens les plus simples que je l'ai vu plus que chez tous les autres. Des gens qui ont atteint des positions importantes dans leur petit monde, des faits qui, projetés à un plus grand niveau, peuvent être presque cosmiques...

Ce que je crois c'est que tout le monde doit être conscient de sa responsabilité, de la responsabilité qu'on lui a donné en ce monde.

Valentino, une autre fois, avec lequel on me compare (j'insiste sur le sujet parce que les coupures de presse que je lis de temps à autre, pas toutes, parce qu'il me faudrait toute la journée et que je dispose de très peu de temps), est le mythe qui a fait du frôlement, du mélange de la curiosité avec le mystère une légende. Quand une personne imagine un artiste, elle l'imagine à sa manière, à sa façon et si ensuite ce qu'elle lit et ce qu'elle voit correspond à ce qu'elle pense, c'est alors que la mystique du mythe prend naissance. Les gens l'adoraient parce qu'ils savaient très peu de choses sur lui. Ceci est essentiel. On ne peut pas, on ne doit pas avoir trop d'image. Je ne sais pas si je mettrai toutes mes cartes, tous mes as et tous mes fulls sur la table, mais je crois que je dois le faire et je le fais. Je sais cependant que le secret de Valentino était justement ce que l'on ne savait pas de lui. C'était son secret et sa force. C'est l'imagination qui commande.

Superstitieux... Au fond, c'est peut-être vrai... Je dois

bien avouer que je ne prendrais jamais une salière des mains de quelqu'un avant qu'on ne l'ait posée sur la table... Je ne passerais pas non plus sous une échelle... La presse américaine, qui a souvent le sens des images, a raconté ici et là que je brûlais mes vêtements si une mauvaise chose m'arrivait alors que je les portais. Ce n'est pas tout à fait vrai. Ce qui l'est, par contre, c'est que je porte volontiers les mêmes affaires lorsqu'il me semble qu'elles m'ont porté bonheur... Et je m'arrange pour qu'elle soient nettoyées pendant que je dors, ce qui me donne la possibilité de les remettre tous les jours. Est-ce que vous trouvez cela extravagant?

Je crois que la superstition est ancrée dans le sang des Espagnols. C'est une habitude, sinon une tradition. Ce n'est pas la peur qui nous fait agir ainsi. Si je jette une pincée de sel par-dessus mon épaule (parce que vous en avez laissé tomber sur la table par accident) c'est parce que je l'ai toujours vu faire chez moi... A l'âge de quatre ans, j'agissais déjà ainsi.

Je dois dire aussi que je m'arrange avec mes superstitions. Selon qu'elles fassent mon affaire ou non. Il me semble, en réalité, que je suis plus sensible que superstitieux. C'est très personnel. C'est dans la tête! C'est également parfois une stratégie comme cela peut être une émotion non contrôlée.

Tous les malheurs qui peuvent toucher un homme me sont arrivés un jour. Dois-je attribuer cela à quelqu'un? Dois-je rendre responsable la terre entière de ce que j'ai vécu? Ma mère est terriblement superstitieuse. Elle a influencé ma jeunesse, c'est évident. Mais, aujourd'hui que je suis un homme adulte, cela m'importe beaucoup moins. Et par moments, la superstition n'existe plus pour moi. Mais c'est vrai que, par instants, elle réglemente complètement ma vie.

Cependant on me prête des « grigris » qui permettent aux média de raconter des choses sur moi, mais qui ne sont pas toujours vraies. Ainsi je jure bien ne pas avoir de bouteille d'eau bénite de Lourdes sur moi lorsque je chante. Pas plus que je ne porte « la petite pierre noire » qu'un sorcier d'Afrique du Sud m'aurait offerte après m'avoir prédit un avenir « plein de pierres et d'os »... C'est peut-être risible, mais je l'ai lu!

Le langage de Carlito

Quant à Carlos Gardel [1] il avait une voix magnifique. C'était un Français qui était parti vivre en Argentine, un bon mélange... Il disait de très belles choses, des choses extravagantes, métaphoriques, suggestives et profondes. Il parlait le langage de l'amour malheureux, de l'amour des faubourgs et des prostituées. J'ai moi aussi écrit une belle chanson sur ce genre d'amour, auquel je n'ai d'ailleurs consacré que des chansons, mais jamais d'argent ne serait-ce qu'un dollar.

Cette chanson s'appelait « Dans une vie quelconque », et je dois dire que ce ne fut pas précisément un triomphe, mais c'était une chanson littéraire qui contenait beaucoup de vérités.

Dans une ville quelconque,
dans un quelconque logement
où l'on achète, pour un moment,
un peu d'amour tarifé,

Où les noms importent peu,
où seul l'argent compte
dans une ville quelconque,
dans un quelconque logement.

C'était l'époque,
c'était l'âge
où je voulais en savoir un peu plus
où je voulais calmer mes ardeurs,
commencer à aimer.

1. Carlos Gardel (1887-1935), chanteur et acteur de cinéma argentin né à Toulouse, très populaire en Amérique du Sud.

Elle s'en est ensuite allée,
laissant derrière elle
un goût de miel et de solitude;
elle n'a pu calmer mes ardeurs
commencer à aimer,

Elle n'a pu m'aimer.
Et je t'ai vu, toi l'inconnu
acheter des actions d'amour
actions qui, au change,
deviennent un adieu.

Tu lui as raconté une histoire
pour te donner une contenance,
dans une ville quelconque,
dans un quelconque logement.

Le temps d'amour
qui ne donne rien,
uniquement en échange de...
et s'en va ensuite.

Le temps d'une nuit
et d'un lit
un peu de temps, rien de plus.

Dans une ville quelconque,
dans un quelconque logement,
j'ai vécu une nuit quelconque,
une quelconque histoire d'amour.

De n'importe lequel d'entre nous
qu'on ne me dise pas qu'il n'est pas
dans une ville quelconque,
dans un quelconque logement...

Cela a l'air d'un tango. C'est une chanson triste, mais une belle chanson. Personnellement je l'ai peu chantée, mais elle l'a beaucoup été, je le sais. Et plus d'une des lettres que je garde dans des sacs (il serait beau de pouvoir les garder toutes dans un tiroir en argent du meuble qui se trouve dans ma chambre à coucher) qui m'a été écrite par une de ces femmes sans nom qui ne voient jamais le soleil. C'est une chanson pour Gardel, bien que les chansons de Carlos aient eu de plus belles paroles. Il disait les choses plus joliment. Ce qui est important, c'est le personnage, toujours le personnage, parce qu'il est au-dessus de l'artiste et bien souvent, on retient plus le personnage que l'artiste. Ce qui compte, c'est sa mythification, quand il touche les étoiles. On note que Travolta est déjà dans la galaxie du magique et Aznavour aussi. Qu'est-ce que cela peut bien faire qu'il ne soit pas un bel homme ? Et Mireille Mathieu qui, bien que si petite, a une si grande voix, la plus belle de France, qui la transfigure de la tête aux pieds.

Laissez-moi seul!

Je parle beaucoup de la France parce que la France me plaît. J'adore la France et je l'ai écrit... Ce qu'elle fait de ses artistes, comme elle les gâte. L'Espagne les brise. Elle les aime, mais c'est une autre forme d'amour, elle les broie, notre sentiment est un sentiment masochiste. Elle les élève pour les laisser ensuite tomber, elle veut faire d'eux, des mythes, ces « jouets brisés » du film de Summers. En mangeant, en aimant, en sentant, en buvant et en chantant, la France déborde de vie. Nous sommes plus terribles, plus durs, plus fiers. Je ne sais pas si nous sommes plus nature, plus vrais. Le sentiment de la France est plus universel, plus animique. Tous pleurent, rient, ressentent de la même façon. Tout le monde ne mange pas la même chose, mais la France a inventé « le savoir vivre », ce que personne ne sait faire comme là-bas. Il n'y a personne de plus français qu'un Français. Cela peut sembler un peu triste et un peu pauvre, le produit d'une imagination fatiguée, mais je sais ce que je dis.

Ce qui me plaît par-dessus tout, c'est d'emprunter seul le long couloir qui conduit à la scène. Seul, laissez-moi seul! L'extrémité des cordons de la culotte de torero bien serrés, le cœur battant et les mains dans les poches de la veste, une deux, je me dirige, de ce pas incertain qui est le mien, vers l'arène, les lions, ces adorables lions qui m'attendent, comme s'il s'agissait d'un défilé de toreros...

Je sais que c'est une séquence très cinématographique, mais c'est la vérité. De dos, m'éloignant du brouhaha de l'endroit où je me suis habillé, je me dirige vers l'endroit où je vais chanter... laissez-moi seul, vous qui m'aimez, vous qui me connaissez, laissez-moi... Je veux être seul! Seul à chanter! Je vais chanter maintenant.

Peut-être ai-je chanté plus que je n'aurais dû. Ce que je veux, c'est enthousiasmer celui qui s'ennuie au premier rang, celui qui est venu là on ne sait trop pourquoi. C'est pour cela que je donne le meilleur de moi-même, jusqu'à l'épuisement, pour tout d'abord éveiller son attention, puis le captiver et l'enthousiasmer. C'est la lutte invisible de l'artiste avec le spectateur occasionnel, qui a atterri ici par hasard, qui se produit parfois presque tous les jours, personne ne sait pourquoi.

Je m'occupe donc de ce spectateur, de cette spectatrice qui ne m'aime pas encore, je veux les conquérir, les faire miens, les faire miennes, qu'ils soient à mes côtés, en moi, qu'ils ne s'en aillent plus de mon âme.

Je préfère, à la fin, qu'on me lance des tomates plutôt que le silence. Parfois, les applaudissements sont plus pauvres, moins chauds. Je me sens alors mourir. Je n'entre pas en scène, de l'autre côté des projecteurs, où que ce soit, pour faire autre chose que communiquer mon amour, ma haine, mon découragement, tout ce que je ressens en moi.

« Ce n'est ni pour ta froideur, ni pour ta chaleur, mais pour ta tiédeur que je te vomis. »

Ces paroles sont écrites dans la Bible. On m'a déjà lancé des pièces de monnaie, mais on ne m'a encore jamais lancé de crachats, ni cris injurieux ni tomates...

Ce que j'entends par contre en différentes langues, ce sont toujours les mêmes phrases, les mêmes demandes, des sentiments identiques. Parce que je ne cache rien de ce que j'ai ce jour-là en moi. Si j'ai pleuré, si j'ai ri, si tout a été mal, si tout a été bien, tout vient avec moi et, en ouvrant les bras et en me mettant à chanter, je le transmets et je veux en outre qu'on le comprenne.

Et si je dois dire une dernière vérité sur Julio Iglesias en scène, je dirai qu'à plusieurs occasions il a chanté pour une seule personne, bien qu'il y en ait eu cent mille autour de lui. Surtout certaines chansons bien précises. Ceci, par chance ou par malheur pour moi, ne m'arrive pas fréquemment.

Je ne peux pas appeler Marilyn

Je suis toujours un enfant. Un enfant qui a la voix des grands chanteurs. Il y a des jours où je m'ennuie mortellement. Je sais que ce n'est pas normal que je vende plus de disques que Bob Dylan. Mais c'est ainsi et je sais qu'une salle de spectacle n'est pas seulement remplie de femmes à l'âge de la ménopause, mais aussi de tout un tas d'autres personnes. Mon public en France a environ dix-huit ans.

Qui cette année fêtera avec moi les fêtes de Noël?

Je n'en sais rien du tout. Par contre je sais que je dois signer des centaines d'autographes parce que c'est mon métier. Dans cette signature, les graphologues ont découvert le romantisme, le triomphe, la fortune, le perfectionnisme, l'intelligence, l'amour et l'illusion... Il y a quelqu'un qui doit m'attendre.

Tant de choses dans ces griffonnages. Je sais que ma vie aurait été plus belle, si j'avais eu dans ce carnet rouge où je garde des noms de femmes, le numéro de téléphone de Marilyn. Parce que je l'aurais appelée et elle ne se serait pas suicidée.

Deux vérités finales. Je suis né un an avant l'année que je donne. Je dis ça non pas pour que se réconcilient les Arabes et les Juifs, ni pour que Reagan appelle Brejnev mais parce que c'est un fait. Il a de l'importance car il s'agit pour moi d'une année qui en réalité compte pour deux.

Et dernière vérité. La première et la dernière. Je n'aurais peut-être pas le temps d'écrire cet autre livre de mémoires, celui qu'on écrit quand on est vieux et revenu de toutes les choses de la vie. Je suis toujours pressé de vivre, il faut que je vive deux jours en un seul. Peut-être parce que je sais que je vais mourir bientôt.

CHAPITRE 12

A NOUS DEUX L'AMÉRIQUE

Il y a longtemps que je n'ai plus besoin de me battre pour vivre et pourtant rien ne m'ennuie davantage que le train-train. J'aurais pu me contenter d'une jolie carrière européenne, de l'Amérique du Sud qui me regarde comme une idole sacrée... Je me suis donné assez de mal pour conquérir tous ces marchés et me faire admettre dans chaque pays comme un enfant des lieux. J'ai chanté en français pour les Français et ils m'ont admis comme un Français. J'ai chanté en allemand pour les Allemands et ils m'ont aimé comme un chanteur allemand. Même chose en Italie, au Portugal...

Je serais d'une mauvaise foi complète si je ne reconnaissais pas aujourd'hui que j'ai de l'argent pour vivre jusqu'à la fin de mes jours et probablement pour assurer plusieurs générations derrière moi. Ce n'est donc pas l'argent qui m'a poussé à vouloir conquérir l'Amérique. Non. Ce qui a provoqué en moi le désir de réussir ce challenge quasi irréalisable, c'est sans doute le fait qu'aucun autre chanteur européen ne l'a réussi depuis Maurice Chevalier.

Il y a quelque chose d'injuste dans la différence entre l'Europe et l'Amérique. La plus grande star française, n'est jamais qu'une star dans son pays, quelquefois – c'est rare – dans toute l'Europe... mais elle est totalement ignorée des pays anglo-saxons. A l'inverse, une star américaine est une star dans le monde entier.

Et je dois bien avouer que j'avais férocement envie de gravir cet échelon-là... Devenir une star à l'échelon de la planète! Je suis quelqu'un qui aime prendre des risques et déteste s'endormir sur ses lauriers. Lorsque je me trouve dans une pièce, j'ai envie d'ouvrir toutes les portes pour voir ce qu'il y a derrière... J'aime provoquer ce qu'ensuite on appelle « ma chance ».

Et c'est ainsi qu'il y a quatre ans je me suis établi à Miami. Je voulais gagner le cœur des Américains. Mais j'ai pressenti qu'on ne séduisait pas ces gens-là en enregistrant simplement un disque en anglais. J'ai attendu. J'ai pris mon temps. J'ai observé les Américains. J'ai vécu avec eux, chez eux.

J'ai toujours eu cette philosophie : chanter pour les gens dans leur langue et être adopté par eux. Mais en Amérique on m'a très vite fait sentir qu'on ne m'attendait pas. Au début, lorsque je voulais travailler dans un studio avec des musiciens américains un peu connus, on me répondait qu'on n'avait pas de temps à accorder à « cet Espagnol de merde! » C'était dur à avaler!

Pendant des mois et des mois j'ai enregistré comme un fou, et, insatisfait par le résultat, j'ai refusé qu'on sorte le disque. Je n'ai pas de honte à dire que mon premier album américain m'a coûté très cher. D'autant moins que je crois avoir eu raison de faire et refaire ainsi. Seul le résultat compte et j'ai bien fait de continuer à mes frais lorsque ma maison de disque, CBS, est arrivée au bout de ce qu'elle me devait par contrat.

Je suis très perfectionniste, on ne me changera pas. J'ai dû enregistrer quelque cent cinquante chansons et, jamais, je ne les ai trouvées assez bonnes pour le marché américain. J'ai épuisé aussi trois producteurs...

J'aurais pu me contenter du circuit habituel des vedettes internationales qui vont de Las Vegas au Lake Tahoe. Mais ce qui me plaisait, moi, c'était de conquérir l'Amérique profonde. C'est pour cela que j'ai pris mon temps.

J'ai choisi de construire ma maison à Miami parce qu'il me semblait que c'était un point stratégique, idéal pour moi. A quelques heures de l'Amérique Latine et bien moins loin de l'Europe que ne le sont New York ou Los Angeles. Et puis, surtout, j'étais assuré à Miami de retrouver le soleil, ce soleil sans lequel je ne saurais recharger mes accus. Cependant lorsqu'il s'est agi d'enregistrer, je me suis installé à Los Angeles, sur la colline de Bel Air, dans une maison confortable, simple, en bois... De mon balcon je voyais la ville à mes pieds et, un peu plus loin, la mer... J'y ai passé des jours merveilleux, mais ce n'était qu'une maison de travail. J'ai dédié à cette maison mon premier album américain qui s'intitule « 1100 Bel Air Place ». Lorsque je vois les chiffres de vente de ce disque (cinq millions et demi d'exemplaires en quelques semaines), je ne doute pas que cette adresse soit la plus célèbre du monde maintenant! Et je suis désolé pour le pauvre homme qui habite là maintenant! car évidemment je n'y vis plus. J'ai choisi de séjourner désormais à l'hôtel lorsque je reviens à Los Angeles, ce qui m'arrive très souvent.

Il y a quelques mois, quelqu'un m'a demandé ce que je considérais comme la preuve de mon succès aux États-Unis. Je lui ai répondu que ce serait de voir devant 10 000 personnes venues m'applaudir dans l'Ohio. J'ai gagné mon pari : à Cleveland, ils étaient plus de vingt mille! Mais mon plus beau couronnement, je crois que c'est au Billboard – la Bible du show-business mondial – que je le dois. En août 84, ce journal m'a consacré un « hommage » de quarante pages intitulé « le Monde de Julio Iglesias » et sous-titré « un hommage de ceux qui aiment Julio Iglesias ».

Lorsque j'ai vu le Billboard, j'ai pleuré. Je crois que ce genre de coup de chapeau n'a jusqu'ici été donné qu'à Michael Jackson et Barbara Streisand. Ces quarante pages veulent dire énormément de choses pour moi. J'avais en tête d'introduire Julio Iglesias auprès des Américains, de le présenter tel qu'il est, pas d'essayer de le vendre à tout prix. Et j'ai réussi.

J'aime l'Amérique, mais je crois pouvoir dire que

l'Amérique m'aime maintenant en retour. Et je m'amuse de voir que la mère de Michael Jackson – qui est mon ami et avec lequel j'espère faire bientôt un duo – a mis dans sa chambre un poster dédicacé de moi. Ou que la sœur de Tom Selleck vient me voir en coulisses lorsque je chante à Los Angeles. Mais surtout je suis heureux qu'on me reconnaisse dans la rue et d'apercevoir les bateaux qui croisent le long de ma villa à Miami pour essayer de me voir. Je ne cherche que ça! Je n'ai pas fait ce métier pour vivre à l'ombre, pour me cacher. J'ai beaucoup travaillé pour cette chaleur-là. J'aime que le public veuille me toucher. J'adore que les gens me fassent un signe amical! J'aime tout ce qui va avec ma profession. Je suis quelqu'un qui chante, donc quelqu'un qui apporte la paix, l'amour. Et j'aime me balader dans la rue, être abordé par les gens...

Comment ne pas être fier d'avoir réussi aux États-Unis? J'ai obtenu ici les plus belles critiques de toute ma carrière... Alors, qu'importe si cela a mis longtemps? J'ai essayé de comprendre ce pays, sa musique, sa radio, sa télévision, son humour, sa mentalité... Pendant un an et demi, avant toute autre chose, j'ai travaillé quinze heures par jour au studio pour apprendre la rythmique, le phrasé, en plus de la langue américaine. J'avais un coach à mes côtés qui ne me quittait pas, qui ne me laissait rien passer.

J'ai pris des leçons de chant à n'avoir plus de voix tant je chantais des heures et des heures... A devenir fou. Mais sans cela je ne serais jamais devenu le numéro un. Et grâce à cela je viens d'entrer dans l'histoire de la musique. J'avais l'impression d'apprendre à écrire de la main gauche moi qui ai toujours été droitier! Chanter à l'américaine c'est une autre façon de chanter... Le fameux « beat » américain... Il m'a fallu beaucoup de patience et de volonté pour l'acquérir. Mais la patience, je sais ce que c'est, depuis mon accident de voiture... Alors que les gens autour de moi me voyaient un avenir en chaise roulante je me suis astreint à manger un kilo de viande crue tous les jours – alors que je détestais ça – pour reprendre des forces. Et j'ai bougé un orteil, et j'ai marché, chaque jour un pas de plus... L'Amérique, c'était « mon pas de plus ». Je m'étais lancé un défi : si j'arrive à convaincre les Américains, je pourrais chanter toute ma vie!

Mon objectif n'était pas seulement de faire la conquête du public américain. C'était aussi de jeter un pont entre la musique méditerranéenne moderne et la musique anglo-saxonne. Pour nous, Européens, il était presque impossible de chanter aux États-Unis face à un public américain. Je suis heureux : j'ai réussi à pulvériser l'indifférence anglo-saxonne face aux Latins. Et rien ne me ravit davantage que d'entendre maintenant, à New York comme à Los Angeles, des disques qui ont subi l'influence de ma musique. On revient aux slows, aux mélodies sentimentales... aux ballades.

Et puis ce que j'apprécie par-dessus tout chez les Américains c'est leur façon de me regarder comme un professionnel. Ce pays ne s'intéresse qu'au produit qu'il vend. Personne ne sait en Amérique que j'ai été marié, que j'ai trois enfants, et personne ne me voit comme un homme à femmes – comme c'est le cas en Europe. Le public américain écoute mes chansons, c'est tout. Il ne veut pas savoir si je suis homosexuel, Français ou Italien. Il sait qu'il aime ma voix. Et c'est bien ainsi.

Lorsque je regarde en arrière vers ces quatre années passées à travailler comme un bagnard et à vouloir gagner sur moi-même, je me dis que la seule différence que cela ait provoqué en moi, c'est qu'aujourd'hui mes yeux vont avec les mots que je chante. Et ça fait une sacrée différence qui n'est pas passée inaperçue des Américains!

Bien sûr, on parle de stratégie lorsqu'on évoque ma « campagne US », mais quand bien même on rencontre les gens qu'il faut voir, on se montre au bras de celles avec qui il convient d'être vu et devant les photographes qui comptent, dans les « parties » qu'il faut visiter... si vous n'avez pas réellement la flamme, vous n'obtenez rien de bon.

Oui, je sais, mon premier album en anglais a coûté cher. On a parlé de deux millions et demi de dollars. Qu'importe en réalité? Le prix de ce disque ne peut pas s'apprécier uniquement en dollars. Je l'ai payé de mon temps, de ma volonté, de mes efforts aussi. J'ai dû beaucoup lutter pour parvenir à mon but.

Et ma plus grande joie c'a été d'être convié à la Maison-Blanche parce que ce que je chantais plasait à Madame Reagan. J'ai eu l'honneur d'y aller souvent, entre autres lors de la visite de la famille princière de Monaco puis lors du voyage du Président de la République française François Mitterrand. J'ai été fasciné par le langage du président. Jamais ne n'ai entendu parler le français d'une aussi belle façon. C'est vraiment un homme très passionnant.

Mais si Nancy Reagan a joué, par sympathie, le rôle de ma meilleure attachée de presse (ce sont les journaux américains qui ont osé cette image) je ne veux pas qu'on imagine que je prends une position politique quelconque en chantant à la Maison-Blanche. Je n'ignore pas qu'à travers moi le président Reagan vise une masse hispanisante qu'il tient à voir voter pour lui, mais je ne cautionne aucun de ses gestes politiques. Et c'est pour cela que j'ai refusé son invitation à chanter devant la Convention du Parti Républicain. Pas plus que je n'aurais chanté pour M. Mondale. Je n'ai pas à m'immiscer dans les affaires américaines.

On me demande très souvent de signer des pétitions ou de prendre parti pour ce que j'appelle « des nobles causes » qui vont de « sauvez les baleines » à « non au nucléaire » en passant par « halte à la guerre » ou « stop à la torture dans certains pays »...

Je me suis toujours refusé à me mettre en avant dans ce genre de domaine parce qu'il me semble qu'il y a des gens beaucoup mieux placés que moi pour le faire. Je suis chanteur. Je suis un artiste. Il va de soi que dans mon cœur ces problèmes se posent comme chez tout être humain concerné par son temps... J'aime les animaux, je hais la guerre, je voudrais qu'on protège mieux l'environnement et que plus personne n'ait faim dans le monde... Mais qu'est-ce que je peux faire contre tout cela ? Ces choses me révoltent mais je me sens terriblement impuissant à titre personnel en face d'elles.

Tout comme je me sens incapable de faire quoi que ce soit lorsque mes parents se disputent. Comment intervenir entre eux ?

Je ne peux pas retenir le monde et je ne crois pas, sincèrement, qu'il existe une méthode pour arranger la vie sur la terre. Il y a malheureusement des lois éternelles qui font que les riches sont face aux pauvres, les bons aux mauvais, la guerre à la paix... Je ne pense pas qu'on puisse me taxer d'avoir là un point de vue simpliste des choses. Pour moi la plus grande injustice c'est déjà d'être né. Les uns naissent stupides, les autres intelligents, vous riches lui pauvre, moi dans un climat tempéré et l'autre dans un pays de sécheresse... Qui en temps de paix, qui en période guerre... Quelle est la réalité? Les gens qui sont beaux ont naturellement, de naissance, plus de chance que ceux qui sont moches... Qu'y faire? Ceux qui sont malins s'en sortent mieux que ceux qui sont bêtes... Non?

Et cela est valable dans tous les pays, sous tous les régimes... Ne venez pas me dire que dans les pays socialistes, ou communistes... Vous ne me ferez pas croire que dans les payx de l'Est on n'est pas avantagé lorsqu'on est beau, de famille aisée et intelligent de surcroît! C'est partout ainsi, nul n'y peut rien.

Moi la seule chose que je puisse offrir aux gens c'est deux minutes trente-cinq de bonheur par chanson et deux heures de chaleur par spectacle. Pourquoi ne serais-je pas heureux de leur donner cela? Simplement cela. Sans chercher à transformer le monde. Avec mes chansons toutes simples et sans prétention, je contribue à leur bien-être... ne serait-ce qu'un court laps de temps, et c'est déjà ça.

Voilà. « 1011 Bel Air Place » est mon 56e album. J'ai moi-même du mal à y croire lorsque l'on me le dit. C'est gargantuesque! Tout cela en quatorze ans! Le chanteur qui représenta l'Espagne à l'Eurovision en 1970 a enregistré son premier album américain et – qui l'eut cru? – on retrouve sur ce disque des noms comme les Beach Boys, Stan Getz, Richard Perry, Willie Nelson, Diana Ross, Michel Colombier, Albert Hammond, Paul Jabara... J'ai un peu l'impression de rêver.

Mais il ne me semble pas encore si loin le temps où le producteur-animateur du plus grand talk show de télévision –

Johny Carson – disait en entendant mon nom : « Julio qui ? » Je dois avouer que cela n'arrive plus très souvent. Bob Hope m'a invité à fêter ses quatre-vingts ans, Johny Carson m'a reçu six fois, j'ai participé à un Spécial de Noël avec Andy Williams (et les Reagan), Barbara Walters m'a consacré une émission, j'ai fait « On stage America » en vedette, le Merv Griffin show, « Solid Gold » trois fois... J'ai eu l'honneur de la couverture de « Time » et le grand plaisir d'être celui qui a remis à Michael Jackson son « award » – son trophée – lors de la remise des Grammy 84.

Mais, encore une fois, tous ces honneurs me touchent moins que le contact, enfin établi, avec le public américain.

Coca cola

L'Amérique est le pays où tous les rêves sont permis... parce que tout est possible. Dans quel pays au monde aurai-je pu imaginer me voir proposer un contrat comme celui qui m'a été offert par Coca Cola ?

Cette firme qui vend ses produits dans le monde entier cherchait un artiste pour présenter une nouvelle sorte de Coca Cola : le Diet Coke. Inutile de vous dire, je pense, qu'avant d'en arriver à moi, cette société s'est livrée à une grande enquête de marketing. Je n'étais pas le seul sur les rangs. Il y avait d'autres artistes, mais aussi des sportifs. J'ai lu quelque part que Coca Cola avait renoncé aux acteurs parce qu'on les trouvait trop bavards pour toucher les adolescents dont la capacité d'attention ne dépasse pas quelques secondes. Et que les sportifs étaient jugés peu crédibles lorsqu'ils ne vantaient pas des articles ayant trait à leur discipline... Je ne sais pas si cela est exact à 100 %, mais ce qui est sûr c'est qu'effectivement, une chanson est le moyen le plus évident pour toucher les gens.

Comme Coca Cola ne fait pas les choses à moitié, c'est en direct d'une salle de l'hôtel Waldorf Astoria à New York que le président de Coca Cola, Donald R. Keough, a annoncé – par satellite – à quatre-vingt-dix pays (ils ont calculé qu'ils touchaient ainsi 80 % de la population mondiale...) la signature de notre contrat. La presse s'est empressée d'en faire « le plus gros contrat jamais signé ». En échange de ce contrat fabuleux, je me suis engagé à faire la promotion de Coca Cola pour trois ans. J'ai tourné et enregistré une série de spots publicitaires qui incluent quelques-unes de mes chansons.

C'est Coca Cola qui parraine mes tournées : celles que j'ai faites dans toute l'Amérique et celles que je fais en Europe. Plus de cinquante villes sur les cinq continents.

Au cours de mon périple américain, j'ai eu l'occasion de chanter dix jours à Los Angeles au moment des Jeux Olympiques. Cela aussi faisait parti du contrat Coca Cola car la firme était sponsor des Jeux. Coca Cola était la boisson officielle des Olympiades.

Et puis, à travers Coca Cola, j'ai participé à l'importante collecte de fonds pour la restauration de la Statue de la Liberté. Étant européen, je tenais à le faire, car je peux particulièrement apprécier ce que symbolise aux yeux du monde la Statue de la Liberté. Pour moi elle représente la fraternité et l'esprit de camaraderie entre les nations. Elle permet aux pays de se souvenir en permanence qu'ils peuvent partager un idéal et que les peuples, quels qu'ils soient, doivent d'abord analyser leurs ressemblances avant de se battre pour leurs différences.

Demain la Chine

C'est aussi grâce à Coca-Cola que je vais pouvoir réaliser le dernier de mes rêves : chanter en Chine. C'est maintenant une certitude : je chanterai à Pékin au cours du premier semestre 85.

Chanter Place Tien An Men à Pékin... Il y a longtemps que j'y pense. C'est je crois le seul pays qu'il me reste à convaincre. Il y a belle lurette que j'ai gagné le cœur des Soviétiques comme celui des Africains... Dans ces pays-là d'ailleurs – comme dans les Émirats – je suis sans doute l'artiste le plus piraté au monde. Mais cela m'importe peu. Je me réjouis bien plus de savoir que l'on m'aime un peu partout dans le monde.

Au Japon, les choses se sont faites il y a trois ans à peu près. Le fils du fondateur de Sony est venu me voir un soir alors que je chantais à Paris. Il a fait le voyage tout exprès. Nous nous sommes vus, il a assisté à mon spectacle et il est rentré à Tokyo, non sans m'avoir demandé si je pourrais disposer de dates pour venir au Japon...

J'y suis allé et je ne le regrette pas. Avec la science du travail bien fait qui caractérise les Japonais, j'y suis arrivé en terrain conquis, ou presque. J'ai chanté un peu partout dans le pays et le résultat ne s'est pas fait attendre : j'ai vendu 1 800 000 disques! Je crois pouvoir dire que c'est la plus grosse vente enregistrée là-bas. Et vous ne le croirez pas au Japon je chante en espagnol! Cela m'a étonné car je croyais que l'anglais était une langue beaucoup plus accessible aux Japonais. On m'a répondu que pour le public de l'Empire du Soleil Levant, toutes les langues qui n'étaient pas le Japonais se ressemblaient et qu'il valait donc mieux que je chante dans ma langue.

Mais je me suis juré que la prochaine fois, lorsque je retournerai au Japon, j'aurai appris la langue et je chanterai deux ou trois chansons en japonais. Je trouve que ce sera la moindre des courtoisies à l'égard de ces gens qui ont eu mille manières de me montrer leur affection!

La vie m'épate encore

A mes débuts, j'étais un mauvais chanteur. Je me suis donné des coups et j'ai appris à chanter bien. Je sais que je peux maintenant faire passer ce que je ressens par ma voix mais aussi grâce à mes yeux. Je voudrais que le public sache que rien n'a été facile pour moi. Mais que ma course est loin d'être terminée. Ce que je peux souhaiter de plus ? Sans doute me prouver à moi-même que je peux réussir ma vie sur le plan personnel... Car j'ai toujours eu le sentiment terrible que si je devais rater ma vie privée, je perdrais mes émotions et donc mon public... Si je perds mon public, je suis un homme mort.

Au fond, ma vie me fait penser à celle des gladiateurs des temps anciens. J'ai lutté, je lutte encore... Ma seule force étant de croire en moi et d'aimer profondément la vie.

Je suis un mangeur de vie. Cette année, j'ai donné cent trente concerts dans quatre continents et douze pays... J'ai passé quatre cent cinquante heures en avion... C'est vous dire que malgré mes maisons ici et là, mon vrai domicile c'est le Mystère Falcon 20 dans lequel je me déplace. Et mon calendrier est plein jusqu'à l'an 2000!

Lorsque je fais un bilan de ma vie passée, je me dis que, décidément, la vie m'a beaucoup donné. En bien comme en mal, c'est normal. Et c'est ce qui me permet de garder les pieds sur terre. A quarante ans, légèrement dépassés, j'ai tout ce dont je peux rêver : le succès, l'argent, les femmes... Et pourtant la vie m'épate encore! Tant mieux. Je veux continuer à me surprendre.

Julio IGLESIAS
Janvier 85

TABLE DES MATIÈRES

Les illustrations de cet ouvrage sont dues à O. MONTSERRAT, (Jet-Set), Cafra, Monitor Press, Mariott, Cosmos-press (Félix Gomez), Nova (Sygma), Lee Marshall, D. Tarento (Jet-Set), Gilbert MOREAU, et à l'auteur (collection personnelle).

photo de couverture : HARRY-LANGDON

Direction artistique : Dominique JEHANNE

Direction technique : Claude FAGNET

Cet ouvrage a été
achevé d'imprimer
le 5 janvier 1985
sur les presses de
l'Imprimerie Hérissey
à Évreux (Eure)
pour le compte des
Éditions CARRERE-Michel LAFON

Imprimé en France
Dépôt légal : janvier 1985
N° d'édition : 1938 - N° d'impression : 36268
ISBN 2-86804-050-0